面向21世纪课程教材
Textbook Series for 21st Century

普通高等教育“十一五”国家级规划教材

高等学校公共管理类专业主干课程教材

公共伦理学
（第四版）

高 力 主编

高等教育出版社·北京

内容提要

本书是教育部“面向21世纪课程教材”。

本书在前三版的基础上，作了重要的修订和调整，深入分析了公共伦理的知识原理，具体阐述了公共管理主体应当遵循的道德准则以及组织伦理、制度伦理、权力伦理、公共责任、公务员职业道德和国家廉政建设等内容。

本书可作为高校本科生、研究生及MPA的教材，亦可供相关管理者及党政干部和公务员学习使用。

本书配有电子教学课件，具体索取方式详见书后教学支持说明。

图书在版编目（CIP）数据

公共伦理学/高力主编. --4版. --北京：高等教育出版社，2018.3（2022.1重印）

ISBN 978-7-04-048724-4

Ⅰ.①公… Ⅱ.①高… Ⅲ.①公共管理-伦理学-高等学校-教材 Ⅳ.①B82-051

中国版本图书馆CIP数据核字（2017）第252704号

策划编辑 牛 杰　责任编辑 宋志伟　封面设计 赵 阳　版式设计 杜微言
责任校对 高 歌　责任印制 田 甜

出版发行 高等教育出版社
社　　址 北京市西城区德外大街4号
邮政编码 100120
印　　刷 北京七色印务有限公司
开　　本 787 mm× 960 mm 1/16
印　　张 17.5
字　　数 320千字
购书热线 010-58581118
咨询电话 400-810-0598
网　　址 http://www.hep.edu.cn
　　　　 http://www.hep.com.cn
网上订购 http://www.hepmall.com.cn
　　　　 http://www.hepmall.com
　　　　 http://www.hepmall.cn
版　　次 2002年7月第1版
　　　　 2018年3月第4版
印　　次 2022年1月第9次印刷
定　　价 39.80元

物 料 号 48724-00

高等学校公共管理类专业精品课程教材建设指导委员会

关于设置公共管理类学科专业基础课的意见

各高校有关院系：

高等学校公共管理类学科教学指导委员会自2001年成立以来，在教育部高教司等部门的领导下，对公共管理类学科的发展状况进行了认真的调查和摸底。针对目前学科发展快，但又存在诸如课程不规范等问题，经过认真的讨论和研究，认为目前的一项紧迫任务就是确定公共管理类专业均须设置的公共基础课（即大平台）和专业基础课（即小平台），以此作为规范学科发展的起点。在广泛征求意见和各专业指导小组建议的基础上，经过委员们的认真讨论，我们确定了两类基础课的名称，现予发布，希各高校有关专业根据实际情况予以执行。

（一）公共基础课（即大平台）

管理学、公共管理学、公共经济学、公共政策学

（二）专业基础课（即小平台）

1. 行政管理专业

公共行政学、政治学、比较政府、人力资源管理学、行政法学、管理信息系统

2. 公共事业管理专业

公共事业管理概论、公共组织财务管理、公共部门人力资源开发与管理、组织行为学

3. 劳动与社会保障专业

劳动经济学、人力资源管理学、社会保障学、社会保险学

4. 土地资源管理专业

土地经济学、土地资源学、土地法学、地籍管理、土地利用规划学、不动产估价

高等学校公共管理类学科教学指导委员会

二〇〇五年十一月二十一日

总前言

20 世纪末，随着经济领域里社会主义市场经济体制框架的初步形成，政治领域里发展社会主义民主和依法治国的改革方向的确定，一场以政府机构改革为标志的政府管理改革揭开了中国改革进程的重要一页。这一次政府改革较以往改革的一个明显的不同，就是在继续进行政府经济管理改革的同时，明确提出了政府社会管理改革的任务，即要“按照社会主义市场经济的要求，转变政府职能，实现政企分开。把政府职能切实转变到宏观调控、社会管理和公共服务方面来，把生产经营的权力真正交给企业。”

这一政府社会管理改革的一个重要内容和关键，就是要根据社会主义市场经济的要求，改革传统的事业管理体制。形成新的公共事业管理体制，既需要在理论上深入探究，在现实中大力推进，也需要积极培养新型公共事业管理人才。

因此，几乎与世纪末的政府管理改革同步，当时的国家教委在 1998 年调整普通高等学校专业目录时，通过新建和对原相关专业进行调整和改革，基本明确了公共管理类专业的四个专业方向为：公共事业管理、行政管理、劳动与社会保障、土地资源管理。截至 2005 年底，高校中四个专业方向数量分别达到：公共事业管理专业 426 个、行政管理专业 277 个、劳动与社会保障专业 118 个、土地资源管理 65 个。

虽然专业名称一致，但各个高校在教学过程中基本面临着一些共性的问题，即各个专业方向的核心（平台）课程是什么，应该如何根据自己学校的特色等设置专业课程，培养的学生应具有什么样的专业技能等。在 2001—

2005年期间，教育部公共管理类专业教学指导委员会经过深入的调查摸底、认真的讨论研究，基本确定了公共管理类各个专业方向的基础课程（大平台、小平台），详见《关于设置公共管理类学科专业基础课的意见》。

在具体的课程设置中，参考众多高校的经验以及教学指导委员会委员的建议，社会学基础以及经济法律基础也被放到公共基础课中（大平台）。在各个专业基础课中（小平台），我们根据课程的普遍性、可推广性等原则，适当增加了专业课程供各高校参考、选择。

此套教材是在全国高等学校教学研究中心、高等教育出版社教学研究所的指导下，在教育部公共管理类学科专业教学指导委员会支持下编写完成的。特别需要说明的是，此套教材的直接指导小组成员由2003年以来公共管理类专业方向的全部5位国家精品课程负责人组成。参与此套教材编写的院校有：中山大学、北京大学、南京大学、武汉大学、南开大学、西安交通大学、浙江大学、东北大学、吉林大学、四川大学、云南大学、哈尔滨工业大学、西南财经大学、中国人民大学、南京农业大学、东北农业大学等。

借此对支持和参与本套教材的编审专家、学者们表示最诚挚的感谢。同时欢迎全国有关高校的师生和专业人员选用此套教材，并提出宝贵意见，以便逐步完善。

高等教育出版社

2006年6月

第四版前言

《公共伦理学》自 2002 年第一版问世至今已 15 年，在第四版交付出版社之际，需对本次的编写作一些必要的说明。

首先，本书力求体现教材特点，不追求过分的学术化色彩。为此，在文献分析的基础上，尽可能地吸纳学术界最新研究成果，按照教学要求，对基本概念、主要原理等知识要素进行阐述，免去了翔实深入的学术论证。基本原理和观点务求正确、科学、公认，论述分析不到位或话不达意的已在第三版的基础上尽力作了修改。作为高等学校公共管理类专业主干课程教材，力求知识内容和结构符合人才培养目标与要求，有关知识体系保持系统和完整。

其次，在研究方法论方面，我国公共伦理学的研究是近 20 年来的一个新领域，学界有不同的研究范式和向度。本书立足于伦理学的价值分析，将政治和行政活动作为价值分析的背景，按照规范伦理学的原则和方法，阐释政府组织和公务员行为的伦理属性和道德要求及其意义，有关政府行政事务、公共管理活动的内容和技术分析则不是本书的任务。对于执政主体包括政府组织的公共性及其维护和实现公共利益而进行的公共治理，提供公共产品和公共服务，作为公共责任本身就具有重要的伦理属性。公共伦理不是大众的、公民个人的伦理，而是以政府组织为主体的公共组织的伦理。因此，组织行为的伦理属性和行为规范必须进行价值判断和价值分析，任何忽视伦理学在公共管理中的价值导向作用，都会是有失误的。

最后，本书立足于中国共产党治国理政理论和实践的新发展，对教材内容做了必要的更新。人民立场是中国共产党的根本政治立场，把人民放在心中最高位置，带领人民创造幸福生活，始终追求社会公平正义，已使全心全意为人民服务的根本宗旨更为丰富，公共伦理的知识内容更为深化。党的十八大以来，“五位一体”总布局和“四个全面”战略布局，“五大”发展新理念以及反腐败斗争压倒性态势正在形成，等等，使得公共伦理学的研究更具现实紧迫感。理论反映现实，教材内容的更新是实践发展的需要，也是教育教学规律的需要，是学生把握时代脉络、提升综合素质能力、担当社会责任的需要。本书内容观点更新之处较多，如第一章第三节、第二章第三节、第三章第一节、第五章第三节和第七章等均有较大修改，其余有精简增补之细节，此处不便详述，读者可自行领悟，任课教师可参照第三版把握。

《公共伦理学（第三版）》于 2015 年 12 月荣获“中国伦理学会第二届学术成果奖”著作类优秀奖，作为勉励并在高等教育出版社的期待下，终于完成了第四版交稿任务，在此对寄予我们厚望的学界同仁和高等教育出版社深表敬意和感谢！

高　力

2017 年 8 月 29 日

第三版前言

本书自2002年第一版问世至今已近十年。当时在高等教育出版社和学界同仁们的鼓励下，为了公共管理专业的教学和科研有相对规范的领域性教材，力图在变革过程中探索公共伦理学的一般知识体系，我们基于对国外行政伦理知识体系的学习借鉴，以及与政府部门交流的深切感受和体悟，首先推出了尝试性的《公共伦理学》（第一版）。汪荣有先生主编的《公共伦理学》（武汉大学出版社2009年版）后记有言："自2002年高力主编的《公共伦理学》教材问世出版以来，公共伦理学以及有关公共部门管理伦理学的各层次教材和佳作不断出版发行，短短几年间仅国内出版发行的相关书籍和教材就有十多种。"在日常的教学和科研过程中，我们在2006年第二版出版之际就公共伦理学研究的一些新成果加以吸纳并作了诸多修订和调整，2010年经云南省教育厅的评审，本书第二版获得"云南省高校优秀教材"荣誉称号。五年转眼而逝，目前关于公共伦理的学术研究向纵深发展，前沿性的问题在政府实践中不断地凸显并沉淀为新的知识和方法，本书的形式和内容又有了诸多需要进一步丰富和完善的地方。在与高等教育出版社负责人和编辑进行交流时，我们得到了极大的鞭策和鼓舞，再次对本书进行了认真修改，经过各位编著老师的努力，本书的第三版终于如期付梓。

与第二版相比，第三版增加了一些新的研究成果：在公共伦理学日常教学中对执政主体作为权力主体和道德主体的双重性分析，在从事公务员职业培训中结合干部教育工作的实际而进行学术思考的作风建设的学理性探讨，在与有关部门合作课题研究中理出思路和观点的廉政体系建设的分析，已在学术界进行了广泛研究的政府公信力的建设，以及执政环境与公共伦理建设的关系，等等。从公共伦理学研究对象的整体架构来说，政府组织伦理、制度伦理和公务员职业道德以及基本的道德准则是必不可少的内容。政府公信力对政府和公共组织伦理尤为重要，个人失去诚信，政府没有公信力，企业不讲商业信用，整个社会只能混乱无序。政府行为与公共责任二者间具有内在的联系，舍去政府行为的介绍，公共责任的分析也就失去了依托。在编者看来，从公共伦理学的视角作诸如此类的增补，既是学术界研究成果的体现，也是教学知识体系完整性的基本要求。

本书的第三版是集体智慧的结晶，是编著群体在充分交流的基础上分工写作的成果。参与修订的各位教师，多年来各有所专地从事着自己的教学和研究，借第三版修订任务下达之机，我们再次从各自所专的领域向公共伦理的场域回归，在跨领域的公共伦理对话中分工完成各章写作，最后由主编对全书各章进行了校订、调整和补充。作为中国变革社会中的高校教材，我们力求使本书符合一般的学术规范和公共伦理领域的学术共识，尽量结合中国政府改革和建设的实际，参照纲领性政策文件的内容，吸纳学界同仁逐渐成熟的学术成果。书中惠允难于尽列，在此深表敬意。学有高山，心亦仰止，若有所限，谨当勉励。再次对寄予我们厚望的学界同仁和高等教育出版社深表谢意！

高　力

2011 年 10 月 28 日于东陆园

第一版前言

公共伦理学，是一项前沿性的学科研究。自从亚里士多德（公元前 384—前 322）的《尼各马科伦理学》问世以来，伦理学的研究历史已有两千三百余年。在这两千多年的研究历程中，没有公共伦理学的研究，也即没有关于公共组织在管理公共事务中应当遵循什么样的伦理准则的系统理论概述。

不足为奇的是，自管理学诞生以来，人们着重研究的是企业管理问题，管理学成为经济、商业、企业管理领域的理论成果。如果说管理学的形成是以弗雷德里克·温斯洛·泰勒（1856—1915）的科学管理探索为标志的话，那么，管理学的历史也不过百余年。管理学是对科学管理活动的理论总结，从其形成的历史背景来看是工业革命和工业活动的产物，因此，管理学当然成为企业管理学。企业管理中的伦理问题首先得到管理者的关注和探讨，从而引起了伦理学工作者的兴趣，管理伦理学由此应运而生。然而，管理伦理学被界定为企业管理伦理学，它主要研究企业管理过程中的人际伦理道德问题。因此，企业管理之外的行政管理、公共管理及其伦理问题，还不可能引起人们的注意。

当行政管理提到管理学的研究日程上的时候，人们通过对政府组织的内部行政过程及其伦理准则的研究，提出了行政伦理学、政治伦理学等概念及其学科理论的初步体系。在人类跨入 21 世纪的步伐中，市场化、信息化、全球化成为一种全球话语。国外公共管理的研究也舶来中国，行政管理这一政府组织内部活动过程，急切地转换为公共行政和公共管理的话语。这在历史时段上看，仅仅是 19 世纪末 20 世纪初以来一百年间的学理思路。直到 20 世纪末，公共管理才引起了中国学者和政府组织的注意。然而，公共伦理研究也并未因此纳入研究者的视野。

因此，公共行政（public administration）和公共管理（public management）是否是同一回事，至今还存在不同的理解。管理的活动、对象、过程和领域实在太复杂了。管理主体如果是企业法人，经理厂长的管理活动就是企业管理，管理主体如果是政府组织，其管理活动既涉及内部行政事务，又关系到外部社会公共事务和公共利益，还关系到宏观层面的诸多重大政治关系问题。换个角度，政府组织既要管理社会公共事务，在管理社会公共事务的过程中，又要处理好内部行政事务，行其政令，务其国事，因此，政府管理活动究竟是公共行政还是公共管理，争议在所难免。当然，公共伦理学是什么？这一问题暂且难以纳入管理学的研究视野。

问题是，公共伦理研究没有纳入管理学的视野，并不等于没有这一现象的存在。当人们在探讨现代政府体制和现代市场体制的相互关系时，都不可不归依到同一个目标上来，那就是两大体制都是为了公平合理地实现社会经济可持续发展的目标。进一步说，为了协调个人利益和社会公共利益而创立的经济管理体制和社会管理体制，已不是对个人伦理的思考。与个人伦理相对应的公共伦理客观地存在于管理的主体与客体的关系之中，蕴涵在管理的活动规则、活动的价值目标中。因此，简要地说，所谓公共伦理就是用以规范公共管理主体的行为，以保证公共事业的公正性，合理有效地实现公益事业目标的价值准则体系。本书正是探究公共管理过程中的伦理现象的抛砖引玉之作。

从伦理学自身的发展历程来看，有关行为规范和德性的研究，一直是伦理学的主题。尽管规范伦理学和德性伦理学的观点、见解纷纭杂陈，但始终在人与社会的关系中，在人的视角上关注着人的主体世界和精神境界。人类社会的秩序和治理虽然也被纳入政治伦理学的研究中，主体政治活动过程的行为准则成为政治伦理学研究的内容，但关于公共利益、公共事务的公共管理领域，尚未得到深入的伦理思考。幸运的是，在伦理学与社会学联袂描述道德社会和社会道德问题的时候，一个有关公共伦理的问题已经隐含并孕育在应用伦理学的思考当中。人类在20世纪遇到了更加复杂而广泛的环境问题、生命问题、公共管理问题。生态伦理学、生命伦理学已在政府政策、公众利益等层面上撞击着公共伦理研究的门槛，因此，公共伦理学的诞生绝非标新立异，而是站在社会的角度对人的生存境况与生存质量更为深层次的关注。当21世纪到来的时候，开展公共伦理学的研究，应该是顺理成章的工作了。

一种理论和学科的诞生，不是人们心血来潮的杜撰，而是实践的需要。伦理学的研究范围也是在人类实践的深度和广度的进展中不断扩展的。奥尔多·利奥波德在1949年出版的《沙乡年鉴》中曾提出土地伦理的概念，指出最初的伦理观念是处理人与人之间的关系，后来所增添的内容则是处理个人与社会的关系。他认为还应该增添处理人与土地，以及人与在土地上生长的动物和植物之间的伦理观念。这一建议成为生态伦理学的先声。生态伦理观念的形成以及生态伦理学的诞生，使得人与自然的关系有了道德调节的准则。半个世纪以来，人们的伦理观念与其他观念一样在发生着迅速的变化，伦理观念应当增添处理公共管理主体与公共利益之间关系的内容。公共管理主体应当遵循的行为规范及其品德素养当然属于公共伦理学研究的范畴。公共伦理观念的形成以及公共伦理学的研究，对于一个理性民主的政府，对于建立民主和法制的国家，意义应当是十分深远的。

一个只讲个人责任、义务的社会，并不是完整的社会。长久以来，伦理学更多地关注着个人义务和责任，关于社会的责任被忽略了，个人应得的权利成为伦理领域中污秽的功利而不可能被义务论所接纳。既然个人与社会是相互依存、辩证统一的，社会组织对于个人权利的维护和保障就是一种责任和义务，因此，伦理的个人主体转换为组织主体应当是不成问题的。关于个人品性的思考也不能不思考公共组织的行为，追究公共组织、社会对个人的责任。在这个意义上，公共伦理学是对以德治国方略的思考和探索。因为，公民道德建设已将主体责任落实到作为法制概念的公民个体，进一步而言，以德治国的责任主体当是作为政治和管理概念的政府组织乃至非政府组织，公共伦理学试图探讨作为德治主体的权力组织的责任所具有的重大伦理意义。

值得注意的是，在国家与社会的关系问题上，历史唯物主义揭示了国家形成、发展和消亡的历程。私有制的形成和复杂的阶级关系、利益关系调整的客观要求是国家权力诞生的物质基础。政府作为公共权力的代表，在其建立政权、统治社会的漫长历程中，伴随着生产力的进步和社会经济的发展，其权威性的镇压、统治功能在当今市场经济和复杂的社会关系中，既面临着所谓国家协调的失败，又陷入市场无法自身调整的困境。凌驾于社会之上的国家机关受到功能和职责转换的挑战，政府转变政治和行政观念，确立治理观念和社会观念，培育公民社会，分化公共权力，建立村民自治、社区管理等现代社会治理模式，已展示出国家向社会回归的可能与现实。恩格斯在《家庭、私有制和国家的起源》一书中分析国家和公共权力的职能历程时曾经预言："随着阶级的消失，国家也不可避免地要消失。以生产者自由平等的联合体为基础、按新方式来组织生产的社会，将把全部国家机器放到它应该去的地方，即放到古物陈列馆去，同纺车和青铜斧陈列在一起。"虽然，我们现实社会将国家放到古物陈列馆的理想目标的实现还为时尚早，但提高公民素质，培植国家权力向社会回归的土壤，转变国家和政府的职能，则是历史的必然。因此，政府组织和非政府组织与整个社会的关系，成为伦理学关注的又一重大伦理关系，公共伦理学是对如何调整这一重大伦理关系的积极回应。

当然，公共伦理学是伦理学发展中的分支前沿学科，在学理关系上是伦理学与公共管理学相结合的结果。问题是，将伦理学的基本原理与管理学的基本理论剪贴在一起，并不能称其为公共伦理学。因此，本书只能是探索性的一种尝试。

本书不是企业管理道德研究，其研究内容直接涉及政府组织和非政府组织，也间接涉及政府组织与企业之间、社会组织之间的关系以及处理这些关系应该遵循的伦理准则以及活动要求。本书力求道德理论的逻辑和管理实践的逻辑相统一，在各章节的安排中，分别探讨公共伦理主体和客体之间的关系，分析政府组织在社会管理及治理过程中应当遵循的价值准则以及政府组织制度安排中的公共伦理问题；就公共权力实施中的法治和德治关系的历史、现状进行分析和比较，阐述行政权力的价值属性和伦理意义；对公共管理主体承担的公共事务、为公共利益服务的行为，公共责任及其责任评价进行伦理分析，提出公共管理者的素质特别是道德素质要求以及公共伦理建设的基本构想，初步形成公共伦理学的理论框架。

本书不完全照抄照搬国外管理理论，事实上，各国的社会制度是不同的，管理的体制和机制应当是从管理的对象及其所处的历史文化环境来加以确定的。管理主体的组织结构、活动方式和价值目标在国与国之间也是有差异的，甚至是根本不同的。管理的伦理实践不可避免地受到政治、经济、文化等因素的制约。公共伦理的研究也就不可能是从国外管理实践的需要出发，当然也就不是在国外管理理论引导下形成的理论。因此，形成有中国特色的公共管理理论和公共伦理学应当是我国管理学研究者的任务。

本书分工写作情况是，高力负责本书纲要的拟定，撰写第一章第一、二节和第八章，并负责全书修改、统稿工作，陈宿建写作第二、三、五章，武经纬写作第四章，赵春盛写作第六章，袁明旭写作第一章的第三节和第七章。在写作过程中，我们深感开垦处女地的艰难，理论创新不是一句简单的口号。在写作过程中，我们参阅了不少的相关著述，从中受到许多启发，作了许多引注，实为本书增色不少，对此难以一一表达我们的谢意。由于成书的时间仓促，尚有一些问题未能深入追究，错误和遗漏在所难免，恳请专家和读者批评指正。

高　力
2002 年 2 月 16 日

目　录

001　**第一章　公共伦理与管理伦理**

001　第一节　管理与伦理

001　一、管理的含义和实质

006　二、管理的伦理意蕴

011　第二节　公共伦理学与管理伦理学

011　一、公共伦理和管理伦理的内涵

016　二、伦理学、道德与公共伦理学

020　三、伦理的底蕴

029　第三节　公共伦理的基本原则和规范

029　一、公共伦理的基本原则

036　二、公共伦理规范

038　本章小结

039　案例与阅读材料

039　复习思考题

041　**第二章　公共伦理主体**

041　第一节　公共组织概述

041　一、公共组织的含义及其类型

045　二、公共组织的构成要素

047　第二节　政府组织

047 一、政府组织的结构
050 二、政府组织伦理及其构成
056 三、政府组织伦理的功能
058 第三节 社会组织
058 一、我国社会组织的产生和发展
061 二、社会组织的特征
062 三、社会组织的职能优势
064 四、社会组织伦理
067 本章小结
068 案例与阅读材料
069 复习思考题

071 **第三章 公共治理中的伦理关系**
071 第一节 公共治理体系中的社会参与主体
071 一、人民群众
075 二、阶层分化与公共伦理
080 三、群体、组织与公共伦理
088 第二节 公共治理中的利益基础
088 一、管理视域中的公共伦理主体与客体
091 二、公共伦理主体面临的伦理关系
096 本章小结
097 案例与阅读材料
097 复习思考题

099 **第四章 制度安排与公共伦理**
099 第一节 制度安排的伦理分析
099 一、社会制度
105 二、制度伦理
112 第二节 制度安排的伦理评价
112 一、制度安排的伦理标准
116 二、制度安排中的基本关系问题
123 本章小结

124 案例与阅读材料
125 复习思考题

• • • 127 **第五章 公共权力与公共伦理**
127 第一节 公共权力
127 一、公共权力的含义和特点
130 二、权力关系与权力分化
133 第二节 公共权力伦理与价值
133 一、公共权力伦理分析
136 二、公共权力价值关系
138 第三节 中国权力伦理思想的发展历程
138 一、中国古代权力伦理思想
144 二、中国当代公共权力伦理思想
147 本章小结
148 案例与阅读材料
149 复习思考题

• • • 151 **第六章 政府行为与公共责任**
151 第一节 行为概述
151 一、行为的含义和类型
152 二、政府行为及其伦理属性
153 三、行为冲突与价值选择
155 第二节 公共事务与公共项目
155 一、公共事务
159 二、公共项目
162 第三节 公共责任
162 一、公共事务的伦理属性
166 二、公共项目的伦理效益
168 三、公共责任的伦理阐释
176 本章小结
177 案例与阅读材料
177 复习思考题

179 第七章 公共管理者的素质
179 第一节 公共管理者的角色
179 一、社会角色
180 二、作为公共管理者的特殊角色
191 第二节 公共管理者素质概述
191 一、公共管理者素质的含义和特点
195 二、公共管理者素质的重要性
196 三、公共管理者素质的基本内容
218 本章小结
219 案例与阅读材料
220 复习思考题

221 第八章 公共伦理建设
221 第一节 公共伦理环境分析
221 一、执政环境的含义和特征
227 二、公共伦理建设的主要内容
231 第二节 公共伦理建设的机制
231 一、公共伦理建设的结构与过程
236 二、公共伦理建设的目标
241 第三节 国家廉政体系建设
241 一、国家廉政建设的形势和路径
243 二、国家廉政体系的构建及其功能
246 三、实践“DISC 廉洁发展”模式
250 四、加强公共部门作风建设
252 本章小结
253 案例与阅读材料
254 复习思考题

255 参考书目

257 参考论文

第一章
公共伦理与管理伦理

公共伦理和管理伦理具有交叉重叠的属性，本章力图从伦理学的视角对不同管理过程中的伦理属性进行分析，以辨明管理过程中的伦理内涵，厘清管理伦理和公共伦理之间的关系及其在管理活动中的不同特征，从而明确公共伦理在伦理学中的学科含义、基本内容及研究任务。

第一节　管理与伦理

一、管理的含义和实质

（一）管理的含义

人类社会的存在和发展，离不开管理活动和管理过程。《现代汉语词典》称管理为“负责某项工作使顺利进行”，这是极其狭义的解释。“管”为掌握、承担、负责，“理”为治理、整理、条理、道理。从字面上看，管理就是管人理事，即依据一定的道理和原则，调节人际关系，掌管事务，使其符合条理，顺畅有序。现代管理科学诞生后，管理首先被界定在生产过程和企业活动中。管理科学注重经营方针、目标的确定，以达到提高生产效益的目的。为了提高生产效益，个体和组织的行为被纳入管理研究领域，人的管理、组织管理以至于信息的管理，成为管理科学研究的具体内容。更进一步，管理者和管理对象的关系，涉及管理阶层、管理社会等广泛的内容。管理被大致确定为以下含义：人类为了实现一定的目标，制定相应的制度规则以合理地分配、利用人力和物质资源的活动及过程。在一般意义上，管理就是主体为了实现一定的目标而运用一定的手段对客体实施控制的活动过程。

管理是一种复杂的活动和过程，从 19 世纪末的“科学管理理论之父”泰罗开始，人们对管理理论不断进行探索，在其发展过程中形成了不同的理论和视角。

一是管理的结构要素论。现代管理理论的创始人、法国实业家亨利·法约尔（1841—1925 年）在 1916 年出版的管理巨著《工业管理与一般管理》中提出，管理是由计划、组织、指挥、协调、控制等职能为基本要素的活动过程。这一定义揭示了管理过程中的各个要素及其功能作用，成为管理定义的基础。他还归纳了管理的十四项原则：分工、权力、纪律、统一指挥、统一指导、个人利益服从整体利益、报酬、集权、等级链、秩序、平等、人员保持稳定、主动性、团结精神，这些要素和原则是管理中不可缺少的内容。

二是协调论。协调论认为管理就是协调资金、物质、人员和人际关系等所有资源的活动，协调资源的目的是实现既定的目标。这一观点关注管理中人的要素，注意到人际关系的性质对于管理的效率所具有的意义。法国社会学家维弗雷多·帕累托（1848—1923 年）研究了社会系统中人际关系的意义，哈佛大学教授乔治·埃尔顿·梅奥（1880—1949 年）在著名的霍桑实验中印证了这一理论在管理中的重要性。企业中的工人并不完全是追求物质报酬的“经济人”，车间照明、卫生等环境的变化也不是刺激工人积极性的根本原因。作为“社会人”，更需要关心、同情、热情、协作、相互尊重，以这些精神因素为纽带建立起来的人际关系是提高组织效率和生产效益的关键，建立有效的激励机制以调动人的积极性成为管理的重要内容。

三是决策论。1978 年诺贝尔经济学奖获得者赫伯特·亚历山大·西蒙（1916—2001 年）在《管理决策新科学》（1960 年）一书中提出，管理就是决策。强调管理活动中的决策作用，实际上突出了管理主体——高层管理者在管理过程中的职责、作用和意义。在更为广泛的意义上，决策就是政策制定的过程，政策科学的诞生为管理决策的科学化提供了指导性的理论。决策涉及利益关系的不同方面，科学决策意味着能取得实际效率的有效决策，使得不同的利益关系能够平衡协调。决策体现了管理的目的，因此，管理成为不断决策和决策实施的活动过程。

四是组织理论。该理论认为，人类社会是由群体、组织构成的，一切管理都是以组织为基础的，为了实现组织的目标，必须协调组织与环境的关系。基于组织的管理就是特定的管理主体在变化的环境中运用拥有的资源来实现设定目标的活动过程。切斯特·欧文·巴纳德（1886—1961年）是组织理论的重要代表人物，他认为组织是有意识地加以协调两个以上的人的活动或力量的系统，有各种各样的组织，他区分了正式组织和非正式组织。自觉自愿、有目的的一种协作系统就是正式组织，社会活动一般是通过正式组织来实现的。正式组织的基本要素包括协作的意愿、共同的目标和信息交流三个方面。非正式组织则没有正式的结构，但也有着进行信息交流、调节协作的意愿，并注重维护个人品德和自尊心。管理的实质就是对组织行为及组织中个人的行为进行分析和把握，权力与服从的关系只有建立在意愿的基础上才是有效的，个人的意愿、动机、贡献是否一致关系到组织目标和效率的实现程度。组织理论提出管理的社会人概念，涉及动机、需要、意愿和行为等人性层面的内容，使得管理理论更加丰富。

管理无处不在，管理的类型多种多样。从人的活动领域划分，有经济管理、政治管理、文化管理三大类型。经济管理中又可包含物资管理、财会管理、质量管理、产品管理等；政治管理中包含行政管理、干部管理、人事管理、军事管理等；文化管理包含教育管理、媒体信息管理、医疗卫生管理、交通管理等。从管理的空间视角看，有宏观管理、中观管理、微观管理等。从政府角度看，有公共事业管理、工商企业管理、社团管理、社区管理、城市管理等。总之，社会活动的各个领域都有管理活动和管理过程。上述各种管理思想是对人类管理实践的理论探索和总结，对于揭示管理的实质具有积极的意义，人类的管理思想还将随着管理实践的发展需要不断丰富和发展。

（二）管理的实质

有关管理的不同定义仅仅揭示了管理活动过程的表象，在根本意义上，管理的实质存在于社会生产方式当中。

第一，管理产生于社会劳动过程中，是社会分工分化出来的一种专门职能。正如马克思所说："一切规模较大的直接社会劳动或共同劳动，都或多或少地需要指挥，以协调个人的活动，并执行生产总体的运动——不同于这一总体的独立器官的运动——所产生的各种一般职能。一个单独的提琴手是自己指挥自己，一个乐队就需要一个乐队指挥。"① 恩格斯在论述分工的规律就是阶级划分的基础的时候指出："当社会总劳动所提供的产品除了满足社会全体成员最起码的生活需要以外只有少量剩余，因而劳动还占去社会大多数成员的全

① 马克思恩格斯选集（第2卷）．北京：人民出版社，2012：392.

部或几乎全部时间的时候，这个社会就必然划分为阶级。在这个完全委身于劳动的大多数人之旁，形成了一个脱离直接生产劳动的阶级，它从事于社会的共同事务：劳动管理、政务、司法、科学、艺术，等等。"① 从事管理活动的阶级和阶层，是分工的结果。作为一般社会职能的管理活动，虽然不是直接的物质生产劳动，但它却是物质生产劳动、精神生产乃至政治生活和社会公共生活不可缺少的一种社会活动形式。

第二，管理是生产力中的重要要素。一方面，管理作为一种生产力，将生产力中的劳动者、劳动资料、劳动对象、科学技术等要素协调组织起来，使潜在的生产力成为真正现实的活动。离开具体的管理活动，生产力各要素就难以协调起来，发挥其应有的作用。由于管理对生产力各要素进行技术上的组合，因此管理水平、管理技术的高低，直接影响着生产力的量和水平，并使生产力产生质的突破。另一方面，生产力各要素对管理也有具体的影响。原始的生产工具可以在单家独户的劳动中发挥作用，无须高度的配合和协调，简单的家庭管理足以维持整个生产过程。在工业化和现代化生产中，各行各业分工的复杂化、细密化，需要一种职能化的管理活动，提高劳动生产率，真正实现经济效益和社会效益。因此，管理的结构、功能要素以及管理的方式和性质是由生产力的性质和状况所决定的。

第三，管理的具体性质是由一定生产关系所决定的。事实上，由于生产关系的性质不同，即所有制和人们在生产劳动以及社会关系中的地位不同，管理者和管理对象的关系和地位不同，因此管理方式、管理目的以及人们享有管理结果的状况也有所不同。马克思在《资本论》中分析资本主义企业的管理时，深刻揭示了这种管理的实质："资本家的管理不仅是一种由社会劳动过程的性质产生并从属于社会劳动过程的特殊职能，它同时也是剥削社会劳动过程的职能。"② 从政治角度看，管理是通过社会公共权力的配置来调控社会关系、处理公共事务的。权力主体、权力的获得、权力的配置方式等是由一定社会的经济基础所决定的。在阶级社会中，一定的阶级和政党掌握着国家政权，往往要以一定的政权组织形式来维护和体现本阶级的利益。当阶级和阶级压迫消灭以后，国家与社会的分离消失，国家真正成为社会的代表，其职能也将发生转变，"那时，对人的统治将由对物的管理和对生产过程的领导所代替"③。

管理在生产力和生产关系中的地位和属性被称为管理的二重属性，即生产

---

① 马克思恩格斯选集（第3卷）. 北京：人民出版社，2012：669.

② 马克思恩格斯文集（第5卷）. 北京：人民出版社，2009：384.

③ 列宁选集（第3卷）. 北京：人民出版社，2012：123.

力属性和生产关系属性，管理与生产力的性质相一致，又体现着生产关系的性质。“管理方式不仅是生产力的组合形式，又是一定生产关系的具体表现形式。所有制作为生产关系的核心，只有当它与一定管理方式相联系，并通过对生产活动的管理来实现所有者的利益，它才能获得现实的存在。”① 理解管理的二重属性是我们把握管理的实质的关键。

第四，管理活动根源于生产方式运行的需要。从动态的角度来看，生产力和生产关系乃至经济基础和上层建筑之间的矛盾运动，也离不开管理的中介作用。当管理的调节功能随着生产力发展的要求发生变化的时候，生产关系的社会结合形式也随之发生相应的调整和变化。管理者和管理对象之间关系的变化本质上是生产方式内在的社会结合方式及其发展要求引发的变化，是一种实质性的利益关系和利益格局的变化，社会政治上层建筑和社会意识也必须随之发生相应的变化。政治上层建筑的性质取决于经济基础的性质，并为经济基础服务，经济管理和政治管理乃至公共事业管理的协调一致，最终是为了使上层建筑与经济基础相适应，使生产关系适合生产力发展的要求，形成政治稳定、国力增强的良好态势。由此看来，不仅管理活动根源于生产方式运行的需要，管理的方式、性质也与生产方式发展的水平和性质有关。管理的政治法律性质乃至伦理道德性质也蕴藏于生产方式的运行过程中。

第五，管理是社会组织运行的基本保障。社会组织是人类生存的基本方式。从个体角度来看，离开社会关系的个体不能生存，处在社会关系中的个人离开社会组织是孤独的个体，也不可能生存和发展。从群体角度来看，人类活动的力量及其效益，在根本上并不来自个体。单个人的力量未经组织，没有共同的目标，只能是分散离析的力量。尤其是在人类社会早期，低下的生产力水平使得个人无力对抗自然力量，唯有通过一定的组织方式，在群体的合力保障下，个体的生存才能得以实现。即使是在现代社会，个体的力量也只有在组织形式当中，通过组织管理，共同围绕着一定的目标，才能产生其应有的效益。从组织运行效率来看，组织内部和组织之间的关系需要通过管理来协调，没有管理就没有组织的运行效率，组织运行的效率完全取决于管理的方式和水平，可见管理对于组织运行效率的意义。

第六，在公共管理活动中，公共性是其核心和灵魂。管理的公共性以管理组织的公共性对应于个人的个体性，管理组织是公众利益的代表，政府机构和非政府组织作为公共管理主体为公共利益而服务；管理主体实施管理，必须动

---

① 赵小芒. 论管理在生产力与生产关系之间的中介作用. 历史唯物主义研究（第2集）. 北京：社会科学文献出版社，1987：133.

员公众社会，公平配置社会资源，协调各方关系和利益，实现社会共同利益。管理的公共性包含和体现着管理的伦理属性，它是管理主体、管理实践、管理对象之间关系的协调，是权利、义务、责任关系的社会分配状况，是在一定价值准则和理想追求指导下对社会关系的把握，以及对社会关系、社会秩序的生产和再生产。公共管理的手段无论是以法律手段实施的法治，还是以道德手段实施的德治，以经济手段实施的经济管理，以行政手段实施的行政管理，以其他社会手段实施的社会管理等，都服从于其公共性要求。

综上所述，管理是社会性的、全局性的、多样性的活动，它涉及社会关系的方方面面，各种各样的管理活动都不是孤立的，而是社会系统运行中相互关联的体系。正是由于管理的社会性、全局性、多样性，而使社会成为一个有机体。要对管理的实质及含义进行探讨，解决与管理有关的一切问题，必须以管理与生产方式、人、社会的关系的分析为前提。离开这个前提的分析很难说是科学的。事实上，仅仅以生产力的发展为维度，回避对生产关系的分析，就难以说明管理的实质。所谓管理的实质，是指管理理论形成的内容、思想要求反映着什么样的生产关系、社会制度，以及这种管理理论为什么样的生产劳动、社会活动服务以有利于社会过程的再生产。传统的西方管理理论，仅从企业内部活动过程考察管理的原则，以便提高生产效率，这是有局限性的。学习和借鉴西方管理理论虽然是必要的，但是，建立有中国特色的管理理论则是中国社会发展的必然要求。

二、管理的伦理意蕴

（一）管理的“人性假设”

人的活动为何需要进行管理？从人性和人的本质角度来看，这是一个深刻的伦理学问题。在这个意义上，管理并不是一般的组织问题、技术问题。管理过程具有深刻的伦理内涵，人是管理的主体，又是管理的客体，运用一定手段实施管理，目的也是服务于人。作为管理客体的人、财、物是一个统一体，其核心还是人。而且，管理之道在于用人，用人之道则为伦理。无论是企业内部管理还是公共事务的管理，管理最终是对人的管理。对人的管理必然涉及人性、人的本质、人的价值、人的自由和社会进入自由王国诸如此类的基本伦理问题。具体的管理伦理准则都是以这些基本问题的解决为基础的。

为什么需要对人的活动进行管理？在具体的管理层面上，这被称为管理的人性假定，即管理主体对管理对象的动机、情感、思想、行为目的、行为属性所持的看法。对人性的认识根本在于把握主体行为产生的原因，以便在管理过程中掌握行为的方向、目的和效果，最终协调、控制组织成员完成既定目标。在哲学伦理学思考的层面上，管理理论中的“人性假设”意义更为深远。

在传统的人性论看来，管理是人性的需要。中国历史上的管理思想，从人性善恶争辩推论德治或法治，展示了社会管理中伦理问题的诸多方面。孔子提出“性相近也，习相远也”（《论语·阳货》)，人性是可以塑造的，人分等次，诸侯、大夫、家臣，父子、男女、长幼，体力劳动者和脑力劳动者，各在其位，各司其职，“不在其位，不谋其政”，君仁臣忠，父慈子孝，君臣父子关系符合伦理道德，人际关系和谐，社会稳定。这就是一种人性化、道德化的管理思想。

孟子主张性善论，“人性之善也，犹水之就下也。人无有不善，水无有不下”(《孟子·告子上》)。因此人有利他本性，恶是不尽善性，利欲“陷溺其心”的结果。为此，人要寡欲诚身，自反（省）养气，以修养而成圣贤。圣贤当然可以把握自我，管理天下。“仁、义、礼、智”是人所具有的“四端”。只要努力学习和修养四端，“人皆可以为尧舜”。问题在于，大人和小人有区别，劳心者和劳力者有区别，“劳心者治人，劳力者治于人”，管理与被管理就有了区别。

荀子明确将人性与制度管理联系起来，他主张性恶论，“人之性恶，其善者伪也”(《荀子·性恶》，伪同为，形成之意)。人性是人的自然属性，好逸恶劳、趋利避害是其具体表现，“人生而有欲，欲而不得，则不能无求；求而无度量分界，则不能不争。争则乱，乱则穷。”《荀子·礼论》。所以，“古者圣王以人之性恶，以为偏险而不正，悖乱而不治；是以为之起礼仪，制法度，以矫饰人之情性而正之，以扰化人之情性而导之也；使皆出于治，合于道者也。”(《荀子·性恶》)在荀子看来，人的欲求和性恶决定着制度的起源，制度是社会管理、矫正人性必不可少的手段。制定礼仪法度，化性起伪，从善去恶。“治之经，礼与刑；君子以修百姓宁。明德慎罚，国家既治四海平。”(《荀子·成相》)德治和法治成为社会管理的重要手段。

西方管理学者在对管理实践的探讨中，对人性假设提出了多种看法。1957年美国学者麦格雷戈（1906—1964年）在《企业中人的方面》一文中提出人性假设这一概念，各种管理理论似乎都有了人性假设的依据。“X理论”设定多数人生性好逸恶劳、好吃懒做，毫无责任心，工作的目的只在于实现基本的物质需要，他们期望别人领导和指挥，人成为被动管理的工具。换言之，人们追求自己的利益，人是“经济人”的角色，只要满足和实现人的利益，就能达到管理的目的。被誉为“科学管理之父”的泰罗（1856—1915年），提出以工时研究为基础，以计件工资激励工人积极性，通过任务管理达到提高劳动生产率目的的管理制度。尽管泰罗制也提及雇主和员工之间的利益分享和人际关系中的友好合作，甚至认为友爱、同情等道德因素是劳资之间建立友好感情的纽带，但人们仍旧把它看做是“X 理论”的体现和实践。①

“Y 理论”认为，好逸恶劳并非人的天性，工作可以是人的自我实现的一种方式，劳动报酬、工作环境等都可能影响人的积极性，改善工作环境、激发人的创造性，是可以实现管理目标的。“Y 理论”实质是以“自我实现人”为前提的。“Z 理论”以人为中心，强调生产率与信任、微妙性、亲密性的密切相关，突出“社会人”的人际关系伦理协调，这实质是一种“伦理人”设计和人道化的管理模式。②

国外管理理论中无论是“经济人”“理性人”，还是“社会人”“伦理人”，无论是“工具人”“决策人”，还是“动机人”“自我实现人”“复杂人”，诸如此类的人性假设模型，都有一个共性特征，就是立足于企业管理的客观需要来回答管理何以必需、何以实现的问题，这些理论相继形成的思路，逐步归结到了管理的伦理思考，涉及伦理学的重要问题——人性问题。

无论是具体的管理领域还是国家政治活动，其对象化的领域终究是人，是人与人的关系中人对人的管理。政治中的人性和管理中的人性，不可避免地以伦理的思考为依归。伦理的人性思考及对人性的善恶属性定位，在政治、行政、国家管理层面上成为德政仁治或是刑政法治的理论依据，在企业管理层面上，有了“X 理论”“Y 理论”“Z 理论”的分别。问题是，人性论本身的科学性应该受到质疑，如果人性论本身是不科学的，那么，以人性论为根基的任何管理理论也将面临坍塌的可能。

从生产关系和阶级关系的角度看，管理者和被管理者分属不同的阶层乃至不同的阶级，各自的利益和目的要求不同甚至相互对立。不论人性善或人性恶的观点，在逻辑上不仅归纳不科学，在三段论推理中犯了概念周延性的逻辑错误，而且在实践中，如果以管理者的善性来治理管理对象的恶性，或者以管理者的恶性来看待管理对象的善性，抑或管理者和被管理者都是善性或恶性，那么，管理本身就充满了自相矛盾。无论是性善论还是性恶论这种机械的二分法，抑或是有善有恶论，只要设定先天的人性，就难以摆脱理论和实践的恶性

---

① ［美］丹尼尔·A. 雷恩. 管理思想的演变. 北京：中国社会科学出版社，2000：172.

② 葛新斌. 试析西方管理理论中“人性假设”的基本形态及其关系. 管理科学，1999（4）.

矛盾。

（二）科学的人性论是管理理论的基础

科学的人性论首先立足于历史的分析。简而言之，人性乃人的属性，是人之为人而区别于动物的规定性，包括人的生物属性、社会属性和思维属性。生物属性即体性，社会属性为德性，思维属性为才性。人是生物进化的结果，人的生物属性成为社会属性的自然前提。因此，人的自然需要是一个基本的事实，人的社会需要则展示着人性的丰富性。同时，人性又是发展变化的，不同的历史时代，人性有不同的内容。在阶级社会中，阶级性成为人性的重要表现。即使是个人的人性也是具有可塑性的，在教育和环境的影响下会发生变化。人性从来不是一种凝固不变的属性。

科学的人性论还立足于社会关系分析。人性是社会关系的产物，处于什么样的社会关系中，就有与这种社会关系相适应的人性以及对人的教育和管理要求。人的善恶属性不是先天具有的生物本能，而是在社会关系环境的影响下，在教育和管理的要求中塑造形成的。所谓“近朱者赤，近墨者黑”就是这个道理。人的社会属性以及由于人的思维属性所产生的精神世界，使人的自然属性社会化、文明化，人性成为一种德性。社会关系中的组织由人组成，组织的运行依赖于有效的管理，管理的好坏与人的因素紧密相关。因此，人的社会属性就是一定时代的文化和文明所规定的属性。在这个意义上讲，管理是对价值和理想的实践追求，是一种文化的产物，管理需要一种人性假设，管理也成为人性的产物。

科学的人性论最终要立足于实践的分析。人类对于人性善恶的证明最终是在实践活动中得以确证的，虽然理论上的假定来源于实践的需要，但实践已经证明，善恶属性不能作先天的假定。人性包含着人的自然属性、社会属性和思维属性，因此，与此相关的人的生存需要、发展需要和享受需要，就成为社会发展的主体条件。但是，离开现实的生产劳动过程以及在劳动中形成的社会关系，人的需要也就无法实现，只有通过生产劳动和把握社会关系的社会实践才能实现人的各种需要，只有在接受教育、加强个人道德修养和受环境影响等个体实践活动中，才能实现符合社会价值尺度的各种需要。因此，人性是人们在社会实践活动中所获得的规定性，是由社会关系发展的需要所决定并受具体的社会关系制约、化育而形成的人的属性。

人性的社会形成过程在主体精神世界的意义上，是一定价值观及价值尺度指导的结果。人的需要是主体内在的欲求，具有个体性。在这个意义上，个体需要具有非道德属性，属于生命活动的自然需要，不能简单地以好逸恶劳、好吃懒做等道德尺度加以评定。人的需要在这个意义上，在社会关系这一人的本质属性上，具有社会性、主体性，作为人的社会需要就不是简单的个体的自然需要，它要通过物质生活和精神生活才能实现，受到一定时代的物质生产和精神生产水平以及社会制度的制约。以何种方式和手段实现人的物质需要和精神需要，无论在个体意义上还是在群体、阶级、民族和社会的意义上，都具有道德属性。劳动奉献、爱岗敬业、履行义务是各种需要得以实现的道德途径和价值评判尺度，以偷盗、抢劫等手段获得自身需要的财富，则是违反道德的罪恶。人的需要还具有主观性，当实现需要的动机、愿望、目的和想法脱离社会发展水平、远离现实条件许可的程度时，需要就成为一种空想、幻想、妄想。当个人需要脱离道德约束时，观念中的需要就会成为一种恶念和贪欲。

显然，对于人性问题的理解和把握，不能离开人在社会交往实践中所构成的各种社会关系。把人性理解为单个人的某种欲求或与他人无关的某种规定性，其结果就是为单个人的存在而谈论人性，忽略了社会关系中所能以展示和实现的人性。

个体的需要和社会属性的形成是在社会交往关系的现实活动中实现的，其根本在于如何处理人与人之间复杂利益关系。在社会的不同领域中有不同的利益关系和利益需求。在个人行为中，有个人利益和社会利益的关系问题；在政府行为中，有局部利益和整体利益、地方利益和国家利益乃至权力和利益的关系及公共性和自利性的问题；在企业行为中，有企业经济利益和社会效益的关系问题；就管理者个人行为而言，有公利和私利、社会功利和个人功利的关系问题，等等。这些利益关系的调整，既需要法律的手段，也需要道德规范。因此，对生产劳动和社会关系的调控，客观上需要一种专门的职能，这就是管理职能。各种管理的实现就必须思考和把握人性问题。管理本身就是以政治、法律和伦理道德规范各种利益关系的过程。管理无疑是围绕着人的活动而展开的过程，人的活动总是以利益为基础和动力的，因此，管理的人性假设可以是利益人的假设。

将伦理学和管理学结合起来，形成了管理伦理学的研究。在管理伦理学看来，管理的伦理内涵就在于利益人的假设。这一假设是理论分析的起点和前提，也是管理实践的基本依据。一般而言，人们所奋斗的一切，都与他们的利益有关。作为事实概念和关系概念的利益，无非是客体、事物关系当中对于人的生存发展具有一定意义的属性。无论是物质利益还是精神利益，能够满足和实现人的需要，就是有利有益的。问题在于为什么人的利益和为什么样的利益而奋斗，这就是利益的正当性问题。这一问题包含两个层面：其一是如何实现社会利益，其二是如何实现个人利益。管理的最终目的不在于损害人们的利益，而在于合理有效地实现个人的利益，实现社会利益。具体而言，管理者个人和被管理者个人之间，在具体的管理实践中就是正确处理各种利益矛盾，协调利益关系，以激励原理和激励机制来实现他们的利益。所谓调动积极性，就是以物质利益和精神利益的实现来满足人的需要，以激发人的能动性、创造性。这就是管理伦理学得以建立的客观依据。

在人的发展和人性的丰富完善方面，在人类从必然王国走向自由王国的历程中，未来的社会将是物质财富极大丰富、人民精神境界极大提高、个人自由全面发展的社会，道德化的管理是人摆脱剥削和压迫的真正标志，真正实现"建立在个人全面发展和他们共同的社会生产能力成为他们的社会财富这一基础上的自由个性"①，也正是道德化管理的实现。就我们今天的现实来看，对人的管理，要努力提高全民族的思想道德素质和科学文化素质，实现人们思想和精神生活的全面发展，一方面有赖于管理者能力素质和水平的提高；另一方面，被管理者的能力、素质、思想境界具有个性差异，还不可能实现真正的自我管理目标，而且社会关系和社会领域广泛而复杂，企业与社会、国家与社会的关系还需要公共部门担负管理职能。因此，管理的强制性和道德的自律性构成了管理的双重属性，管理的伦理研究和实践将是一个意义重大的历程。

第二节　公共伦理学与管理伦理学

一、公共伦理和管理伦理的内涵

（一）企业管理中的伦理学

以往的管理理论，限定在企业管理领域。正如现代管理理论的奠基人之一彼得·F. 德鲁克所说："我们今天倾向于认为，管理就是企业管理。"② 由此出发，管理伦理的研究被局限在企业伦理领域，狭义的管理伦理学就是以企业管理中的伦理道德现象为研究对象的一门学科。严缘华等人主编的《管理伦理学》将其界定为研究管理过程中出现的全部道德现象及其发展规律的学说，其侧重点是对企业管理中的伦理道德问题进行全面、认真的研究。苏勇所著的

---

① 马克思恩格斯全集（第 30 卷）. 北京：人民出版社，1995：8.

② ［美］彼得·F. 德鲁克. 管理的新范式. 现代外国哲学社会科学文摘，1999（2）、（3）。

《管理伦理学》界定其是研究人类各种管理活动中的道德现象的科学，提出企业管理伦理学是研究企业在一切经营管理活动中的道德现象的科学，该书仍然侧重研究企业管理中的伦理道德问题。周祖城所著的《管理与伦理》一书以实证分析方法和引述国外企业管理伦理思想，对企业管理伦理进行具体分析。国内管理伦理学的研究之所以侧重企业管理伦理的研究，与加强企业管理的客观需要有关。在我国市场经济体制建立的过程中，企业在文化建设与市场运作过程的关系中，逐步对管理问题进行反思，涉足管理与道德的关系思考，促成了“企业管理伦理学”的形成。

企业和公司作为一种社会组织、一种制度、一种文化、一种生存方式和经济活动实体，自其产生以来，就改变着时间、秩序、价值观，成为现代社会中与国家和政府对应的社会支柱力量。企业的本质是追求财富和创造价值，按照市场需求进行产品研发、生产服务和市场营销，由此形成了调节企业内部关系与活动的职业道德守则，形成了企业外部调节与市场、消费者关系和活动的经济伦理和商业道德。企业管理伦理学的特征及研究任务主要有如下几个方面：

第一，重点探讨企业组织行为中的道德含义、行为选择及其对员工和社会的影响。企业组织的行为是以经济效益为目标的。经济效益的最大化，为企业的扩大再生产奠定了物质基础，也为企业内部的收入分配提供了基本的条件，从而有利于企业和员工的发展。因此，对于经济活动中的主体来说，一切以营利为目的是其生存和发展的法则，我们把这一法则称为营利法则。营利法则决定了经济活动主体是在利益驱动下，以营利为动机而进行经济活动和以营利为目的的“经济人”。然而，从社会效益的角度看，经济人急功近利、投机取巧的行为，终将导致其丧失长远利益。这是因为经济人的行为不仅受到营利法则的制约，还受到伦理法则的制约。经济行为具有价值属性，生产者、经营者和消费者之间具有直接的利害关系。经济人的行为有利于或有害于消费者和社会，必将接受社会评判，害人利己的行为终将被消费者识破和抛弃，企业将失去一切市场，这就是经济领域中无情的伦理法则。所以，经济效益和社会效益的统一是企业唯一正确的价值选择，经济效益和社会效益的一致性、统一性，也是企业法人组织行为选择的道德目标。

第二，企业管理伦理要研究管理者本身的道德素质。管理者的道德素质是一个复杂的能力结构，包括其道德认知能力、行为选择能力、道德调控能力、价值评判能力等，德才兼备的管理者不仅具有一定的管理知识和管理能力，而且还应有较高的道德素质。① 仅有管理知识和管理能力而没有较高道德素质的

① 唐能赋. 企业管理者的道德能力结构刍议. 道德与文明，1996（2）.

管理者，可能失去凝聚人心和作为表率的作用。管理之道在于用人，用人之道是对管理者道德素质的考验和检验，其道德素质能力的高低将对企业活动产生重要的影响。因此，企业管理伦理需要研究管理者的道德素质。

第三，研究现代企业制度中的道德调控机制。企业管理制度是规范企业各种活动的基本规定和要求，企业失去基本的规范和制度，必将导致内部管理混乱而无法发展，最终被市场淘汰。一方面，建立企业管理制度就是形成道德赏罚、道德教育、道德评价和道德评判机制，以积极的价值导向，形成企业发展的精神文化动力。企业建章立制的目的在于调节处理内部人员关系，规范个人行为和企业行为，实现经济效益和社会效益的统一。另一方面，企业建章立制，受到生产关系、社会制度、政府治理、意识形态等社会机制的制约和影响，企业行为的社会责任不可能脱离社会的制度安排，企业内部管理机制只有与外部良好的社会机制相一致，才能产生持久的效益。

第四，研究管理过程中的人际关系状况。企业内部人际关系纵横交错，十分复杂，既有管理者之间的关系，也有管理者和被管理者之间的关系以及被管理者之间的关系，还有管理者和企业外部的各种人际关系。企业内部的人际关系状况具体体现了企业的伦理精神，和谐的人际关系将有利于企业的发展。威廉·大内在《Z 理论》（1981 年）一书中把人际关系当中的信任、微妙性和亲密性作为企业管理、生产率提高的关键。上下级之间相互信任、坦诚相待，以积极的道德情感来协调个性关系，人与人之间形成相互关心、相互支持的无私的亲密关系，这就是管理之道的伦理法宝。

总之，企业管理伦理学主要研究企业内部管理过程中的各种道德关系、道德规范体系和道德实践活动，以便促进企业的良性运行和发展。在不涉及公共组织对公共事务进行管理的伦理含义时，企业管理伦理学不属于公共伦理的范畴。

（二）公共管理中的伦理学

国内关于公共伦理的研究大致有三个向度及基本范式。其一，公共管理伦理向度，这一向度的主要理论范式是公共利益范式，这构成了目前国内学界研究公共伦理的主流向度；其二是市民社会伦理的向度及其公共领域范式；其三是政治伦理向度中的公共伦理研究。① 从社会管理的视角来看，公共伦理涉及的范围比企业伦理更加广泛，它是包括政府组织在内的公共管理主体与公民社会之间、与其管理对象之间的关系以及处理这些关系应该遵循的伦理准则。换言之，用以规范公共管理主体的行为，以保证公益事业的公正性，合理有效地

① 何历宇. 论我国公共伦理研究的三个向度及其基本范式. 道德与文明，2009（1）.

实现公益事业目标的准则体系，就是公共伦理。其特征如下：

第一，公共伦理是规范公共组织行为的准则体系。公共组织大致可划分为政府组织和非政府组织两大类型。从营利与否的角度划分公共组织，非政府组织中有营利性的中介机构和非营利性的公益组织两类，政府组织属于非营利性机构。所有公共组织的活动及其目标，都会涉及社会整体利益和局部利益之间、眼前利益和长远利益之间、组织利益和社会利益之间的关系。公共组织的各项活动及行为，必须符合公众认可的行为规范，正确处理好这些利益关系，可以为社会提供良好的服务和产品。因此，从最广泛的意义上讲，公共伦理又是调整管理主体和管理对象之间利益关系的行为准则。具体而言，政府组织遵守什么样的规则来管理和影响国家经济和社会秩序而不为自己谋利益；非政府组织在管理的各个领域中，如何处理好不同利益集团之间的关系，配合政府组织在微观方面为社会提供良好的服务。这些都属于公共组织行为的伦理准则范畴。

第二，公共伦理涉及的范围相当广泛，在政府组织方面，主要取决于所管理的幅度、领域和由此所产生的公共责任。政治、经济、文化各领域中，凡是公共组织服务的对象、内容和具体领域，都会涉及公共伦理道德问题。从规划方面看，无论是管理过程中宏观方面的规划决策、目标实施、资源配置等层面，还是微观具体领域中的方案设计、技术操作、人员安排等，都会涉及公众利益、社会利益和个人利益问题；从资源角度看，无论是自然资源的开发和保护，还是社会资源的分配和使用，也与公众利益和个人利益有关，与区域发展和社会整体协调发展有关，进而涉及区域间的公平关系和社会发展效率的问题；从群体角度看，政府组织和非政府组织的行为，面对着不同的阶级阶层、利益集团和群体，因而需要协调和处理不同的利益关系，承担相应的道义和社会责任，这也属于公共伦理的内容。

第三，公共伦理不是社会公德。社会公德是一定社会的全体居民为维护社会公共生活的正常秩序，共同遵守的最基本、最简单的生活准则和行为规范。人类社会生活领域大致可以划分为家庭生活、职业生活和社会公共生活三大领域。个人在职业活动时间之外，为了家庭生活和其他社会交往的需要，必然进入社会公共生活领域从事各种活动。在公共生活领域中，人与人的关系多数是陌生关系，角色认知程度低，匿名效应高，但在交往过程中，往往涉及相互之间的切身利益问题。为了维护这种每日每时发生的社会交往关系，形成良好的社会生活环境和秩序，人们就必须遵守一些最简单、最起码的行为准则。

与公共伦理相比较，社会公德是调节和处理个人在社会公共生活中与他人之间的关系的行为规范，具有非组织性、全民性的特征。它不是组织内部的行为规范，是社会全体成员应当恪守的基本行为准则，无论什么人，只要在公共场所活动，就不能违反社会公德；公共伦理则是处理政府组织和非政府组织与公共事务之间关系的道德准则，具有组织属性和政治、行政特征。社会公德是社会全体成员的自我约束机制，全体社会成员既是社会公德的制定者和监督者，又是社会公德的实施者和成果的享有者；公共伦理是公共组织的自我约束机制，调整着管理者和被管理者之间的利益关系，受公共组织服务对象的监督和评判。社会公德具有简明易行的特点，文明礼貌、助人为乐、爱护公物、保护环境、遵纪守法是社会公德的基本规范和要求；公共伦理具有政治、行政等职业特点，反映着公共利益的要求，为人民服务、廉洁奉公、追求公正和效率是其基本的道德原则。

第四，公共伦理是社会管理组织的职业道德。职业道德就是与职业活动密切相关的、具有职业特征的道德准则、规范的总和。职业道德具有鲜明的职业特征，是职业要求和个人品德的有机统一。作为德性概念的个人品德“就是一种使人成为高尚的，并使其出色地运用其功能的品质”①。管理是社会分工过程中分化出来的一种职能活动，管理主体必须按照管理规律从事管理活动，在处理管理者和被管理者之间以及人、财、物的各种复杂关系中，明确自身职业角色的义务，履行相应的职责，练就出色的管理能力。因此，公共伦理就是管理者高超的管理水平与个人品德在管理活动中的完整统一的表现，是从事公共管理活动的组织和个人应该恪守的一种职业道德。

第五，公共伦理的基本法则是为人民服务。为人民服务既具有道德含义，又具有政治含义。在我国，为人民服务既是对中国共产党执政的先进性要求，又是共产党执政宗旨的具体表现，也是政府组织承担公共事务管理的使命要求。另外，非政府组织在国家管理职权分化的过程中，以民间活动的形式承担了相当部分的公共事务，也只有坚持为人民服务的伦理原则，才能取信于民，起到政府和民众之间的桥梁作用。只有始终坚持为人民服务的伦理准则，不牟取执政者的特殊利益，才能树立起良好的廉政形象。如果放弃了为人民服务的原则，就不能代表先进生产力的发展要求，不能代表中国先进文化的前进方向，不能代表中国最广大人民的根本利益，这样的执政党和政府就不可能生存和发展下去。在这样的意义上讲，公共伦理具有政治大局的含义，与企业伦理和一般的管理伦理，具有显著的区别。

---

① 亚里士多德. 尼各马可伦理学. 苗力田，译. 北京：中国社会科学出版社，1990：32.

二、伦理学、道德与公共伦理学

（一）伦理学

伦理学是一门古老的科学，公元前4世纪的古希腊学者亚里士多德创建了伦理学。在《尼各马可伦理学》一书中，他认为这门科学的目的不是知识，而是实践。这就是关于德性的修养和幸福的实现的道德科学，其研究对象是“至善”。亚里士多德建构的伦理学体系，使伦理学成为一门独立的科学。

在西方历史上，伦理学常被称为道德哲学。人们对伦理学的研究对象有不同看法，英国哲学家霍布斯说：“道德哲学不外是人类社会生存中关于善与恶的意义的科学。”① 有人认为伦理学是关于人的行为的道德原则和道德规范的科学，还有人认为伦理学是关于人类幸福的学问，伦理学就是幸福论。有人从文化学的角度提出，伦理学是以人类道德文化现象为研究对象的科学。也有人提出，伦理学是一门以人为中心的特殊人学，它的任务在于为处理人类关系和义务提供方向和启示。

事实上，人类社会生活中的行为选择、道德原则、道德规范、人生价值以及幸福和善恶评判问题等，是道德现象的不同方面，都属于伦理学研究的内容。道德意识、道德规范、道德活动等是道德结构中相互关联的要素，由这些要素构成道德结构的整体。伦理学的研究对象是一个整体，通常把道德现象作为伦理学的基本单元，以道德现象作为出发点来确定和展开伦理学研究的各个要素和方面。因此，一般说来，伦理学的研究对象是道德现象，伦理学就是研究道德现象的科学。

关于伦理学研究的目的及意义，在伦理学的发展历程中，形成了规范伦理学和元伦理学的对立。自亚里士多德以来的伦理学着重研究道德原则和道德规范对人的行为所具有的意义和指导作用，因而被称为规范伦理学。20世纪初，元伦理学试图把道德语言和道德语言所指称的对象区别开，把伦理学的研究任务限定在道德概念、道德判断的逻辑以及道德语言的结构功能的分析之中。元伦理学一反传统的规范伦理学，英国伦理学家乔治·穆尔提出伦理学的直接目的是知识，而不是实践，从而把价值与事实、道德与生活分离开，从语言学和逻辑学的角度对道德语言进行纯粹的分析，漠视道德规范对人的行为和生活所提出的要求，否定伦理学对实际生活的指导意义，最终使元伦理学陷入困境。因此，在西方伦理学界流行半个世纪之久的元伦理学，开始受到人们的批评和修正。一些伦理学家坚持采取传统的立场，回到规范伦理学的立场，审视现代

---

① 西方伦理学名著选辑（上卷）. 北京：商务印书馆，1964：671.

社会、现代人生活价值迷失的现实，开辟了应用伦理学的研究天地。

随着20世纪科学技术的迅猛发展和人类面临的道德问题的日益增多，伦理学开始和其他学科结合起来，从而形成了一些新的分支学科。经济伦理学、道德社会学、生态伦理学、生命伦理学、政治伦理学、军事伦理学、民族伦理学、妇女伦理学、青年伦理学等已成为伦理学研究的活跃领域。应用伦理学借助联袂学科的方法和成果，将理论伦理学应用到社会生活的各个方面，注重道德的实践意义，关注人的品质培养和道德对社会关系的调节功能，集中反映了人们以道德方式把握世界的特点，展示了伦理学发展的强大的生命力。管理伦理学正是在应用伦理学蓬勃兴起和发展的势头中，开始确定自身的研究对象和研究内容的伦理学新兴学科。

（二）道德与伦理

道德与伦理是伦理学中的基本词汇。在古人看来，“道”为天地万物的根基和运行规则，得于“道”者而有“德”，“德”成为事物或人得之于“道”的属性。老子《道德经》写道：“是以万物莫不遵道而贵德。”把“道”与“德”合起来使用的首推《管子》一书，其中讲“道之于德无间”“言之者不别也”，说明战国时期“道德”一词的使用已较为普遍。书中还讲“道德有常，则后世人人修理而不迷”①“道德当身，故不以物惑”②“道德定而民有轨矣”③“言而语道德忠信孝弟者，此言无弃者”④。希腊语的 εθos，拉丁语的Moralis，原本有风尚、习俗、性格、行为、属性、内在本性、规定、规律等意，后引申为道德规范、行为品质、善恶评价等含义。中西方“道德”一词的原意相近，说明人类文化现象具有一定的共性。

在日常生活中，伦理与道德含义不分，通常又将它们作为同义词使用，同指一个现象。“伦”本意是辈、类、顺序、条理之意，所谓人伦就是人与人之间的道德关系，《孟子·滕文公上》讲：“教以人伦，父子有亲，君臣有义，夫妇有别，长幼有序，朋友有信”，说的就是人际关系应遵守的道理。“理”为道理、规律、原则、条理，动词为治理、整理，伦理二字连用，就是关于道德的理论。日本学者小仓志祥认为伦理是人际关系的法则，道德则是“为实现作为道理即法则的伦理而采取的基本态度”“对这种伦理和道德，进行学术

① 《管子·宙合》。
② 《管子·戒》。
③ 《管子·君原上》。
④ 《管子·形势解》。

上的反思，就是伦理学"①。

早在19世纪，德国哲学家黑格尔明确将道德与伦理分别开。在黑格尔看来，道德与伦理有严格区别，道德属于个人主观意志的法，这种主观意志的法体现为良心、意志、情感和行为等，它向客观伦理的转化，才成为调整个人生活的伦理力量。所谓向客观伦理的转化，就是在义务、公平、权利、婚姻家庭、国家社会这些客观实在的关系中获得自身的规定。国家社会是为了维护个人特殊利益和公共利益的秩序而建立起来的，伦理作为社会的规定，通过公共事务、公共权力、国家制度、普遍利益体现出来。政府成员和国家官吏必须服从国家利益，这就需要形成一种品德习惯，"为了使大公无私、奉公守法及温和敦厚成为一种习惯，就需要进行直接的伦理教育和思想教育，以便从精神上抵消因研究本部门行政业务的所谓科学、掌握必要业务技能和进行实际工作等而造成的机械性部分"②。这一思想不仅仅是把道德与伦理相区别，而且意味着公共事务中存在公共伦理问题，这是公共伦理思想的萌芽。

有时，人们把道德定义为社会整体的契约，因此是一种社会调节体系，是人们共同遵守的习俗。弗兰克纳说："道德是一种生活的社会体系，但它是能在自己的社会成员中促进理性的自我指导或自我决定的一种社会体系。"③ 实质上，道德是由社会经济关系所决定的，用善恶标准进行评价的，依靠社会舆论、风俗习惯和内心信念来维系和调节个人与社会之间利益关系的社会意识和行为活动的总和。这一定义较为全面地揭示了道德的本质、特性、功能和结构，对于公共伦理的研究来说，这一定义也是适用的。

人类道德作为一种社会意识形态反映了人们在经济活动当中的不同利益关系以及调整和处理这些利益关系的需要。人类调整利益关系的方式可以是政治的、法律的、经济的以及道德的手段。以政治、法律和经济手段调整利益关系，常常涉及义务、责任、公正、善与恶诸如此类的复杂的伦理道德问题。因此，调整利益关系的各种方式必然是相互渗透、相互关联的。就区别而言，政治、法律等利益调整方式具有行政和国家的强制性，道德调整方式则是非行政性的、非强制性的，以个人良心自律和社会舆论评判为保证；就联系而言，行政主体、国家政府官员以及公众成员的行为需要以伦理道德为保证来维护和实现社会整体利益，外在的强制力最终要通过内心自觉而起作用。因此，对社会利益关系实施的政治行政调整以及对公共事务的管理不可避免地具有伦理道德

---

① ［日］小仓志祥. 伦理学概论. 北京：中国社会科学出版社，1990：6-7.

② ［德］黑格尔. 法哲学原理. 北京：商务印书馆，1961：314.

③ 弗兰克纳. 伦理学. 北京：生活·读书·新知三联书店，1987：14-15.

属性，可以进行善恶评价。这就是在个人和社会之间利益关系的活动领域中体现出来的道德，即公共伦理问题。

（三）公共伦理学

公共伦理学是对一种特殊道德现象的研究，这种特殊的道德现象发生在公共管理组织和管理对象之间的利益调整关系中，反映着政府组织和非政府组织对于公共利益的价值判断、态度和基本立场，公共伦理学的研究任务就是要确立公共管理主体及其成员在处理公共利益和个人利益的关系中应当遵循的基本行为准则。公共伦理学是管理学、政治学、行政学多学科相互交融的伦理学学科。

从管理学的理论视角看，公共伦理学包含着对管理和道德之间关系的更深层次的思考。一般而言，管理具有强制性，这种强制性来源于组织权威和制度的约束力。道德具有非强制性，依靠社会舆论、传统习惯和良心信念来调节人际关系。然而，管理者的权力必须受道德制约才具有合法性，权力的实施离开了人的道德自觉性也难以真正实现其应有的作用。一方面公共组织可能是正义的代表，以其道德上的正当性进行社会管理，或者相反，公共组织可能是某一个阶级或集团利益的代表，其权力的施行违背了公众的道德愿望，但人们仍必须服从其管理的强制性；另一方面，公众道德素质以及参与社会管理能力的提高，是对管理的有益补充。

从政治学的理论视角来看，公共伦理学具有政治伦理学的属性。公共伦理学和政治伦理学的区别仅在于，一是管理主体的不同，政治伦理学分析作为政治主体的政府组织、国家官员、公务员或者社会主义国家党政领导干部政治行为的道德意义，公共伦理学不仅包括这些主体，还涉及非政府组织及其成员的活动。二是政治伦理学以政治道德为研究对象，并对政治制度的道德属性和理想进行理论阐释；公共伦理学则以政府组织、非政府组织应当遵守的政治、行政伦理道德乃至管理道德为研究对象，研究的范围更为宽泛。

从行政学的理论视角看，传统的行政伦理学局限于政府组织内部行为关系的思考，确定公务员的行为准则。从行政伦理到公共伦理的转向，扩展了行政伦理的内涵和外延。公共伦理学更加关注执政主体面对公民社会应当承担的义务，探讨社会管理过程中公共组织对于管理对象和领域应当承担的责任。从伦理学的角度审视行政管理走向公共管理的实践，形成了公共伦理学的研究和理论，这一理论以管理过程中客观存在的伦理道德现象及其发展规律为研究对象，阐述中外公共伦理思想的发展历程，分析公共管理过程中涉及的各种道德关系和管理伦理的原则、实践以及管理者的道德素质等内容。在诸如行政效率、公平正义、大多数人的利益和弱势群体利益等诸多理论和观念方面也更新了理念。

三、伦理的底蕴

公共管理的实践需要伦理的理论基础，因此有必要对伦理的一些理论进行扼要的阐述。公共管理的职责是一种社会义务，维护和实现公共利益则是公共管理的社会功利目的。如何将个人义务和为公众服务的社会功利统一起来，势必涉及义务论和功利论的道德理论。

（一）义务论

所谓义务，从词意上看，《礼记·中庸》讲："义者宜也"，韩愈《原道》解释"行而宜之之谓义"。思想行为符合一定标准是为义。所谓"务"，作动词解是致力、从事，作名词是事务、事情。义务就是人们按照一定的社会准则去从事的事情。道德义务是判断行为善恶的标准，就是人们按照一定社会的道德标准应当去从事的事情。从我国目前学术界对道德义务的定义来看，所谓道德义务是指个人意识到的对他人、集体和社会应尽的道德责任，是社会对个人行为的一般要求。在社会生活中，有各种不同类型的义务，如政治义务、法律义务、道德义务等，统称为社会义务。它们对于维护和调整社会关系具有十分重要的作用。

道德义务是关系概念，其具体的内容和要求是在社会关系中产生的，并且是由社会关系的性质所决定的。所谓社会关系就是人与人的关系、个人与社会的关系。社会关系不是一种空洞的社会形式，也不是人与人之间的一种实体关系，归根到底是以生产关系为具体内容，由生产关系的性质所决定的人与人之间的联系和发展过程。在社会关系中，人与人之间的利益关系是实质性的内容。无论在什么样的条件下，人与人之间的利益关系都存在着多样性、复杂性和矛盾性。利益关系的调节方式有经济方式和非经济方式。在非经济的方式中，道德调节就是非经济的调节利益关系的一种方式或手段，表达的是社会或一定阶级对人们确定的任务、活动方式及其必要性。由此看来，道德义务就是在社会关系中产生的调节利益关系的一种客观要求，一种由社会指向个人的行为规定。失去行为方面的这种规定，社会关系将难以维系。就义务的性质而言，积极的义务是主体自觉主动地履行诺言，担当责任。消极的履行义务则意味着行为者不作为，甚至逃避责任。角色是指一定社会关系赋予个人相应的义务和责任，并由此决定着的个人地位、作用和社会形象。人们在社会关系中担当着一定的角色，角色的行为规范及要求就是角色义务。因此，义务不是抽象的，而是社会生活对个人行为的一种规定。

义务作为一个关系范畴，具有较强的社会他律性。所谓他律性是指行为的依据相对于个人而言是一种外在的要求或权威。这种他律性原则，在功利主义理论看来是统治着我们的痛苦和快乐这"两个至高无上的主人"带给我们的苦乐感和行为的效果，说到底就是生理和心理的一种必然性。在宗教神学看来，就是上帝或神的旨意，人们必须服从从而得以赎罪的一种原则。在19世纪法国的伦理学家让-马利·居友看来，义务的依据来自生命，而不是外在的权威或制裁，因为，生命的力量使得我们不需要什么强迫性的义务和宗教的制裁，"在我们的道德中绝没有什么超自然的原理，它的产生完全来自生命本身，来自生命中固有的力量。生命通过渴望不断地发展而创造自己的法则，它正是通过行动的力量来规定行动的责任"①。事实上，上述三种看法都不能科学地说明义务的他律性。义务的他律性来自于调节社会利益关系，维持和谐社会秩序的客观要求。离开正当利益的实现以及和谐有序的社会关系，人们的苦乐感也好，生命力量也好，都将是无源之水，无本之木。正因为如此，道德义务是社会对个人的要求，是个人应尽的或应当承担的社会责任，是具有社会约束力的道德力量。

道德义务具有历史性，其内容和要求在不同时代有着不同的表现。在阶级社会中，道德义务具有阶级性，是用以调整阶级关系，维护阶级统治和社会秩序的必要手段。不同时代的伦理学家对义务的看法也不同，有人把义务看作是神的命令，有人把义务看作是纯粹理性的法则，有人把义务当作满足生理需要和欲望的手段。这些观点否认了义务范畴的客观性和历史性，最终使义务要求失去了社会实践意义。康德的义务论认为，义务是一种先验的纯粹出于对行为规律的尊重的必要性，行为要有道德价值，不在于要达到一定的目的，行为动机要纯粹出于义务，为义务而义务，义务就是道德命令。对人类的义务包括对自己的义务和对他人的义务，对其他存在物的义务包括对低于人的存在物（动物）的义务和对高于人的存在物（神灵）的义务。费尔巴哈批判这种观点，认为义务是出自人的追求幸福的愿望，是为了谋取好处，为别人尽义务是满足自己欲望和实现个人幸福的前提。

马克思与恩格斯指出，在社会现实中生活的人，就有规定、有使命、有任务，"这个任务是由于你的需要及其与现存世界的联系而产生的"②。因此，从

① ［法］让-马利·居友. 无义务无制裁的道德概论. 北京：中国社会科学出版社，1994：204.

② 马克思恩格斯全集（第3卷）. 北京：人民出版社，1960：329.

社会关系的不同方面，可以引申出不同的义务，包括从同志、朋友、家庭等人际关系中产生的义务，从个人与国家、阶级、政党、集体、民族等社会关系中产生的义务。其基本的内容就是人与人之间相互的责任及个人对社会应尽的责任。所以，“义务是把能力用在谋求真正的而不是假想的人类福利上的。他的义务是抱有真诚和热烈的愿望来为别人谋求幸福和进步”①。如果把义务同个人享乐、权力联系在一起，为个人私利而尽义务，也就失去了行为的道德意义。

道德义务的履行具有自觉性和非强制性特征，道德义务是个人行为的内心控制机制，是自律的伦理。一个人能否自觉履行义务，不仅标志着个人社会成熟的程度，也标志着他的心理成熟程度和自由程度。自觉地履行义务，说明个人对角色要求的理性把握以及将社会要求内化为自我的需要，从而成为个人行为的动力机制。自觉履行义务并不意味着压抑人的个性和自由，黑格尔说得好：“义务仅仅限制主观性的任性，并且仅仅冲击主观性所死抱住的抽象的善。……义务所限制的并不是自由，而只是自由的抽象，即不自由。义务就是达到本质、获得肯定的自由。”② 它以或多或少的自我牺牲为前提，不以谋求个人权利和社会报偿为目的，是在正确理解和认识社会关系的客观要求的基础上，发自内心的责任和信念，从而自觉自愿履行的义务。相比较而言，法律义务是人们必须承担的某种责任，它与法律保障下的个人权利相联系，是由法律条文规定的，并依靠司法机关来保证实施，具有强制性。道德义务主要是受社会舆论和教育的影响，在个人的内心信念和责任意识驱使下的自觉行为。

义务与责任相联系，从道德评价的角度来看，义务作为道德规范的一般表现形式，是行为评价的准则，而责任则是评价的方式或结果。责任不仅是行为当事人对自己行为后果的认可，也是行为当事人自觉承担的道德义务。责任表现为行为当事人对自身行为后果的自觉意识和强烈的自责、追悔、“将功补过”的承诺等。从行为的意义来看，义务虽然具有较强的社会他律性，但只有转化为个人内心自觉的责任，外在的道德要求才具有实际意义，对于道德主体才具有规范的意义。因此，责任表现为主体对道德义务的自觉意识，以及履行义务的使命感。在个体身上，义务转化为责任意识，就是自律的义务。没有责任感的义务仅仅是他律性的义务。一个有道德意识和行为能力的人，对自己的行为负有责任。一个有道德的人是对他人和社会负责任的人。从积极意义上讲，一个人有责任履行义务，对其行为的过程和结果具有责任能力；而从消极

① 威廉·葛德文. 政治正义论（第1卷）. 北京：商务印书馆，1980：106.

② ［德］黑格尔. 法哲学原理. 北京：商务印书馆，1961：168.

意义上讲，一个人对其行为的不良后果是负有责任的，一个逃避义务的人也是要负责任的。

义务与权利也具有密切的联系。历史上有不同的权利观。理性权利论把理性当作权利的依据，如17世纪英国哲学家霍布斯认为权利是每个人按照正确的理性去运用他的自然能力的自由，理性成为衡量权利正当与否的理由。康德认为权利的合理性是以道德的正当性为基础的，是符合道德理性的。规范权利论从法律的强制性出发，认为权利是指法律在设定义务时同时赋予公民或法人的权力和享有的某种利益。法律上的权利与义务不可分离，权利主体之间互为权利义务关系，没有无义务的权利，也没有无权利的义务。义务和权利相对应，并且互为条件。从社会学的角度看，权利得以存在的依据是个人与社会之间的关系，来自于社会实践的要求和体制的安排。

传统伦理学有一种倾向或误区，认为履行义务并不意味着获得某项权利，义务和权利之间并不具有直接的对应关系，甚至在义务论看来，谋求权利、功利的行为本身就是不道德的。我国伦理学界在20世纪80年代，对于权利是否属于伦理学范畴曾有过争论。一种观点认为，把权利作为伦理学范畴是不科学的，因为权利的实质是维护或保障人们的利益，而道德义务就限制着个人权利，以维护整体利益的实现。道德的实现也不依赖于道德权利，不以谋求个人权利而以自我牺牲为特点。真正代表人类利益的道德会被人们自觉接受和践行，本身也无所谓权利要求。赞同道德权利的观点认为，人们之间的利益关系不可能只是单向的义务关系，有社会对个人的行为要求，也必然有个人对社会、对他人的行为要求，这就是道德权利。从社会方面来说，社会和他人对个人利益应负的责任，就是个人要求的道德权利。就个人来说，道德行为可以满足主体的价值需要，道德权利的直接要求就是价值满足。价值满足只有在社会承认的前提或条件下才有意义，这就构成了道德权利的含义。

综合来看，权利具有道德含义、法律含义、政治含义和社会含义，传统社会中的道德义务和道德责任是以社会为主导方面的个人对社会的单向度义务要求，个人与社会的责任义务关系，其道德主体的归属在个人，而不是社会。在以社会为本位的传统文化中，个人履行道德义务是理所当然的，而社会对个人应有的义务和责任则无从提及，这种单向度的义务本位论很少受到人们的质疑。但是问题在于，在个人与社会的关系中，社会作为社会关系的一方，除了对个人提出行为义务，要求个人承担相应的社会责任之外，社会对于个人应当做些什么，做了些什么，便是政府的义务和责任问题。显然，一个只讲个人责任和义务而不保障个人权利的社会，只是一定历史阶段上的具有独特特征的社会，是一个不完善的、没有得到全面发展的社会。在现代社会，从公共伦理的角度看，义务、责任和权利的关系面临着伦理转换。

道德义务和道德责任的伦理转换，意味着个人与社会的相互性、双向性和统一性，这种义务和责任的相互性和统一性具有了实现的条件和可能性。这就是个人与社会的身份转换，就是公民与政府之间关系的重新确认。道德主体不是一般意义上的个人，也不是抽象的一般意义上的社会。履行义务和具有社会责任感的公民是构成道德主体的真正的个人；一个讲诚信、忠实服务于人民的政府是构成道德主体的社会代表。因此，道德主体中的个人与社会就将转换为公民与政府之间的伦理关系，这是道德义务和道德责任从单向度转向相互性、双向性的现实基础。构建社会主义和谐社会，要求政府组织履行公共服务的义务和职责，承担公共责任，切实保障公民权利，使作为道德主体的个人与社会之间的义务和权利关系保持相互性和一致性。

道德义务和道德责任的伦理转换意味着伦理学理论视角的重大转变，在个人与社会的关系中，传统伦理学研究道德义务的片面立场，将结合公共伦理学的诞生进入一个新的领域，社会和政府承担的义务与责任成为公共伦理学的研究任务。公共伦理学将深入探讨政府组织在公共管理中应当遵守的伦理原则和行为规范，以及应当履行的道德义务，承担相应的公共责任。

（二）功利论

功利主义是一种伦理学说。功利的含义是好处、利益，功利主义的核心是最大多数人的最大幸福。英国著名伦理学家亨利·西季威克（1838—1900 年）说："功利主义在这里所指的是这样的伦理学理论：在特定的环境下，客观的、正当的行为是将能产生最大整体幸福的行为，即把其幸福将受到影响的所有存在物都考虑进来的行为。"①

在我国，春秋末期、战国初期的墨子主张"利人为义"的功利道德观。他指出："若事上利天，中利鬼，下利人，三利而无所不利，是谓天德。故凡从事此者，圣知也，仁义也，忠惠也，慈孝也，是故聚敛天下之善名而加之。"② 墨子虽然尊天明鬼，主张利天利鬼，但他崇尚他人之利，"百姓之利""天下之利"，他以"兴天下之利，除天下之害"为己任，反对"亏人自利"的利己主义，提出行为的准则"利人乎即为，不利人乎即止"③"凡言凡动，利于天鬼百姓者为之。凡言凡动，害于天鬼百姓者舍之"④。这就是说，个人

① 亨利·西季威克. 伦理学方法. 北京：中国社会科学出版社，1993：425.

② 《墨子·天志下》。

③ 《墨子·非乐上》。

④ 《墨子·贵义》。

的行为是否符合道德，要看行为效果是否给他人、天下带来利益。墨子不否认个人利益，他说“爱人者，人必从而爱之；利人者，人必从而利之。恶人者，人必从而恶之；害人者，人必从而害之”①。所以，“爱人不外己，己在所爱之中”②。他提倡“兼相爱，交相利”。墨子的利他主义以功利主义为基础，以功利主义体现利他主义。

中国古代的义利争辩，其价值取向从合理走向反面。孔子主张“见利思义”“义然后取，人不厌其取”③。其“君子喻于义，小人喻于利”的说法，被人们误认为重义轻利。其实，取义和取利是君子和小人的不同品质，见利思义，应当是做人的本分。孟子提出“存义去利”“何必曰利”，明显带有重义轻利的倾向。荀子兼取儒墨两家观点，认为“义与利者，人所两有也”④。他痛骂那些见利忘义的人是“至贼”，认为重礼仪就能义利两得，弃义求利就会义利两失。到宋明时期理学提出“存天理，灭人欲”，把道德原则的争论推到极端。北宋李觏（1009—1059 年）反对汉代以来“不谋其利”“不计其功”的极端，再次提出功利主义问题，主张“利欲可言”“循公不私”“人非利不生，曷为不可言？”他说：“孟子谓‘何必曰利’，激也。焉有仁义而不利者乎？”⑤ 明代李贽以人心自私为依据，推论功利道德，主张以功利衡量仁义，反对“存天理，灭人欲”。清初唐甄、清末魏源也都主张功利道德，反对不言功利的传统道德，这反映了资本主义经济关系萌芽中的利益要求。

在西方，功利主义是英国的传统思想，它的理论集大成者是边沁（1748—1832 年）和约翰·密尔（1806—1873 年）。早在 17 世纪，培根、霍布斯等就已经提出功利主义思想，到 18 世纪，洛克、孟得威尔、赫起逊、休谟和斯密等人又加以运用和发挥。功利主义的思想理论渊源是古代的快乐主义，西季威克则是近代功利主义的最后一位代表。

在功利主义看来，所谓功利就是外物、对象或者行为中所具有的、能满足当事人或其他人趋乐避苦心理欲望的那种特性。功利主义者认为，道德评价的根据就在于行为所能产生的价值。一个对象、行为，凡具有功利特性，能增加当事人的幸福，减少当事人的痛苦，就是善的，就是应当的和正当的。也就是说，“行为的正确与它增进的幸福的趋向成比例，行为的错误与它产生的不幸

① 《墨子·兼爱中》。
② 《墨子·大取》。
③ 《论语·问宪》。
④ 《荀子·大略》。
⑤ 《李觏·原文》。

的趋向成比例”。因此，功利主义看重行为的目的和效果，而不是行为本身。在这个意义上，功利主义是目的论或效果论。

功利主义的理论基础是人性论。边沁把趋乐避苦称为普遍的人性规律，认为自然界把人类置于痛苦和快乐这两个至高无上的主人的统治之下，并把道德判断的标准归结为人的苦乐觉。其他功利主义者也坚持趋乐避苦是人的普遍本性的思想。因此，功利主义是从心理学的快乐主义推导出伦理学的快乐主义。所谓幸福就是快乐或者无痛苦。然而，快乐未必是幸福的，幸福远远高于快乐。快乐的人不见得是道德的人，道德的人也并非都是快乐的。因此，从心理上的苦乐感推导出伦理上的善恶价值，这正是犯了元伦理学所说的“自然主义谬误”。

功利主义认为，苦乐与善恶是可以进行数量计算的。边沁将苦乐分为简单的和复杂的两类，并把简单类的快乐分为十多种，痛苦分为十多种（前者如感官的快乐、财富的快乐、技艺的快乐、和睦的快乐、名誉的快乐、权位的快乐、行善的快乐等）。复杂类的苦乐与简单类的苦乐没有本质区别，只有量的差异。从苦乐的产生来看，苦乐的产生受到四种道德制约，即：身体的或自然的；政治的；道德或公众舆论的；宗教的。不同的道德制约会产生不同种类的苦乐。从苦乐的价值量来看，可以从四个方面计量，即：快乐的强烈度；快乐的持续度（时间长短）；快乐的疑信度（确定性程度）；快乐感受作用的远近。因此，凡是强度大、持续长久、确定性强和最近感受的快乐，就是最大的快乐，反之就是痛苦。另外，计量苦乐还有三个标准，即“增值性”“纯粹性”“广延性”。增值性即随着某种苦乐感的产生能否继续增加苦乐感；纯粹性即随着某种快乐和痛苦而不再产生相反的感觉；广延性即感受苦乐的人们的多少和范围的大小。显然，边沁的道德估算原理是难以推行到实际生活中的，密尔也认为不考虑苦乐的品质，而单以量来计算是荒谬的。因此，密尔把快乐区分为物质的快乐和精神的快乐两类，并把精神的快乐称为高尚的快乐。如何确定苦乐善恶量，成为人们批判功利主义的一个焦点。

功利主义宣称最大多数人的最大幸福是道德的基本原则。边沁说：“被考虑的行为当事人的利益是：如果当事人是整个社会，那么它就是社会的幸福；如果当事人是特定的个人，那么它就是个人的幸福。”为此，最大多数人的最大幸福就引申出两个方面的含义：一方面就是个人的幸福量的增加和痛苦的减少；另一方面就是大多数人的幸福，这就是个人功利和社会功利的关系问题。然而，个人苦乐感的增减未必是社会幸福量的增减，个人利益和社会利益是存在矛盾的，功利主义都意识到并力图解决这个矛盾。边沁认为个人利益必须服从社会利益，个人利益是唯一现实的利益，但他反对牺牲个人利益以换取社会利益。为了调解利益矛盾，边沁和密尔借助了联想主义心理学，认为人们由于观念联想的作用，会由己及人，在实现自己的快乐时也会关心和分享他人的幸福，从而既增加了个人的快乐量也增加了社会的幸福量，这也是人的理性的职责。同时，他们还强调法律，试图以政府和法律来调解个人利益和社会利益的矛盾，进而提出平等原则、公正原则和自由原则。因此，正如边沁所说，功利主义"体系的目的在于假借'理性'和'法律'之手以建树福利的体系"。密尔则认为行为者不应一味注重"自身的最大幸福"，而应追求"社会全体成员的最大量幸福"。牺牲个人幸福是实现社会幸福的重要条件之一。由此看来，功利主义在利益关系矛盾中是利他主义而不是利己主义。然而，功利主义无法摆脱利己主义的束缚。因为边沁认为，只有个人的苦乐和利益是具体实在的，社会、国家都是虚幻的，社会是虚构的团体，社会利益是个人利益的总和。因此，从起源和重要性上讲，个人和个人幸福都在社会和社会幸福之先、之上。而在密尔看来，任何人都是自己的幸福的判断者，世界的利益就是个人利益的合成，个人幸福是最大多数人最大幸福的前提和标志。所以，边沁以个人利益为基础的功利观和密尔具有利他主义倾向的功利观，都只是调和社会利益和个人利益之间、利他主义和利己主义之间矛盾的一种尝试和表现，是利己主义经过极端利己主义到合理利己主义之后发展的结果。

早期的功利主义是对封建禁欲道德的批判，它的形成和发展是以资本主义的发展为背景的，反映了资本家追求利润和财富的欲望。但他们没有意识到利己主义和利他主义相对立的物质根源，只能作一些理论上的调和。

到了20世纪60年代，功利主义分化为准则功利主义和行为功利主义。准则功利主义希望建立一种规范伦理学，认为道德由一系列准则构成，强调功利的实质不在于行为而在于准则。道德准则带来道德的效果，符合道德准则的行为总会产生最大的幸福和利益。与此相反，行为功利主义把行为与具体境遇相联系，认为某一正义行为在另一情况下就不是正义的，如对朋友诚实和对敌人诚实就不取决于准则。如果一个（而不是一类）行为同人在境遇中可以选择的任何其他行动相比较能导致最好的结果，就是正确的。也就是说，行为正当与否，不取决于准则及其带来的效果，而取决于当事人所处的具体境遇。在特定的境遇中，行为给个人带来最大利益就是正当的。可见，新老功利主义重效果轻动机，行为的善恶好坏取决于对当事人利益的实现与否，这一点都是一致的。功利主义力图以道义同情的个人德性和社会公平正义的政治法律来调节个人功利和社会功利之间的矛盾，当代罗尔斯等人的正义理论对功利主义给予批判，寄希望于制度的公平正义来实现"处境最差者得益最大"的目的。

从比较的角度看，中西方功利论的思想基础极为相似，这一思想基础就是把关于人性的理论作为功利主义的出发点和道德评价的依据。他们把趋乐避苦这一生理、心理属性同趋善避恶这一伦理道德要求相混同，从生理心理属性推导出道德价值，不能科学地揭示出人性的社会规定性，不能说明道德实践和道德教育在人性塑造中的决定作用。中西方的功利论者都注意到了道德调节利益关系的必要性，并以功利为道德准绳，意识到了个人功利和社会功利的关系，以及行为评价中的动机和效果之间的关系。不同之处在于，西方功利论者注重效果而忽略动机，中国古代功利论者主张“合其志功而观焉”（墨子），注意到“其心异则其事异，其事异则其功异”（王安石），主张以动机和效果的统一来评价个人行为。

功利主义是商品经济的产物。西方功利主义是在资本主义商品经济的发展中形成和诞生的，是资产阶级社会改革的愿望在道德领域中的体现，反映了商品交换关系中的等价交换、平等互利原则，所以，马克思说它“能够以一定的社会事实为依据”，去说明“社会的一切现存关系与经济基础之间的联系”，这至少是“一个优点”，而且，它“一开始就带有公益论的性质”。① 恩格斯在批判功利主义的同时，也曾肯定它是属于英国无产阶级的财富，认为只有无产阶级和社会主义者才能最终克服它的局限性。② 毛泽东曾经指出：“唯物主义者并不一般地反对功利主义，但是反对封建阶级的、资产阶级的、小资产阶级的功利主义，反对那种口头上反对功利主义、实际上抱着最自私、最短视的功利主义的伪善者。世界上没有什么超功利主义，在阶级社会里，不是这一阶级的功利主义，就是那一阶级的功利主义。我们是无产阶级的革命的功利主义者，我们是以最广大和最长远为目标的革命的功利主义者，而不是只看到局部和目前的狭隘的功利主义者。”③

显然，我们的功利主义是以对人的本质的社会历史分析作为基础，坚持集体主义原则，主张个人利益和社会利益的统一，在生产力和经济发展的基础上解决个人利益和社会利益的矛盾。在社会主义市场经济运行过程中，价值规律和等价交换原则要求发生经济交往的双方，不仅要履行相互的义务，而且要保证双方各自权利的实现，即在公平互利、信用互利的要求下，共同发展，以保持市场经济的正常秩序。我们消灭两极分化、实现共同富裕的要求，将个人功利和社会功利统一起来，真正体现了最大多数人的最大幸福的道德意义。我们反对庸俗的功利主义，并把这种功利主义带入政治生活中的错误做法。政治领

---

① 马克思恩格斯全集（第3卷）. 北京：人民出版社，1960：484.
② 马克思恩格斯全集（第1卷）. 北京：人民出版社，1956：529.
③ 毛泽东选集（第3卷）. 北京：人民出版社，1991：864.

域中的权钱交易，是庸俗功利主义的表现，是政治腐败的原因之一。以个人私利或个人功利来损害社会利益的做法，与集体主义的功利主义是格格不入的。尤其在公共管理领域，为了实现最广大群众的目前利益和将来利益的统一，为了真正实现公共利益，就必须坚决抵制庸俗功利主义。

第三节　公共伦理的基本原则和规范

一、公共伦理的基本原则

公共伦理的基本原则是公共伦理准则体系中最高层次的道德准则，即各种准则的最基本的指导原则。它既指明公共伦理行为的总方向，具有广泛的指导性和制约力，贯穿于公共伦理体系的各方面和全过程，又是公共伦理准则体系中各阶级利益的最集中的反映。公共伦理规范是公共伦理体系中的基本的行为准则，它受基本原则指导，体现一定社会对公共管理主体的具体要求，是基本原则的具体应用和体现。

公共伦理基本原则和公共伦理规范构成公共伦理规范体系，二者在公共管理活动中具有不同的地位和作用范围，它们相互作用、相互联系，是公共伦理学研究的首要内容。公共伦理基本原则是公共伦理规范体系中最主要的内容，是公共管理主体在道德活动中所依据的直接标准。公共伦理基本原则必须体现于各种具体的规范之中，才能在复杂的公共管理者道德生活中起到指导和约束公共管理者行为的作用，才能发挥其作为评价行为善恶的直接标准的威力。公共伦理规范围绕公共伦理基本原则展开，相对于基本原则来说，公共伦理规范具有一定的变动性，在道德准则体系发展的不同阶段，可能会有不同的要求，调节行政过程、公共领域和党政干部及公务人员行为的具体方面。

公共伦理基本原则既是社会道德基本要求的体现，又是公共管理这一社会实践领域的特殊伦理要求的反映，作为社会基本伦理精神与管理实践的价值准则的统一，是贯穿于全部公共管理活动的最一般和最基本的伦理要求，对公共管理活动具有基本的指导意义。从公共管理的性质和客观要求出发，具体体现服务主体的职责和服务对象的要求，公共伦理的基本原则主要包括为人民服务原则和公正原则。这两大原则既具有公共管理的特殊属性，又具有社会伦理的一般属性，贯穿于全部公共管理活动之中，指导着人们的公共管理实践。

（一）为人民服务原则

为人民服务既具有道德含义，又具有政治含义。在政治活动中，为人民服务是重要的政治伦理准则，是对共产党执政的先进性要求。从职业道德的角度看，为人民服务又具有职业特征，是职业道德的基本原则。为人民服务的主客体关系尽管是多重交叉的，但从公共伦理的角度看，它是一个首要的、根本的原则。

人民群众是社会生产力、社会生活和社会历史的主体，这是马克思主义的基本原理。为人民服务是马克思主义政党历来主张和实践的基本原则。马克思、恩格斯在《共产党宣言》中提出共产党人“为绝大多数人谋福利”的论断，列宁也明确提出“为千千万万劳动人民，为这些国家的精华、国家的力量、国家的未来服务”的要求，他多次提出要消灭“人人为自己，上帝为大家”这个可诅咒的原则，把“大家为一人，一人为大家”的准则渗透到群众的意识中去。① 毛泽东在1939年2月20日关于《孔子哲学思想》一文致张闻天的信中，批判孔子“知、仁、勇”的思想是为统治阶级服务的，是“勇于压迫人民，勇于守卫封建制度，而不勇于为人民服务”。② 1944年，毛泽东在《为人民服务》一文中，开宗明义地指出全心全意为人民服务是我们共产党人的宗旨。在《论联合政府》中，毛泽东指出：“我们共产党人区别于其他任何政党的又一个显著标志，就是和最广大的人民群众取得最密切的联系。全心全意地为人民服务，一刻也不脱离群众；一切从人民的利益出发，而不是从个人或小集团的利益出发；向人民负责和向党的领导机关负责的一致性；这些就是我们的出发点。”③ 为人民服务这一基本原则早被写入我国的宪法、中国共产党章程、党和政府一系列的文件中。《中共中央关于构建社会主义和谐社会若干重大问题的决定》强调：“为人民服务是各级政府的神圣职责和全体公务员的基本准则。”

中国共产党的奋斗历程表明，来自人民、植根人民、服务人民，是党永远立于不败之地的根本。人民是推动发展的根本力量，实现好、维护好、发展好最广大人民根本利益是发展的根本目的。党的十八大以来，党明确要求坚持人民主体地位，坚持以人民为中心的发展思想，任何时候任何情况下，都要把人民放在心中最高位置，与人民群众心连心、同呼吸、共命运的立场不能变，全心全意为人民服务的宗旨不能忘，努力增进人民福祉、促进人的全面发展。要

---

① 列宁全集（第39卷）. 北京：人民出版社，1986：100.

② 毛泽东书信选集. 北京：人民出版社，1983：147.

③ 毛泽东选集（第3卷）. 北京：人民出版社，1991：1094-1095.

坚持尊重社会发展规律与尊重人民历史主体地位的一致性，坚持为崇高理想奋斗与为最广大人民谋利益的一致性，坚持完成党的各项工作与实现人民利益的一致性。

在公共伦理的研究和实践中，为人民服务不是抽象的原则，而是体现在政府职能、管理体制和公务人员行为中的基本精神。为人民服务不仅仅是政府责任，也是公务员的基本职责操守。党和国家的一切工作都要聚焦于、服务于、满足于最广大人民根本利益。所以，服务就是一种德行，是出于公共管理活动过程的职能责任以及公共管理者的使命和义务。

公共服务既是一种政治关系，体现着服务主体与服务对象之间的治理互动过程，又是一种管理关系，体现着管理主体与服务对象之间的组织、协调关系，也是一种伦理关系，体现着服务的价值理念和行为规范，以及社会发展的根本价值目标和意义。从管理型政府向服务型政府转变，建设服务型政府，强化社会管理和公共服务，表明政府服务的方式、类型、手段都发生了变化。

在新的历史时期，为人民服务这一基本原则应当贯彻落实到政务服务、公共服务等新形式、新内容和新要求中。我国有的地方政府将政务服务事项称之为公共服务事项，使公共服务成为狭义概念。政务服务的内涵是指政府各行政部门，根据法律法规、审批期限对公民、法人及其他组织办理相关业务的工作及行为活动。服务内容的属性外延包括除行政权力事项目录、政府内部管理事项目录之外的面向公民、法人及其他组织的所有事项。事项类别包括证明类，评级认定类，从业资格培训考核认定类，申请、申报和审核、登记、备案类，咨询查询服务类，有关政策类，等等。在实施主体上由于政府授权或购买政府服务，提供公共服务事项办理的主体可以包括政府、行政机关、事业单位及与其密切相关（具有相对的唯一性、垄断性）的企业、学会、协会、中介服务机构等。

为了提供高效便民、透明公开的政务服务，我国各级地方政府普遍设立政务服务中心或公共资源交易服务中心等，推进“互联网+政务服务”，公开服务内容、服务流程、工作规范、收费标准和监督渠道以及“特事特办”特色审批服务等规则。通过政务服务大厅或政务服务网络平台，对同一个行政审批事项涉及两个以上部门的，实行联合办理或并联审批，办理好与企业和人民群众密切相关的行政管理事项。

政务服务窗口直接面对和服务群众，为了更好地适应和满足群众的需要，新的政策文件、法律法规、行政审批流程和标准等不断完善和出台，对工作的内容、方式、手段提出新要求，国家公职人员必须坚持以人为本、执政为民理念，增强服务意识，不断学习掌握好最新的规章制度，更新知识结构，改进工作作风，为群众办好事，好办事，提高业务能力和服务质量水平，更好地为人民群众服务。

公共服务是以政府为代表的公共组织为了满足社会或公众的社会需求而提供公共物品的行为。政府的公共服务职能主要涵盖基础教育、公共卫生、科学技术、社会保障、公共设施、环境治理等领域。党中央自2006年以来明确提出建设服务型政府，提出一系列相关概念，强化社会管理和公共服务职能，创新公共服务体系，改进公共服务方式，增强政府提供公共服务能力，理顺政府与公民和社会组织的关系，完善公共财政制度，逐步实现基本公共服务均等化，在城乡公共服务方面推进一体化，十八大提出加快形成政府主导、覆盖城乡、可持续的基本公共服务体系，2020年建成小康社会宏伟目标之一就是基本公共服务均等化总体实现。

显而易见，为人民服务已在政府服务的方式和服务的类型上发生了变化，作为服务主体的政府组织或公共组织不仅要随着时代和社会的发展，在政府体制和管理运作的改革创新过程中，使为人民服务体现出新的时代内涵，而且只有把为人民服务的意识和观念始终贯穿在行政过程和活动中，才能真正实现好、维护好、发展好人民根本利益。

（二）公正原则

坚持为人民服务的原则，需要解决如何为人民服务的问题。真正落实为人民服务的原则，实质就是必须坚持公平正义，确保制度设计体现公正，在制度框架中体现为人民服务的理念和原则。国家公务员在政务服务中，力求公正无私，办事公道。因此，公正是社会治理的最重要的道德原则，是公共管理的又一重要原则。

公正，英文为justice，又称公平、正义、公道。公正既是社会制度的首要价值和社会关系治理文明的标志，又是个人品质、为人处世的基本要求，因而具有制度价值属性和个人品性的双重意义。公共管理的最终目的是通过各种利益关系的协调活动，实现社会公共利益，促进人和社会的全面发展。公共管理者掌握着一定的公共权力，无论其作为决策者还是决策的实施者，其行为对社会公共事务和人民群众具有重要的影响，为此，必须强化其使用公共权力的公正意识，恪守公正原则。

在中国古代，思想家们已论及公正所涉及的经济、政治、伦理、人际关系等诸多方面的内容。《墨子·天志上》讲：“义者正也。何以知义为正也？天下有义则治，无义则乱。我以此知义为正也。”“天下有义则生，无义则死；有义则富，无义则贫；有义则治，无义则乱。”《墨子·天志下》：“曰：义正者何若？曰：大不攻小也，强不侮弱也，众不贼寡也，诈不欺愚也，贵不傲贱也，富不骄贫也，壮不夺老也。是以天下之庶国（注：众国），莫以水火毒药兵刃以相害也。”《荀子·正名》篇有“正义而为谓之行”，即按照正当的礼仪做事就叫做有德行。《韩非子·解老》说“所谓直者，义必公正，公心不偏党也。”《管子·五辅》提出正义为七体，“孝悌慈惠，以养亲戚；恭敬忠信，以事君上；中正比宜，以行礼节；整齐撙诎，以辟刑戮；纤啬省用，以备饥馑；敦懞纯固，以备祸乱；和协辑睦，以备寇戎。凡此七者，义之体也。夫民必知义然后中正，中正然后和调，和调乃能处安，处安然后动威，动威乃可以战胜而守固”。《管子·心术上》又讲：“义者，谓各处其宜也。”荀子讨论治理之道，全面地论述了公正所涉及的方方面面，“隆礼至法则国有常，尚贤使能则民知方，纂论公察则民不疑，赏免罚偷则民不怠，兼听齐明则天下归之。然后明分职，序事业，材技官能，莫不治理，则公道达而私门塞矣，公义明而私事息矣。如是，则德厚者进而佞说者止，贪利者退而廉节者起”①。

在古希腊，公正为四德目之一（智慧、勇敢、公正、节制）。柏拉图认为不同等级的人具有不同的美德，即智慧、勇敢、节制，并且第一次对“正义”作了哲学的界定，正义就是“善”，就是每个人根据上天赋予自己的品质，做好自己分内的工作，正义的城邦就是个人按照天性做自己应做的本分工作的共同体。他把正义划分为城邦正义和个人正义、相对正义和绝对正义。就个人而言，正义是全德，位居“四德”之首，个人正义就是在智慧的统帅之下，是灵魂的各部分协调一致，各司其职。城邦正义就是组成国家的三个等级各尽其职，互不干涉，互不反叛。相对正义是现实世界中的正义。绝对正义是理想世界中的正义。组成国家的政治家、军人和劳动者三种人互相干扰和僭越，就是不公正，而公正是社会各组成部分都积极主动执行自己职能的状态。柏拉图以公正来肯定不平等的存在是合理的。

亚里士多德进一步发挥了这一思想，认为正义之于个人是一种德态，即“全德”；正义之于城邦就是社会原则，它关系到人际交往关系与财产分配，是“建立社会秩序的基础”。正义作为社会原则，“以公共利益为依归”。亚里士多德对公正作了具体分类，认为普遍的公正是就个人和社会而言的，它要求每个人的行为符合法律和不成文的道德法典。特殊的公正是就社会成员之间的关系而言的。其中，分配的公正是以人与人之间本质上的不平等为基础的，按照比例原则对财富、权力和其他可以在个人之间进行分配的东西进行分配，能者多得，违背分配的比例，利得多，损失少，分配不均，就不公正。所以，公正就是达到多与少的中间均等状态。矫正的公正表现为一种平等关系，指人与

① 《荀子·君道》。

人之间经济上的交往和制定契约所遵循的原则，包括民法上的损害禁止和补偿的原则，按照均等原则剥夺多得的利，增加少得的利，使双方均等。通过均等原则达到的公正就是公平，所以，公平就是优于公正的公正。在内容上，亚里士多德认为相对的公正即法律上的公正，是人们相互协定的结果，它可能因时因地而有所不同，甚至会有矛盾冲突。绝对的公正则是普遍的永恒不变的原则，如“勿无故杀人”，这是绝对的公正。绝对的公正是相对的公正的平衡力量，因此，人们必须遵守公正原则。亚里士多德有关公正的思想，成为西方人公正观念的源头。

从公共伦理的角度看，公正首先是以法律关系为表现形式的价值观念，是以法律关系确定的社会关系，确定了人与人之间社会地位和利益分配的合法性。同时公正作为一种制度安排，体现着政府组织对整个社会关系的把握状况。从经济与伦理的关系看，公正在根本上涉及利益关系的分配，是个人为社会做出的贡献与享有社会利益以及公共利益分配的一种状况，因此，公正是人们处理利益关系的基本价值原则。

从历史发展的过程来看，公正起源于平等的要求，这与原始社会的平均分配制度相一致。进入阶级社会，公正的平等含义成为一种阶级关系，所以恩格斯说：“希腊人和罗马人的公正认为奴隶制度是公平的，1789 年资产者的公平要求废除封建制度，因为据说它不公平。”① 这说明，公正包含着平等的要求，但不是说，凡是平等的就是公正的，凡是公正的就一定是平等的。表现为公正的关系，被评价为公正的现象，既有平等关系，也有不平等关系。从词义上看，公正与公平的统一才是公平。

公平、公正作为关系概念、价值概念，反映一定社会的全体成员之间以及个人与社会之间应当保持的一种恰当关系，是社会关系双方义务与权利的分配状况。社会关系主体中的个人与个人、个人与集体、个人与社会之间各自履行的义务及享有的权利达到一种均衡状态，即为公正。公正是个复杂的关系结构范畴，从主体角度看，有个人公正与社会公正，从宏观总体看，包括形式公正与实质公正、规则公正与结果公正等，从微观具体内容看，包括经济公正、政治公正、伦理公正等。社会公正的基本含义是社会基本结构即主要社会制度的公正。事实上，公正问题的复杂性，并不根源于人们的理解，而源于社会经济、政治、伦理关系相互交织的复杂性。

问题是，公正的标准是什么？这至少包含两层意思：一是作为公平的准则形成的根基，即经济运行的效率、社会财富可以分配的实际状况，这是本体意

① 马克思恩格斯文集（第 3 卷）. 北京：人民出版社，2009：323.

义上公平得以实现的客观物质基础，由此而引申出效率和公平的关系问题。衡量一个社会的公正与否，是以这个社会的经济基础以及解决效率和公平之间关系问题的实际为基础的。二是义务与权利的具体分配准则，即规则的公平问题，由此引申出规则公平和结果公平、机会均等和结果均等的关系问题。因此，公正的标准不是公正自身，一个社会是否公正，也不以社会关系是否平等作为衡量的唯一标准。

在规则公平和结果公平、机会均等和结果均等之间存在一定的矛盾。在正常的情况下，规则公平、机会均等，一般能导致结果公平、结果均等。然而，尽管在规则公平、机会均等的情况下，以及在物质技术条件基本相同的条件下，由于人们的思维方式、指导思想、主观努力方面存在差异，结果未必是均等的。这种未必均等的结果，应该是公平的——这是相对的公正。但就规则公平和结果公平相比较而言，应该侧重规则公平。规则不公平，结果自然是不公平的。规则公平的实质是权利和义务相统一。就是说，公平不仅要求人们应该做什么，即履行应尽的义务，还规定人们应该得到什么，即享受应有的权利。公正所要求的义务由人们所享有的权利所决定，因而这种义务就是必须履行的，履行一种义务意味着享有一种权利。履行义务而没有相应的权利，或享有某种权利而不履行相应的义务，都是不公正的。这种不公正的情况，在历史上有过，现实生活中也存在着。英国政治哲学家葛德文（1756—1836 年）说："有两个问题对于正确阐明社会原则是极其重要的，因此应该分别加以研究，一个是生活在社会中的人应尽的义务，一个是他们应享的权利。义务和权利不过是表达正义原则的不同方式。"① 只有把义务和权利真正统一起来，使履行义务的人的相应权利不被剥夺，使逃避义务而尽享权利的人受到惩处，才是真正的公正。

公正是制度文明、政治文明的标志和基石，保障社会公正是公共管理主体的基本职责。政府组织作为社会管理主体中的主角，在制定各种政策、运用公共权力推进社会公正秩序形成的活动中，无疑具有至关重要的作用。中国共产党人将公平正义作为执政的神圣价值追求，作为构建和谐社会的重要内容和重大任务。党的十八大指出，公平正义是中国特色社会主义的内在要求。要在全体人民共同奋斗、经济社会发展的基础上，加紧建设对社会公平正义具有重大作用的制度，逐步建立以权利公平、规则公平为主要内容的社会公平保障体系，努力营造公平的社会环境，保证人民平等参与、平等发展权利。

① 威廉·葛德文. 政治正义论（第 1 卷）. 北京：商务印书馆，1980：100.

二、公共伦理规范

一般来说，规范是指那些对人际关系以及人们的行为所做出的规定。道德规范是指在人类生存与发展过程中由于协调社会关系、维护社会秩序的需要而形成的行为规则，包括约束性的行为规范和激励性的行为规范两大类型，其功能在于通过激励人的善行去实现人际关系的和谐，维护社会的稳定发展。与法律制度等有着明文规定的规范不同，道德规范是人们通过口传心授和从行为示范中习得的，是在道德教育中得到的系统化的行为准则，同时，在环境、社会舆论等道德评价中获得支持和得到强化。公共伦理规范作为促进有序管理行为的规定，是在政府组织与公民社会的关系中所形成的用于规范政府组织行为和公务员个人行为的准则体系。

在理论上，道德表现为一系列的行为准则。而在实践上，道德则是以无数具体的规范形式存在的。管理领域中的公共伦理也如此，它是借助于一系列规范来约束规定管理者行为的义务要求。所以，对于公共管理者来说，管理道德是由行为规范构成的一个有机的规范体系，而管理道德规范则是管理目标得以实现的具有决定意义的具体环节。因为，正是公共伦理的规范体系直接表达了管理职业活动的权利、义务、责任、命令和要求，集中反映了管理活动的特殊本质和客观规律，成为规范管理者行为的基本准则。

公共伦理主体的道德规范体系是受其为人民服务和公正原则统领支配的具体的行为准则，是公共伦理基本原则的具体表现，具有多样性、多层次的表现形式，在政府不同部门更具有多样化的内容表现形式。但其基本的共性要求是一致的，都是围绕着工作任务和管理目标而制定的具体规定，服从和体现着基本原则的精神和要求。目前，国家尚未制定公务员道德法、政府组织行为道德法，已颁布的《公务员法》和国家人事部门制定的国家公务员行为准则，对国家公务员提出了具体的行为要求。党的十八大以来，习近平提出了新时期好干部的“五条标准”是信念坚定、为民服务、勤政务实、勇于担当、清正廉洁。因此，可以将公共伦理主体的道德规范归纳为以下几条。

1. 政治坚定、忠于国家

公共管理者是经过一定法定程序进入国家机关和管理系统中的公共部门工作人员，处于一定的管理岗位并担负着管理社会公共事务的职责。因此，政治坚定，忠于国家、坚守职责是根本的行为准则。公共管理者必须努力学习马克思列宁主义、毛泽东思想、邓小平理论和“三个代表”重要思想，践行科学发展观，坚定共产主义理想信念，坚持党的基本理论、基本路线和基本纲领，坚定地走中国特色社会主义道路，坚定不移地贯彻执行党和国家的路线、方针、政策，在思想上、政治上和行动上与党中央保持高度一致；应当热爱祖国，忠于宪法，维护国家安全、荣誉和利益，维护国家统一和民族团结，维护政府形象和权威，保证政令畅通；遵守外事纪律，维护国格、人格尊严，严守国家秘密，同一切违背正确的政治路线、违背国家利益的言行做斗争。

2. 勤政为民、秉公用权

勤政为民要求公务员忠于职守，爱岗敬业，勤奋工作，钻研业务，甘于奉献。一切从人民利益出发，热爱人民，忠于人民，全心全意为人民服务，密切联系群众，体察民情，了解民意，集中民智，珍惜民力，关心群众疾苦，维护群众合法权益，自觉做人民公仆，让人民满意。公共管理者要树立正确的权力观，明确权为民所授、权为民所用的道理。坚决杜绝以权谋私、滥用权力以及官僚主义的行为。

3. 依法行政、诚信务实

法纪为治国之根本，公共管理者承担着管理公共事务的重任，必须以身作则，遵守国家法律、法规和规章，尊重宪法规定的人民的基本权利，依法实施管理。按照规定的职责权限和工作程序履行职责、执行公务，依法办事，严格执法，公正执法，文明执法，不滥用权力，不以权代法，强化法制意识，做学法、守法、用法和维护法律、法规尊严的模范。诚信务实要求坚持实事求是的哲学立场和思想路线，勇于追求真理，做到理论联系实际，按客观规律办事，说实话，报实情，办实事，求实效，踏实肯干，力戒形式主义、官僚主义，杜绝口是心非，欺上瞒下和言行不一。改进工作作风，讲求工作方法，注重工作效率，提高工作质量，提升政府公信力。

4. 团结协作、开拓创新

公共管理者在行使权力、进行管理时，必然会与他人发生互动和各种交往，相互之间的沟通、理解、协作、配合是实现管理目标的首要条件。团结协作，尊重人才，善用人才尤为重要。作为领导干部要以德修身，做出表率；以德服众，树立威信；以德领才，协作共事；坚持民主集中制，不独断专行，不搞自由主义。认真执行上级的决定和命令，服从大局，服从上级，尊重下级，尊重同事，宽容仁爱，与人为善。相互配合，相互支持，团结一致，勇于批评与自我批评，齐心协力做好工作。创新精神就是独立思考，勤于探索，解放思想，勇于开拓，不墨守成规，故步自封，锐意进取，敢于破除陈规陋习，创造性地完成自己的工作任务。管理者应采取各种手段和方法，充分发挥下级的作用，取得同级的配合，争取上级的支持，调动方方面面的积极性，使公共管理系统中各成员的才能充分发挥出来，为实现预定目标，提供一个良好的群体环境。

5. 清正廉洁、品行端正

廉洁奉公，为官清正是公共伦理最重要的规范之一。施政廉明，遏制腐败是各国政府积极追求的目标之一。管理者要奉公守法，克己奉公，廉洁自律，不贪不占，保持艰苦奋斗的精神和廉明清正的本色。不徇私情，不以权谋私，不贪赃枉法。淡泊名利，勤俭节约，爱惜国家资财，反对拜金主义、享乐主义。品行端正，坚持真理，修正错误，崇尚科学，破除迷信。学习先进，助人为乐，谦虚谨慎，言行一致，模范遵守社会公德和家庭美德。举止端庄，仪表整洁，语言文明，养成健康向上情趣，形成高尚人格。

本章小结

管理是从社会分工和社会关系分化过程中产生出来的一种专门职能活动，是企业协调人、财、物各种关系的客观需要，对这种职能活动的研究，形成了不同的管理理论。

管理理论从“人性假设”出发，预先设定人性恶或者善，已经不自觉地涉及管理中的伦理道德问题。这种假设的人性不完全是科学的，问题的关键在于应当从社会关系以及生产关系的性质和实际过程来考察管理的必要性。

不仅企业内部存在管理伦理的问题，而且社会活动的各个范围和领域中也存在管理伦理问题。政府组织是最大的管理者，政府组织对于公共利益的价值取向，政府管理社会，规划、调整各种利益关系的决策和活动所涉及的公平、责任等就属于公共管理中的伦理范畴。

公共伦理既是一种特殊的职业道德，也是广义的管理伦理学的研究内容。如果说狭义的管理伦理学属于企业管理范畴，那么，公共伦理学则不属于企业管理研究的对象。公共伦理学是与行政伦理、政治伦理密切相关的伦理学学科，是研究政府组织和非政府组织处理公共利益过程中应该履行的道德义务的科学。

义务作为一个关系范畴，是社会对个人的行为要求和责任，没有义务和责任的要求，道德将失去其应有的意义。功利是物质利益和精神利益对于道德主体的一种关系，如何正确处理个人功利和社会功利的关系，是一个重要的道德原则问题。纯粹的义务论和功利论都有其片面性和局限性。

公共管理活动必须坚持的基本伦理原则是：为人民服务和公正原

则。在政务服务和公共服务中，必须坚守为人民服务和公正原则。公共管理者的道德规范具有政治性、强制性、自律性、示范性等特征。公共管理者应该恪守基本的行为规范，具有强烈的责任意识和真诚的服务意识，具有勤政为民的追求，坚持真理，维护正义，诚实守信，塑造高尚的人格形象。

案例与阅读材料

网约车的波折与新生

2015 年 10 月，国家有关部门发布《关于深化改革推进出租汽车行业健康发展的指导意见》《网络预约出租汽车经营管理暂行办法》征求意见稿。此前，交通运输部办公厅于 2014 年 5 月发布《关于促进手机软件召车等出租汽车电召服务有序发展的通知》。在此期间，一方面滴滴、优步、易到专车等新型网络约租车在大行其道；另一方面各地政府执法部门严管重罚，开展非法客运整治行动，使网络约租车处于合情、合理、不合法的尴尬境地。公众和出租车司机加入讨论，展开激烈辩论，都期待着管理新规尽快出台，政府面临着极大的考验。

2016 年 7 月 28 日，正式颁布的《网络预约出租汽车经营管理暂行办法》将出租车分为巡游出租车和预约出租车两类，首次提出将互联网专车纳入预约出租汽车管理，明确了出租汽车行业定位；同时明确私家车符合条件可转化为网约车运营，给予网约车合法身份，将网约车车辆登记为“预约出租客运”，支持网约车平台公司不断创新规范发展；鼓励传统出租汽车企业转型提供网约车服务。该办法删除了征求意见稿中的一些数量限制条款，规定原则上实行市场调节价，给了市场、平台及司机更大的自主权，并肯定了顺风车、拼车等新的出行方式。《暂行办法》的出台体现了政府对网约车新业态的认可和支持，为各地政府制定具体管理办法提供了指导依据，使我国成为全球主要经济体中首个颁布此类全国性法规的国家。

思考与讨论

请根据案例内容，查阅有关文件，就政府如何提供良好的公共服务进行深入讨论。

复习思考题

1. 公共伦理与管理伦理有何关系？

2. 管理理论为什么要设置“人性假设”?
3. 公共伦理学和管理伦理学、政治伦理学有什么关系?
4. 义务论的基本思想是什么?
5. 功利论的基本思想是什么?
6. 政务服务与公共服务有何区别与联系?
7. 公共服务的基本内容和道德要求有哪些?
8. 试说明公共管理应该坚持的基本道德原则。
9. 公共管理者遵守职业道德规范有什么意义?

第二章 公共伦理主体

公共组织是公共管理活动的主体，是公共管理活动得以进行的组织保障。公共管理是公共组织进行计划、组织、指挥、协调、控制、服务等活动的过程。公共组织遵循基本的管理原则，秉承特定的价值理念，规范自身的管理行为，为大众提供公共产品和公共服务，因此成为社会关系中的公共伦理主体。公共组织既是公共管理的主体，也是公共伦理的主体。本章将揭示公共组织作为管理主体和伦理主体的含义，从而明确作为公共伦理主体的公共组织伦理是公共伦理学研究的重要内容之一。

第一节 公共组织概述

一、公共组织的含义及其类型

公共伦理主体与公共组织是相对应的，因此，分析公共伦理主体就必须把握公共组织的含义和类型。人类社会生活的领域、层次是多样化、复杂化的，对社会生活领域进行组织管理的类型也是多种多样的。在家庭生活中，家庭是人口生产和再生产活动的自我组织管理方式，是社会生活的细胞；在经济活动领域，企业组织承担着物质资料的生产和再生产以及商品的流通交换活动，保证了人类经济生活的实现；在精神生活领域，科研机构、学校等是精神产品的生产和再生产组织，实现着人类的精神文化生活需要。这些组织当中，又因为分工和社会分化而形成形形色色的组织类型，诸如此类的组织使人类社会生活得以正常进行，维持了社会的发展与进步。然而，从宏观方面看，某些组织的活动主要处理内部利益和事务，调整内部利益关系，完成自身的组织目标，在根本上并不涉及公共事务和公共利益。

公共组织就是拥有法定的或授予的公共权力并以此配置社会资源，管理社会公共事务，提供公共产品和公共服务，以维护和实现社会公共利益为目的的组织实体。公共组织是一个构成复杂的系统，划分的标准不同，组织的类型也不同。按照组织管理的权力性质，可以分为政府组织、准政府组织和非政府组织；按照组织体制的不同，可以分为民间组织和非民间组织；按照组织职权范围大小，可以分为中央公共组织和地方公共组织；按照组织职能的不同，可以分为管理外交、人事、教育、信息产业、外贸、审计、国土资源、农业、水利等事务的各种公共组织。在此意义上，公共管理主体是多元化的，其运作方式也是多样化的。公共组织的划分虽然有多种类型，但以公共组织所拥有公共权力强制性的大小而划分公共组织，相对其他标准而言，更能反映出公共组织的本质特征。按照这种标准，我们把公共组织划分为以下几种类型：

1. 政党组织

在我国，中国共产党是中国特色社会主义事业的领导核心，历史和人民选择了中国共产党作为执政党，在国家政治生活中处于领导地位，把握大政方针政策，领导着国家各级机关，通过路线、方针和政策的制定，指导政府组织担当着管理公共事务的职能。在党管干部、党管人才的组织制度下，按照德才兼备的原则为国家机关推荐、选拔、任免干部，以保证党的基本路线和方针、政策的贯彻落实。党的组织分为中央组织、地方组织和基层组织三类，党的全国代表大会闭会期间，中央委员会执行党的全国代表大会的决议，领导党的全部工作，对外代表中国共产党。党的地方组织即省、自治区、直辖市、设区的市和自治州、县（旗）、自治县的代表大会和委员会。党的基层组织是在企业、农村、机关、学校、科研院所、街道社区、社会团体、社会中介组织、人民解放军连队和其他基层单位，凡是有正式党员三人以上的，成立的党委、党总支、党支部或党小组。

2. 人民政协

中国人民政治协商会议（以下简称人民政协）是中国人民爱国统一战线的组织，是中国共产党领导的多党合作和政治协商的重要机构，是我国政治生活中发扬社会主义民主的一种重要形式。在中国共产党领导下，由中国共产党、八个民主党派、无党派民主人士、人民团体、各少数民族和各界的代表，台湾同胞、港澳同胞和归国侨胞的代表，以及特别邀请的人士组成，具有广泛的社会基础。人民政协根据中国共产党同各民主党派和无党派人士“长期共存，互相监督，肝胆相照，荣辱与共”的方针，围绕团结和民主两大主题，履行政治协商、民主监督、参政议政的职能，一切活动以《中华人民共和国宪法》为根本的准则。中国共产主义青年团、中华全国总工会、中华全国妇女联合会、中华全国青年联合会、中华全国工商业联合会、中国科学技术协会、中华全国台湾同胞联谊会、中华全国归国华侨联合会等八个主要的人民团体，是人民政协及历届全国委员会的重要组成部分，是在中国共产党领导下，按照其各自特点组成的从事特定的社会活动的全国性群众组织。群众团体特指围绕党的中心工作，开展各项群众性工作的组织，如工会、青年团、妇联等，是中国共产党联系群众的纽带和桥梁。

3. 国家机关

国家机关（state organs）也称政权机关，是指从事国家管理和行使国家权力的政府组织，包括国家权力机关、行政机关、审判机关、检察机关等，如我国的全国人民代表大会、国务院、地方各级人民代表大会和人民政府、各级人民法院、人民检察院等。在日常狭义上则特指中央一级机关。在我国，最高国家权力机关是中华人民共和国全国人民代表大会（以下简称“全国人大”），它的常设机关是全国人大常务委员会。全国人大和全国人大常务委员会行使国家立法权。国家司法机关（judicial branch）行使国家司法权，是包括法院和检察院在内的公共组织，法院负责审理民事案件、刑事案件、行政案件和选举案件等，检察机关代表国家对刑事案件提起公诉，追究被告人的刑事责任，并进行监督审判等活动。司法行政机关是中国国家政权的重要组成部分，在中国司法体系和法制建设中占有重要地位。

政府组织是公共组织中最主要的一种类型，它是国家意志和职能的体现，肩负着公共事务管理的职责。国家是人类生活最基本的一种宏观社会形式，它不是抽象的存在物，作为一种政治现象和政治实体，政府组织成为国家的具体体现。政府组织并不直接负责某一具体组织内部的事务，它超越各种组织形式，调整不同阶级、阶层、组织之间的关系，进行宏观的社会管理活动。政府组织作为现代社会的核心及指挥系统，在实施管理中的最主要特点之一就是根据宪法和法律的授权，依靠公共权力实行强制性管理，政府对社会公共事务做出的决定和决策，有关组织和个人必须遵从，公众则是公共物品和公共服务的受益者。在我国公共权力高度集中于中央的计划经济时期，政府是所有社会事务的唯一管理者。而在市场经济条件下，政府不再是社会事务的唯一管理者，它只能在市场失灵的范围内实施管理，超出这个范围，以公共权力来管理市场事务，就可能导致社会的人力和物力资源遭到损失和浪费。政府组织在协调社会关系、维护社会秩序、推进社会发展方面具有不可替代的作用。

4. 准政府组织

准政府组织是指那些虽不属于政府系统，但却承担着某些公共职能，介于公共部门与私人部门之间的、半自治性的非政府组织，主要包括由国家出资、完全依靠公共财政创办的旨在为社会提供相关公共产品的事业单位。它有两种主要类型：一类是属于事业单位性质但又具有某种行政职能的机构，即政府直属事业单位；一类是从事教育、科技、文化、卫生等涉及社会公众整体的生活质量和共同利益的社会事务的组织，即通常所讲的事业单位。事业单位是以实现公共利益为目标，运用部分行政权力对公共事务进行管理的组织。在社会的转型期，在利益多元化的市场和社会公共事务中，单依靠政府和非政府组织来管理社会事务是不够的，必须由一些公共组织运用经授权得到的行政权力或是依靠当事人对公共权威和契约的遵从，以一定的强制性来管理社会事务。我国目前的各种经济仲裁委员会，各种行业协会，消费者权益保障协会和残联等具有执法权的事业单位、团体都属于准政府组织。准政府组织的强制力是有限的，比如仲裁委员会的裁定要求当事方遵守，但若当事人对裁决结果不服，他并不需要照章执行，而是可以向法院起诉，法院的判决或裁定才是最终的裁定。

5. 社会组织

社会组织是现代社会组织系统中相对于政府系统和企业而言的具有一定公共性质并承担一定公共职能的新兴组织形式，其基本特征是自治性、志愿性、非营利性、公益性，可以依据产业分类标准划分出多种类型，主要有社会团体、基金会、工商经济类协会商会、科技类、慈善公益类、社会福利类、城乡社区服务类和社会服务机构等。我国有的学者又把这些处在政府和企业之间的组织叫作非政府组织、民间组织、“第三部门”等。

公共组织是一个历史的、发展的结构性概念。政府组织是公共组织最早的形态，它伴随着国家的产生而产生，随着国家职能的发展变化而调整着自身的职能。在国家与社会二者合一的历史阶段上，政府组织不仅是国家的象征，也成为社会的代表。在国家与社会逐步出现分化的当代世界，非政府组织也成为公共组织中最为活跃的一种组织形式。政府作为公共管理主体也在不断调整自身的职能，在市场经济与社会之间肩负着公共事务和公共服务职能，与非政府组织一起构成公共管理主体。

党的十八届三中全会首次正式使用“社会治理”的概念，提出推进国家治理体系和治理能力现代化的全面深化改革总目标，这就需要创新社会组织体系，完善社会组织管理方式，激发社会组织活力。一方面，应支持和发展志愿服务组织，重点培育和优先发展行业协会商会类、科技类、公益慈善类、城乡社区服务类社会组织。另一方面，应坚持系统治理，加强党委领导，发挥政府主导作用，鼓励和支持社会各方参与，实现政府治理和社会自我调节、居民自治良性互动。以基于法治的多元主体共同治理为特征的社会共治正在形成过程中。

实践证明，政府组织、社会组织、企业组织和公民群体是整个社会系统中重要的构成要素，政府组织作为公共管理的主体担当着重要的社会管理角色，社会组织因其在公共权力分化中辅助政府管理相关领域事务，并且作为非营利性群众组织承担自治管理职能，也成为公共管理的主体之一。从公共伦理学的视角来看，政党组织、国家机关及其政府组织、准政府组织与非政府组织作为公共管理主体，构成了公共伦理关系中的主体方面，政党组织和政府组织及其人员则是公共伦理主体的核心方面。

二、公共组织的构成要素

从组织构成的共性来看，公共组织的建立和其职能作用的实现，有赖于内部各要素的有机联系，其要素构成的序列包括权力要素、人的要素、物质要素和管理得以实施的要素。管理得以实施的要素是指围绕着组织的预期结果而确立的职能、机构与职位、权责体系以及规章制度等要素。从伦理的角度来考察，公共组织的要素系统实质上是由伦理要素和非伦理要素两个部分构成的。其中，权力要素、人的要素、预期结果以及运行规则等具有伦理属性，其他则属于非伦理要素。

1. 权力要素

公共组织要进行公共管理，在大多数情况下要依靠公共权力，特别是对于政府组织来说，公共权力是其实现组织目标的主要手段。公共权力是通过法定程序产生的，公民通过选举代表参与对社会公共事务的管理，从而将权力转让给行政主体——政府，形成了公共权力。公共管理主体只能是享有公共权力的公共组织，不具有公共权力的其他社会组织、公民个人不能被称为公共管理主体。

2. 人的要素

人是生产力中最活跃的要素，也是组织中的主要要素和管理的主体。人是社会性的，组织中的个人和组织起来的人，是人的社会性的确证。个人与组织是不可分离的主体系统，作为公共管理组织成员的每个个体，连同该组织一起成为公共管理的主体。正因为如此，公共管理主体与管理的对象客体之间，才构成了公共伦理关系。党的领导干部和公务员是公共伦理主体中重要的成员要素，根据国家人事管理制度和公务员法的规定，确定职位分类管理，通过公务员考试、工作业绩考核、选任制和委任制等给予约束和奖惩。公务员在一定条件下可以在公务员队伍内部交流，也可以与国有企业、事业单位、人民团体和群众团体中从事公务的人员开展交流。

3. 物质要素

人在组织系统中进行的管理活动必须以必要的设备作为物质基础，基本的物质要素也是公共组织开展正常活动的基础，包括场地、房屋、办公设备、用品、资金、交通工具等。物质要素系统是由公共组织的规模、活动方式、组织目标和任务职责所决定的。这些物质要素的获取，在政府组织方面是通过对公共资源的分配，在非政府组织方面则通过政府的投入与资助，社会捐助，或是公共产品和公共服务的生产与提供等方式来获得。

4. 预期结果要素

公共组织的预期结果就是管理者所实施的管理活动要实现的目标。目标是任何组织不可缺少的要素，组织也都是围绕着一定目标的实现而建立起来的，它是管理主体能动性的体现。没有目标的确定和存在，组织也就失去了活动的方向和存在的理由。公共组织的目标是实施对公共事务的管理和实现公共利益。就不同的公共组织而言，组织目标确定的资源途径是不同的。政府组织是根据社会发展需要，以政策法规等制度安排的形式，在确定的发展规划中实现公共管理的目标；非政府组织则在与政府互动的各种途径中，根据自身的宗旨和特点，确定自己的活动目标。

5. 职能要素

围绕组织目标，公共组织必须确定自身的职能范围和工作任务。职能是组织应有的作用和功能，职能要素是组织目标的具体化，它决定着组织规模、内部职位设置等方面的内容。不同组织的职能是不同的。公共组织的职能是涉及公众利益的公共事务管理。

6. 构成方式要素

机构作为一种组织方式要素系统，是根据组织职能范围设置的。一方面机构是组织内部分工的结果，它具体体现着公共组织的职能，承载着组织权力，并通过人的要素，肩负着社会责任；另一方面，在机构设置的基础上，必须确定岗位职责，落实到管理者个人，以完成工作任务，实现组织目标。职位设置包括职级、职数、职责等的确定。职位是公共组织运行最基本的要素之一，只有有了职位设置，才能使权力的流动成为可能。

7. 运行规则要素

组织的运行规则就是组织的规章制度。规章制度实质上是一种外化的精神要素，它以管理理念为基础，体现着管理的宗旨和目标，以成文的方式对组织的构建和运行程序等进行严格规范。规章制度同时是体现职责伦理的具有一定强制性的行为准则。在规章制度的规范下，组织成员的心理和行为职业化，形成共同的团体意识以及义务感、责任心、荣辱感，从而构建出组织象征的文化和文化环境。因此，规章制度是公共组织最具公共伦理属性的重要方面。

8. 技术和信息要素

组织的运作和管理过程同时也是信息收集、整理、制造、传递、反馈和技术技巧运用的过程。作为非道德因素，技术与信息是公共组织运作的具体体现。在此意义上，公共组织就是管理者以一定技术对信息加工和运用的过程。信息不及时、不丰富，技术落后，管理的效率就难以实现。然而，政府信息的存在方式、与行政相对人权利义务有关的政府信息内容及其公开与否、公开的程度如何，又直接关系到公民的知情权、参与权和根本利益的实现问题。从这一角度看，政府信息也具有重要的伦理价值含义。

第二节　政府组织

一、政府组织的结构

政府组织有广义和狭义之分。广义的政府包括政府行政机关，国家的立法、司法机构等，狭义的政府不包含立法和司法机关，特指政府行政机关。公共伦理学研究的公共伦理主体是指广义的政府组织，甚至包括政党等政治组织。本节首先分析狭义的政府组织，即政府行政机关。

在阶级社会中，政府组织是按照一定法律法规建立起来的进行阶级统治和社会管理的机关。在现代市场经济条件下，政府是运用通过法定程序掌握的公共权力对社会资源进行分配和对社会利益进行调节的组织。我国政府组织的结构由纵向和横向两个方面构成。

（一）纵向结构

纵向结构是由层次构成的，它反映行政组织内各层次中的隶属关系，按照这种结构，我国的行政组织可分为中央行政组织和地方行政组织两大层次。我国宪法规定了行政区域划分的三个层级：全国分为省、自治区、直辖市；省、自治区分为自治州、县、自治县、市；县、自治县分为乡、民族乡、镇。直辖市和较大的市分为区、县。自治州分为县、自治县、市。截至2015年底，全国共有省级行政区划单位34个（其中直辖市4个、省23个、自治区5个、特别行政区2个），地级行政区划单位334个（其中地级市293个、地区8个，自治州30个、盟3个），县级行政区划单位2 580个（其中市辖区953个、县级市360个、县1 369个、自治县117个、旗49个、自治旗3个、特区1个、林区1个），乡级行政区划单位39 789个（其中区公所2个、镇20 515个、乡10 172个、苏木152个、民族乡990个、民族苏木1个、街道7 957个）。

中央人民政府直接管辖的最高一级地方行政区域，目前有省、自治区、直辖市、特别行政区几种类别。自治区是中国少数民族聚居地方实行民族区域自治而建立的相当于省的行政区域。自治区、自治州、自治县都是民族自治地方。民族区域自治制度是我国的一项基本政治制度，是中国特色解决民族问题、确保各民族享有平等权利、共同团结奋斗共同繁荣发展的重要保证。

不同时期、不同情况下，行政层级会在适应经济社会发展需要过程中有所调整，例如，出现“副省级市、行署辖区、市辖区、市管县、省直管县”等行政层级的变体。党的十八大报告指出，“优化行政层级和行政区划设置，有条件的地方可探索省直管县（市）改革”。合理、协调的行政层级是国家行政权力顺畅、高效运行的重要条件和基础，行政区划设置是否科学合理直接关系到行政区的规模、管理幅度和行政管理效能。合理确定中央和地方政府的职能与权责关系，合理配置行政资源，才能充分发挥地方各级政府的积极性，提高行政能力与效率。

特别行政区为“一国两制”的实施，宪法第三十一条专门规定国家在必要时可以设立特别行政区。特别行政区与省、自治区、直辖市同属直辖于中央人民政府的地方行政区域，除外交和国防事务统一由中央人民政府负责管理外，特别行政区享有高度自治权，包括行政管理权、立法权、独立的司法权和终审权，保持财政独立，财政收入全部用于特别行政区的需要，不向中央财政上缴，可自行制定适用于香港的经济、贸易和文化教育等方面的政策，可以用“中国香港”名义进行国际经济文化交流等活动。至1999年12月澳门回归为止，中国共设立2个特别行政区：香港特别行政区、澳门特别行政区。

行政组织不但外部有层次关系，行政组织内部也有层级关系，如国务院各部委下设的司局级、处级和科级等层次，省（自治区、直辖市）人民政府的厅局下设处级、科级等层次。行政组织的层次越高，责任和权力越大，工作的方式也不一样。

（二）横向结构

横向结构反映的是同级行政组织之间和不同级别但没有隶属关系的各职能组织和部门之间分工协作的关系。横向结构中的各组织、各部门都有明确的职能范围和相应的权责划分，它们之间是一种平行关系。1951 年 12 月—1953 年年底，国务院下辖 42 个机构，到 1981 年扩展为 100 个，改革开放以来，经过历次调整，至 2016 年，国务院机构改革方案公布，除国务院办公厅外，国务院设置组成部门 28 个。

党的十八大提出行政深化体制改革，要推动政府职能向创造良好发展环境、提供优质公共服务和维护社会公平正义转变。行政机构与职能相互关联，职能是机构设立的依据，机构是职能的载体。理顺机构与职能的关系，关键在于职能转变，一是推进职能转移，发挥市场在资源配置中的决定性作用，激发市场和社会组织活力，调动社会力量管理社会事务的积极性；二是职能下放、权责下移，发挥好中央与地方政府的积极性；三是职能整合，相同相近业务整合管理，分散在不同部门管理的资源集中整合，解决职责交叉、推诿扯皮问题，提高行政效能；四是职能加强，健全部门职责体系，明确政府权力清单、责任清单、负面清单，政府做到“法无授权不可为”，“法定责任必须为”，明确企业不该干什么，做到“法无禁止皆可为”，厘清政府、市场和社会的关系，切实提高政府管理科学化水平。

稳步推进的大部门制改革即为推进政府事务综合管理与协调，按政府综合管理职能合并政府部门，组成超级大部的政府组织体制，其特征是“大职能、宽领域、少机构”，即扩大一个部所管理的业务范围，把多种内容有联系的事务交由一个部管辖，从而最大限度地避免政府职能交叉、政出多门、多头管理，从而提高行政效率，降低行政成本，是深化行政体制改革和建设服务型政府的重要举措。

除此之外，我们还可以采取其他方式来进行分类。按地区划分，如工商管理系统以省、市、地、县、乡、街区等区域分别设立管理机构，处理辖区内相关事务；按服务对象划分，如军队转业干部安置办公室，国务院民族事务委员会，教育部的国际合作与交流司、高校学生司等；按行业和产品类型划分，如教育部内设的办公厅、基础教育司、高教司、职业教育与成人教育司、民族教育司、师范教育司等。

纵向部分和横向部分都是政府组织这个有机系统中不可缺少的组成部分，

所谓“纵向到底、横向到边”，反映了组织机构和职能之间关系的基本结构和运行状态。国家在机构改革中，经调整、合并后，行政管理部门的设置、名称和关系也相应发生变化。

二、政府组织伦理及其构成

在所有的社会伦理关系中，公共伦理关系是公共组织与公民社会之间依据一定的道德义务和责任而形成的一种具有政治属性和管理内涵的伦理关系。公共伦理集中体现为政府组织伦理。相对于个人伦理而言，政府组织伦理反映着社会对公共权力进行道德约束和控制的必要性，是以“责、权、利”的统一为基础，以协调个人、组织与社会之间关系为核心的政府组织行为准则和规范系统，是通过政府组织行为体现出来的社会道德意识形态的重要组成内容。政府组织的职责、能力、效率等共同构成完整的政府组织行为。政府组织全面发展的伦理维度，主要表现在政府组织既遵守社会的伦理规范，同时又努力使管理者在自我伦理方面追求至善，最终达到道德的主体性和规范性的高度统一。

（一）政府组织伦理

1. 政府组织的合法性

政府组织伦理的形成依赖于执政党、国家权力机构和政府组织存在的合法性，其合法性来源是一个重大的政治属性问题，根据历史和现实的逻辑，执政党、国家权力机构和政府组织存在的合法性主要来源于四个方面：

一是历史和人民选择而奠定的合法性。一个执政党登上历史舞台，往往是通过暴力革命夺取国家政权而获得了自己的执政地位，资产阶级政党及其组阁政府，也经历了与封建地主阶级复辟与反复辟的斗争与较量。孙中山领导的反帝反封建的民族民主革命，推翻了封建帝制，结束了统治中国几千年的君主专制制度，但并没有改变中国半殖民地半封建社会的性质。中国共产党紧紧依靠人民，经过北伐战争、土地革命、抗日战争、解放战争，完成了新民主主义革命的使命，建立新中国，实现了中国从几千年封建专制制度向人民民主制度的历史跨越，是新民主主义革命的胜利以及历史和人民的选择使中国共产党作为执政党获得了合法性。

二是民主选举制度确认的合法性。现代政治生活中，选举制度成为政党执政和政府行政合法性的一个制度途径。在我国新民主主义革命取得胜利之际，为了成立民主联合政府，由中国共产党组织筹备召开的人民政治协商会议，选举产生了以毛泽东为主席的中央人民政府委员会，《中国人民政治协商会议共同纲领》确定了人民拥戴政府的合法性。中国共产党领导的多党合作和政治协商制度以及人民代表大会这一根本制度，成为具有中国特色的政治制度。

三是执政的现实业绩验证的合法性。中国共产党领导人民创造性地实现了由新民主主义到社会主义的转变，开辟了中国特色社会主义道路，形成了中国特色社会主义理论体系，确立了中国特色社会主义制度，同时，改革开放取得了举世瞩目的成就，这一举世无双的伟业和业绩表明，没有中国共产党就没有新中国。

四是国际地位的合法性。在复杂的国际政治关系中，一个政党和政府的合法性面临着更加复杂的格局。中国是联合国创始会员国，也是第一个签署《联合国宪章》的国家。1971 年 10 月 25 日，第二十六届联大以压倒性多数通过了第 2758 号决议，恢复中华人民共和国在联合国的一切合法权利，承认它的政府代表为中国在联合国组织的唯一合法代表，恢复中国在联合国的合法权利，使中国真正具备了解决国际问题的资格。

中国共产党执政半个多世纪以来，对党依存于人民的执政合法性具有高度的自觉，积极探索党的执政规律。在“2015 中国共产党与世界对话会”上，王岐山面对外国政要和知名学者首论中国共产党的合法性，指出中国共产党的合法性源自于历史，是人心向背决定的，是人民的选择。执政党的合法性并不是一劳永逸的，加强党的执政能力建设，是时代的要求、人民的要求。

2. 政府组织伦理的正当性

从意识形态角度讲，政府组织伦理的正当性既来源于政府组织存在的合法性，也依托于政府组织行为的合法性，以及秉承立党为公、执政为民、全心全意为人民服务、追求公平正义的价值准则的落实和体现。舍此则使政府组织伦理的合法性与正当性的统一缺失了基础和依据。政府组织伦理是政府组织及其成员在管理活动中必须遵守的行为规范和行为准则。政府组织伦理不仅包括作为社会行为基本规范的伦理的一般规定性，而且还由于政府组织所固有的特殊性质和地位，决定了必定要在伦理上有自己的特殊要求和内在规定性。政府组织集管理主体和伦理主体于一身，不仅要求具有管理主体的政治能力素质，而且要求具有伦理行为能力素质。

政府组织伦理是公共管理领域中的政府角色伦理，它或者以政府组织系统为主体，或者以政府部门组织为主体，是针对政府组织行为和政治活动的社会性角色的伦理原则和规范。无论是政府组织系统和政府部门组织，还是管理者个人，都是管理活动中的伦理主体。在政府民主能力、经济能力、社会治理能力各方面，政府的各种行为面临着处理和调节各种社会矛盾、利益分配政策、社会保障制度、整合社会关系、保障社会稳定发展等大政方针问题。因此，政府组织伦理是作为公共管理主体所应有的属性，是主体道德的重要组成部分。政府组织伦理与个人伦理原则上又有以下几方面的区别：

（1）主体不同。一为政府组织系统和政府组织管理者，一为公民个人；政府组织系统虽然由个人组成，但政府组织管理者的身份却是非个人化的，在其担任管理职务期间，他不是个人的意志、动机的代表，而是国家利益和公共利益的代表。

（2）影响不同。个人伦理是个人与他人、与社会之间的关系，其行为影响的只是少数人和有限的区域；而政府组织伦理则与所有人或社会的所有成员发生关系，政府组织系统和管理者的行为举止对社会公众都有很大关系，不断产生政府形象效应。

（3）约束方式、依靠力量不同。个人伦理主要是通过良知和舆论起内在的约束作用；而政府组织伦理除了舆论和内心信念起作用外，还要靠制度的外在约束作用。

（4）评价标准不同。政府组织伦理与个人伦理处在不同的领域，对政府组织伦理的评价，主要是看政府组织系统的实际功能和作用，看它是否代表着先进生产力发展的要求，代表着先进文化前进的方向，代表着中国最广大人民的根本利益。个人伦理的评价主要是看其行为选择及其结果是否符合一般的社会道德标准，而不是对其行为进行组织系统层面的道德评价。

（二）政府组织伦理的构成

政府组织伦理包括基本的行为原则、行为规范、诚信伦理、制度伦理、权力伦理、公共责任等内容，公务员职业道德则是政府组织伦理的个体化表现。公共伦理的原则和规范已在第一章作了阐述，制度伦理、权力伦理、公共责任和公务员职业道德将在后面相关的章节中进行分析。这里着重分析政府组织伦理的构成和诚信伦理的要求。

政府组织伦理构成是从政府能力这一范畴中确定的伦理概念，政府能力不是个人的能力，不是单个人的意志，而是政府组织群体的能力。它是政府在政治关系、行政过程和公共管理中体现出来的治理能力。它主要体现在政府统治能力、经济调控能力和社会治理能力三个方面，在类型上包括政府组织的能力结构和管理者个体的能力结构两大类型。一般而言，管理者个体的能力结构又可分为企业管理者的能力结构和党政干部的能力结构两种个体类型。公共伦理学主要涉及政府组织群体的能力结构和党政干部的能力结构，并在主体的意义上分析政府组织伦理构成。

政府组织伦理是一个有机的系统，由多种要素构成：一是观念要素，即行为伦理意识；二是实践要素，就是以一定的伦理规范为指导的政府组织行为；

三是角色伦理，作为观念与实践的结合要素，指个人在特定社会地位中社会赋予个人的身份、责任以及所养成的行为模式。

1. 公共伦理意识

公共伦理意识是公共组织及其成员在公共活动中必须遵循的价值观念，包括伦理准则意识、伦理责任意识和伦理目标意识等主要内容。伦理准则意识是公共伦理主体的原则、立场和根本态度，通过对伦理主体的调控，达到由内及外的目的和理想，它突出表现为主体的严格律己和为民服务的公共精神。伦理责任意识是公共伦理主体如何看待政府组织的责、权、利及其与社会的关系，这种责任意识是政府组织及公务人员行为的动力所在。伦理目标意识则是对公共活动目标的伦理把握，在根本上避免政府行为迷失方向。

公共伦理意识是完全“内化”的伦理境界。这种境界是政府组织应有的职责使然，对个人而言则是在长期的伦理追求与道德实践中，把伦理的戒律逐步地内化为自己的气质和修养，形成主体的行为准则、价值观、人生观，是“由里到外”所采取的自觉行为。它是通过教育、纪律约束和社会监督形成的自觉、自主地做出的一种抉择，是主体内在素质不可或缺的一个部分。

2. 实践伦理

实践伦理是政府组织和个人通过政策制度设计以及管理实践表现出来的对社会公众负责的行为规范或要求。实践伦理包含两层含义：一是指维护公共活动正常运行所需的伦理规范，是由政府或其他社会权威机构设计、制定和推广的；二是指对于政府倡导的这些公共活动中的伦理规范，除了用社会舆论、情感、心理和自我评价等软约束手段支持外，还要为其设定政策优化的硬约束手段，使这些伦理规范真正成为政府组织在公共领域中普遍化的行为方式。比如在商品交易中的买卖要货真价实，这本来仅仅是商业伦理的要求，公共政策以强制性的方式给予规定，谁不遵守将受到相应的惩罚，就成了公共政策伦理问题。公共政策伦理不仅包括用惩罚手段禁止不道德行为，也包括用奖赏等道德评价的手段鼓励高尚的行为，例如设立见义勇为奖励基金、评选和表彰地区性的见义勇为的先进典型，就是实践伦理的具体表现。

3. 角色伦理

角色伦理是管理者个人所担任的管理角色应有的行为准则和伦理规范。管理者既要具备社会成员的一般伦理，又要具备作为管理者角色的伦理。角色伦理是相对于社会群体的关系而言的，角色伦理在实质上就是管理者的责任与义务的表现。责任是对国家权力主体负责，通过自身职责的履行，来为人民谋利益，实质就是公仆责任。责任也是一种义务，承担为其服务对象尽责尽职、谋取利益的义务。对公共管理者来说，公共管理活动过程是一个为人民尽义务的过程。崇高的人生目的（或角色目的）赋予责任以意义，而责任也可看作是目的的一部分。实现角色伦理，必须具备两方面的基础，一是指导角色行为的公共伦理良心，二是实现角色功能的能力。

公共伦理良心是公务员在履行角色过程中逐步形成的一种伦理意识。公共伦理良心是公务员意识中的一种强烈的行政责任感和自我评价的能力，是公务员在深刻理解国家、政府及行政机构制定的法律、法规、政策与伦理原则的基础上，以高度负责的态度，对自身的角色行为的善恶价值进行的自我评价和自我修养。公共伦理良心是多种行政道德、心理要素在行政人员意识中有机结合、相互作用的结果。

实现角色功能的能力是公务员胜任自己角色所必须具备的能力。具体表现为具有较强的为国家权力主体服务的自觉性、积极性、工作责任感和崇高的职业伦理观，熟悉和掌握履行角色必需的管理知识、管理技术、管理艺术。这样才能在繁杂的行政活动中，自觉地对国家权力主体负责。

公共伦理意识、实践伦理和公务员的角色伦理组成了政府组织伦理的有机整体。政府组织系统中政府组织人员与政府组织系统的关系，是一个系统中系统因素与整个系统的关系。从政府组织伦理意义讲，这意味着每一个因素都必须遵循系统运行的基本规则，服从系统的统一指挥，系统能否协调正常的运作，要靠每个因素的协调配合。当然，作为一个伦理共同体，政府组织系统和政府组织官员不可能把政府组织过程变成纯规范的操作行为。因为人的心理和情感作为非理性因素不可能被完全规则化、条理化。但是，这种规则化、条理化、程序化对于现代政府组织来说又是十分必要的。同时，政府组织主体具有接受伦理约束的特殊必要性，为了实现公共利益，杜绝政府自利性的膨胀，避免组织决策失误可能产生的负面结果，政府组织承担义务和责任，以伦理规范约束自身行为，是理所当然的。

（三）政府公信力

政府公信力建设的要求体现了政府组织伦理的内涵。公信力在《现代汉语词典》的解释是：使公众信任的力量。公信力的概念源于英文“accountability”一词，意指为某一件事进行报告、解释和辩护的责任，为自己的行为负责，并接受质询。公信力的主体归属是公共伦理主体，公信力的受众对象是公共伦理客体。从公共伦理的主客体关系来定义，所谓政府公信力，就是公众对于政府的合法性、正当性、权威性的认同、理解、支持及信任度，包括政府诚信、政府信用、公众信任等方面的内容。政府诚信是指政府执政为民、取信于民的价值理念、决策善意、信守承诺的意志、能力和品质；政府信用即政务诚信，是指政府履行其对公众承诺的状况，秉持依法行政、政务公开、勤政高效、守信践诺的原则，恪尽职守，敢于担当的行为表现；公众信任，是指公众对政府信用的一种信赖，公众对政府行为的真实性、公正性给予的一种认可。政府诚信是政府信用的道德前提，政府信用是政府施政过程状态，公众信任则是政府诚信和政府信用的结果，三者构成了政府公信力的基本内容。

政府公信力的程度及内容体现在制度规则、组织系统和履行职责等方面。首先是制度信用，即制度设计和政策制定应适时到位，不滞后、不发生失误，实施有力而没有朝令夕改，确保公平正义，从而获得公众的信任和支持；其次是组织系统运作高效，服务群众到位，求真务实，作风踏实，个人在组织中没有失信行为；再次是组织职能责任范围合理，功能发挥正常，无失职渎职行为发生。政府公信力的程度最终是以公众对政府履行其职责情况的评价为标准，政府失信的成本不仅仅是物质资源的问题，更重要的是丧失民心，失去群众的信赖和支持。

政府公信力的评判标准，一是政府责任是否到位。无论是否出现公共危机，政府都应当履行职责，言而有信，避免朝令夕改，要保持政策的相对稳定性。对于公共危机，政府更应果断、及时地回应公民的要求。二是公民本位服务是否到位。政府必须以公共利益为追求目标，努力提高政府部门服务质量和效率，自觉、高效地为公民提供公共物品和公共服务。三是依法行政是否滥用权力。在任何行为中，政府都应当根据宪法、法律、法规以及法律精神来为人民服务，避免文件和领导讲话大于法的现象，使人们形成对法律和制度的信仰，通过法律和制度来体现政府的诚信，确保政府的合法性。四是信息公开，政府透明。人们的利益需求创造了政府，政府的存在价值就在于满足社会成员的需求。而政府满足社会成员需要的措施、过程、方式等都应当为公众所知晓。政府的行政法规、行政规章与规范性文件、政府机构职能、人员配置、行政程序、执法依据、会议活动及文件资料等信息都应当公开，以便于公众查询，政府的决策过程也应当使公众了解和参与。

应当高度重视公信力建设的意义。在中国传统文化中，人们始终推崇诚信品德。“信”是五常之一，“诚”为五常之本，百行之源。孔子认为，诚信不仅是交友的基本原则，也是从政、执政的基本条件，“信，国之宝也”。信为政基，政无诚信不威，公众对政府的信心、信任、信赖程度直接取决于政府的公信力状况。政府公信力作为一种无形资产，是在长期执政实践中日积月累而形成的，体现了政府组织存在的权威性、在社会中的信誉度以及在公众中的影响力等特征。政府信用关系国家长治久安，是政府合法性、权威性的关键，是避免信任危机、维护经济社会发展和政治稳定的重要条件。政府公信力建设是化解社会矛盾，消解民众与政府的对立状态，提高群众对政府的认同感和满意感的必要环节。

政府公信力建设是一个复杂的社会机制问题。建立健全覆盖全社会的征信系统，全面推进社会信用体系建设，关键在于政府及其部门在社会信用体系建设中起好示范带头作用，因此，要加快政府守信践诺机制建设，构建广泛有效的政务诚信监督体系、建立健全政务信用管理体系、加强重点领域政务诚信建设，加强公务员诚信管理，建立公务员诚信档案，健全守信激励与失信惩戒机制。在实际工作中，必须完善政府守信践诺和责任倒查追究机制，不因政府换届或换人而发生“新官不理旧账”损害群众利益的现象。党的十七届六中全会提出，“把诚信建设摆在突出位置，大力推进政务诚信、商务诚信、社会诚信和司法公信建设，抓紧建立健全覆盖全社会的征信系统，加大对失信行为惩戒力度，在全社会广泛形成守信光荣、失信可耻的氛围”。2016 年 5 月 30 日发布的《国务院关于建立完善守信联合激励和失信联合惩戒制度加快推进社会诚信建设的指导意见（国发〔2016〕33 号）》，是有关社会信用体系建设的一个重要的规范性文件。2016 年 12 月发布的《国务院关于加强政务诚信建设的指导意见（国发〔2016〕76 号）》《国务院办公厅关于加强个人诚信体系建设的指导意见（国办发〔2016〕98 号）》，明确了政务诚信和个人诚信建设的意义、总体要求、基本原则和内容及其保障措施，对于全面推进社会信用体系建设具有重要的意义。

三、政府组织伦理的功能

政府组织伦理作为一种意识形态，产生于一定社会经济基础，并对一定的社会政治经济关系起到能动的反作用。政府组织伦理对社会政治生活起着巨大的作用，亚里士多德曾说过，它是“国家中人们的黏合剂”。现代英国学者沃拉斯认为政府组织伦理是“能够影响政治力量的倾向”。

（一）导向功能

导向功能是指政府组织的伦理规范以及这些规范对政府组织及其成员的行为产生的结果，可对公众活动起到的鼓励或抑制作用。政府组织伦理作为一种管理行为的准则，必然在约束组织行为和个体行为的同时，也引导公众的行动。政府组织伦理是现实社会的主体道德，内容具有社会的公共性和示范性。因为它所依据的是国家和社会公认的、共同的道德观和理想，所以政府组织伦理的共同原则和基本精神具有社会普遍性。政府组织行为具有公共性，又因为政府组织系统掌握着一定的行政权力和所处的地位特殊，其行为和形象不仅为社会大众所关注，而且渗透到社会生活的各个方面，形成巨大的影响，直接对社会大众具有示范效应和导向作用，并影响民风和民俗。政府组织伦理一旦成为组织中人们内心衡量行为的标准，如果其成员违背了组织的伦理规定，就会受到舆论的谴责；如果其成员模范遵守了组织的伦理规范，就会得到舆论的赞扬。这种通过善恶评价所造成的社会舆论和压力，一方面使人们形成明确的善恶评价标准，对人们的行为产生巨大的导向作用，使公众知道应当做什么，不能做什么；另一方面使组织成员形成扬善抑恶的情感和对一定理想和信念的坚定信心。当然，正人必先正己，政府组织要规范和影响客体，自身必须具备相应的伦理素质，率先进行垂范，这样才能充分发挥其导向功能。

（二）规范功能

规范功能是指通过公共伦理规范限定政府组织活动的范围、行为模式，使政府组织管理的全过程程序化、规范化。政府组织伦理是作用于政府组织从行为、行为过程直至结果的一系列的伦理准则和价值判断。这些准则和价值判断的特点是：以善恶来认识、评价和把握政府组织过程中担任政府组织角色的政府组织行为，通过外在的舆论评价和内心信念的体验以及一定的制度约束，形成强大的规范影响，引导和约束政府组织系统的运行和政府组织管理者的行为。

作为政府组织伦理核心的道德规范本身就是对行政管理者行为的界定和约束，而权力角色自身的角色意识和人格追求又直接对其自律品质的形成起指导、监督和自我评价作用。在政府组织行为进行过程中，政府组织伦理对于符合政府组织伦理要求的情感、信念和政府组织行为，予以激励和强化；对于不符合政府组织伦理要求的情感、欲念则予以纠正或弱化，特别是在政府组织行为过程中，出现认识错误、方式或方法失当时，政府组织伦理能够纠正行为者某种自私欲念和偏颇情感，改变自己行为的方向和方式，以避免产生违背政府组织责任要求的后果。政府组织伦理对于政府组织行为起着事前规范、事后纠偏的作用。

（三）凝聚功能

凝聚功能是指政府组织及其成员通过遵守公共伦理规范使公民对政府组织产生的认同和拥护。政府组织伦理是获取民心和民意的重要手段，从某种程度上直接影响着社会的稳定和国家的治乱兴衰。因为政府组织伦理是整个社会道德的表率，其伦理取向展示着社会的伦理导向。政府组织人员作为社会政治、经济、文化等各项事业的行政管理者，其角色伦理的制定和实施是全社会关注的焦点。《论语·为政》中有云：“为政以德，譬如北辰，居其所而众星共之。”当然我们今天所追求的德与孔夫子所说的德的内涵已经完全不同了。但

“为政以德”仍然是国泰民安的重要因素，是关系到公众心中政府形象的头等大事，是改善党风政风的关键，也是公众拥护、政令畅通的必要条件。当政者“其身正，不令而行，其身不正，虽令不从”①。如果真正从社会价值导向上倡导“管理就是服务”“服务就是奉献”的理念，政府组织的领导能够对人民负责，为人民的利益负责，为人民群众办实事、办好事，政府组织就一定会得到人民的拥护；如果行政官员都能恪尽职守，秉公办事，社会问题就能得到较好的解决。可见，政府组织伦理的规范作用就是使政府组织系统中的个人与个人之间建立一种广泛、友好和信任的人际关系，改善人与人、人与组织、组织与社会的相互关系，成为政府组织主体与政府组织对象之间沟通的桥梁，使全国上下同心同德，形成凝聚力。

（四）选择功能

选择功能是指政府组织按照公共伦理的要求对其行为动机、意图、目的和行为方式、过程、结果的取舍及抉择。所谓伦理选择，是指政府组织在一定伦理意识支配下，以社会或公众的利益为标准，在不同的价值准则或善恶冲突之间做出的自觉、自主、自控的抉择，是对政府组织的行为动机、意图、目的和行为方式、过程、结果的选择。这一功能要求在发生政府组织行为之前，要从优化管理的目的出发，进行政府组织的行为选择，并依据政府组织责任的伦理要求，对政府组织行为的动机、方式和结果等进行检查。在政府组织选择中，公共项目评估就不仅体现了对经济的选择，也体现了伦理价值目标的选择。选择的价值尺度和标准是关键问题，从根本上讲，利益和利益关系是影响政府组织主体进行政府组织选择的决定性因素，并成为一切政府组织伦理现象的基础。

第三节　社会组织

一、我国社会组织的产生和发展

在我国，社会组织有广义和狭义之分，宪法规定的国家机关和武装力量、各政党和各社会团体、各企业与事业单位六大类社会组织属于广义的社会组

① 《四书章句集注·大学》。

织。狭义上的社会组织是相对于国家机关、武装力量、政党和企业之外的其他社会组织，国外称之为非政府组织、非营利性组织等。

在国际上，非政府组织是20世纪后半期兴起的社会民间组织，是在市场体制和国家体制之外出现的一项重大的组织创新和制度创新。实践表明，非政府组织自工业革命以来，就以行业组织、民间团体的形式在政府、企业与社会之间开展活动。20世纪80年代以来，非政府组织在世界各国蓬蓬勃勃兴起，在社会经济发展中所发挥的作用越来越大，引起了政府组织和研究领域的极大关注。联合国最早使用非政府组织一词并赋予它积极的制度性含义和参与国际公共决策的特殊地位。国外非政府组织不但在解决社会问题和增进社会公共利益方面有巨大作用，而且在参政议政方面的影响也很大。

我国社会组织的发展是经济领域市场化催生、国家政治社会治理需求主导、公民社会自主性要求三者相互作用的结果。在政府组织对社会事务高度整合管理的计划经济时期，社会组织并无分化生成的条件。新中国成立后，我国政府为了防止社会组织发展演变为体制外的异己势力，分别于1951年、1990年和1997年对社会组织进行了大规模的清理整顿，社会组织呈现负增长态势。至2000年12月底，全国性社团削减为1 500多个。改革开放以来，在我国社会转型进入社会主义市场经济条件下，一方面，企业组织的盈利本性和消费服务目的不会自觉介入公共事务和公益事业中来。另一方面，为了使市场在资源配置中起决定性作用和更好发挥政府作用，政府管理的有限性和转变政府职能，弥补市场失灵，需要自上而下的积极培育、扶持和支持社会组织的发展。因此，尤其是在构建社会主义和谐社会的目标要求下，进入21世纪，我国社会组织得以蓬勃发展，形成了具有中国特色的社会组织发展之路。到了2008年，全国性社团剧增至1 781个，地方性社团达到20多万个，全国县级以上的社团组织达到413 660个，2009年达到431 069个，增长4.2%。党的十八大以来，党中央、国务院高度重视社会组织改革发展，社会组织在党和国家“四个全面”战略布局中获得更加明确的定位，发挥了积极作用。据民政部《2015年社会服务发展统计公报》的数据，截至2015年年底，全国共有社会组织66.2万个，比2014年增长9.2%，其中社会团体32.9万个，各类基金会4 784个，民办非企业单位32.9万个。

我国将非政府组织统称为社会组织，指政党、政府之外的各类民间性组织，主要包括：① 按照《社会团体登记管理条例》登记的社会团体，基于一定社会关系形成的会员制组织，即中国公民自愿组成，为实现会员共同意愿，按照其章程开展活动的非营利性社会组织，通常被冠以协会、学会、研究会、商会、促进会、联合会等名称，国家机关以外的组织可以作为单位会员加入社会团体。② 按照《民办非企业单位登记管理暂行条例》登记的民办非企业单位，即企业事业单位、社会团体和其他社会力量以及公民个人利用非国有资产举办的，从事非营利性社会服务活动的社会服务机构。③ 按照《基金会管理条例》登记的基金会，是指利用自然人、法人或者其他组织捐赠的财产，以从事公益事业为目的，按照本条例的规定成立的非营利性法人。④ 从内容上也具体划分为工商经济类行业协会商会、科技类社会团体、公益慈善类、社会福利类、城乡社区服务类五类社会组织。

社会组织是通过向政府主管部门登记注册而具有独立法人地位的公共组织。它在参与人员自愿的基础上成立，经过政府民政部门对其宗旨、目标、性质、组织机构、人员构成、经济来源、权利义务等各方面情况的严格审查后登记注册，其年度活动需要接受政府主管部门的年检和跟踪调查，以督促其坚持自己的宗旨、目标、性质，使其运行在正确的伦理轨道上。为了促进社会组织健康发展，规范对社会组织的行政处罚程序，保护公民、法人和其他组织的合法权益，我国民政部公布了自 2012 年 10 月 1 日施行的《社会组织登记管理机关行政处罚程序规定》。社会组织内部有一整套比较严密规范的章程、制度、组织机构和运行机制，这些章程、制度、机构和机制完全服务于它的组织性质、思想宗旨和伦理目标，从而保证了社会组织能够活动在制度化的伦理框架下。

民办非企业单位是改革开放之后发展起来的一类新型社会组织，是社会力量参与社会事业的重要载体。在民政部门登记的非营利性民办学校、民办医院、民办养老院、民办博物馆、民办社会工作机构等组织，都是民办非企业单位。1982 年修订的《中华人民共和国宪法》明确国家鼓励社会力量兴办教育事业、医疗卫生设施，从国家根本立法层面，为民办社会事业的发展提供了法制保障。1996 年 7 月，中央政治局常委会专题研究民间组织管理工作，决定将这类组织命名为“民办非企业单位”，归口民政部门统一登记。2016 年全国人大通过的《中华人民共和国慈善法》规定：慈善组织可以采取基金会、社会团体、社会服务机构等组织形式。由此将民办非企业单位的名称修改为社会服务机构，更能准确反映这类组织提供社会服务、从事公益事业的特征，也可以涵盖官办民营、民办公助等多种兴办形式，有利于社会服务机构的发展。

2016 年 8 月 22 日发布的《关于改革社会组织管理制度促进社会组织健康有序发展的意见》指出，以社会团体、基金会和社会服务机构为主体组成的社会组织，是我国社会主义现代化建设的重要力量。改革社会组织管理制度、促进社会组织健康有序发展，充分发挥社会组织服务国家、服务社会、服务群众、服务行业的作用，有利于厘清政府、市场、社会关系，完善社会主义市场经济体制；有利于改进公共服务供给方式，加强和创新社会治理；有利于激发社会活力，巩固和扩大党的执政基础。这就明确了社会组织的地位、作用和意义。

我国社会组织的发展呈现出以下五个特点：一是数量大幅增加。二是种类更加齐全，业务范围涉及教育、科技、文化、卫生、环保、公益、慈善事业等社会生活的方方面面。三是能力不断提高。非政府组织不断增强法制意识，拓展业务规模和服务领域，完善自律规程，提高人员素质，自我管理和社会服务能力大大提高。同时政府也加强了对非政府组织的管理力度，不断完善有关政策法规，非政府组织的社会环境有所改善。四是与国外非政府组织的交流不断加强，在与国外非政府组织的交流中，学习借鉴其管理模式和工作经验，对我国非政府组织发展起到较好的作用。五是社会作用增强，在教育科技、文化卫生、社会管理、社会福利、慈善公益等方面发挥了重要作用。据不完全统计，全国 6 万多个行业协会联系会员 2 000 多万家（含个体工商户），447 364 个基层老年协会覆盖了广大城市社区和农村，有 1.1 亿老年人参与。4 万多个学术社团联系专家学者 500 多万人，4 万多个农村专业经济协会联系农户 1 000 多万个，各类职业性社会组织的会员超过 1 亿人。2012 年社会组织吸引、凝聚了 2 500 多万名志愿者活跃在公益慈善领域。实践证明，非政府组织已经成为联系政府与社会的桥梁，成为推进经济发展，促进社会进步不可或缺的重要力量。

从公共伦理学的视角来看，以非政府组织为典型代表的社会组织既是政府组织管理的对象，又是政府组织的帮手，是参与公共管理的主体，是治理主体多元化中一支重要的组织力量，是公共伦理学研究的重要内容之一。

二、社会组织的特征

从非政府组织的发展和活动及其与政府组织和企业的关系来看，非政府组织与政府组织和企业有着显著的区别，其主要特征如下：

（一）非营利性

社会组织经营运作的目的不是为了获取利润，非营利性是其第一个基本属性，是区别于以利润最大化为目的的企业组织的根本属性。由于社会组织没有行政权力和强制手段，不可能像政府那样掌握资源和分配资源，也不可能像企业那样通过市场和赢利来获得资源项目，因而只能通过与政府以及社会各界良好的合作关系，获取公共事务参与权以及相应的资源和收入。非营利组织收入是开展业务活动及其他活动依法取得的非偿还性资金，是为实现其社会使命而获取资金的主要来源，主要类型有捐赠收入、会费收入、提供服务收入、政府补助收入、投资收益、商品销售收入和其他收入等。2015 年，全国社会组织全年累计收入 2 929.0 亿元，支出 2 383.8 亿元，形成固定资产 2 311.1 亿元。接收各类社会捐赠 610.3 亿元。如国家民政部在做好中央财政支持社会组织参与社会服务项目方面，2015 年立项 446 个社会组织服务项目，立项总资金 19 520 万元，配套资金 15 364.6 万元。

（二）非政府性

民间性、自愿性、自治性即非政府性，是社会组织的第二个基本属性。在组织成员方面，由于个人自愿结社，工作人员有着共同的信念、目标和兴趣，也具有相应工作要求的专业技术和知识。一方面，社会组织在政府管理体制下获得合法地位，通过向政府相应的管理机构登记注册的方式而成为合法组织，因而具有相应的法人资格和法律地位。另一方面，社会组织内部制定章程，以选举等方式产生领导和理事机构，采取非层级的、分权的网络式组织体制，形成特殊的内部自我管理方式。与政府组织相比，它不是自上而下的权力管理体制，而是民主、平等、自治、自主的依法开展活动，不受制于政府，不受制于企业，不受制于其他组织。

（三）公益性

社会组织的成员在伦理价值观的指导下致力于社会公益事业活动，不为组织谋求利润。组织成员和服务对象都具有明确的类型化显著的特征，以利他主义和人道主义精神，在解决人口、贫困、教育特别是农村基础教育、妇女儿童保护、环境保护、少数民族、卫生保健、残疾人以及人道主义救援和人权等社会问题方面，开展深入持久的工作，以服务和奉献精神赢得了公众的欢迎，也得到了政府组织的信任。因此，社会组织在谋求政治平等、经济公平、社会正义，维护社会整体利益乃至全人类共同利益的宗旨下开展活动，从而成为一种道义性的社会组织力量，在解决一些重大社会问题时成为政府、政府间国际组织或者企业的不可或缺的合作伙伴，成为公共管理的主体之一。

三、社会组织的职能优势

从总的发展趋势来看，社会组织从民间组织发展到政府合法登记的机构，从非制度性的活动到制度化的组织，在一定区域范围内活动发展到社会不同领域乃至国家间开展活动，从政府在意识形态领域中的排斥到接纳与管理，已经成为人类社会管理的制度创新，是公民社会自我管理、自我服务的一种治理方式，成为国家权力向社会回归的一种尝试与实践。从各发展中国家非政府组织的活动实践以及我国社会组织的发展情况来看，相对于政府组织，社会组织具有其特定的职能优势。

（一）社会组织是党和政府联系人民群众的桥梁和纽带

社会组织代表各种社会活动领域中的不同行业、职业中的一定群体的利益，组织成员来自群众，在群众中活动，深入城乡社区基层，了解民情，贴近群众，拥有民众资源，并志愿通过组织服务于民众，在其所服务的社会基层民众同企业、学术界、新闻媒介以及社会公众之间发挥沟通作用。党和政府可以通过这些组织掌握信息、了解群众的愿望与要求，也可以通过这些组织的调查、研究报告、咨询服务等活动，为公共政策的确定提供现实依据。因此，社会组织在密切党群关系、政群关系，作为政府工作的有力助手，架起公共权力与公民社会之间的互动桥梁，推动社会主义民主政治建设等方面发挥着积极作用。

（二）社会组织促进了社会主义市场经济体制的建立和完善

社会组织是一种制度创新，其运作实践表明，它以多样化手段和灵活的机制，以市场为导向，在社会各领域有效合理地利用资源，扩大社会服务领域，开展多样化的服务，满足了人民群众日益增长的物质文化和精神文化需要。它在政府职能转变方面产生了积极的效应，它在维护市场秩序、推进公平竞争、进行行业指导、协调市场关系、监督市场等方面，发挥了应有的作用。

（三）社会组织是社会主义现代化建设的一支生力军

在社会组织当中，汇聚了一大批优秀的学者、专业技术人才、管理者和志愿者，他们发挥聪明才智，引领着新技术、新技能和新的生产方式的创新，积极引用和推广新的实用技术，发展新技能，在政治、经济、科技、教育、文化、体育、卫生等领域，奉献社会，造福人类，对于推动经济发展和社会进步发挥着不可低估的作用。

（四）社会组织为政府分忧解愁，具有承受风险的优势

社会组织的活动项目灵活多样，项目规模可大可小，对风险的承受能力大，便于根据不同地区、不同领域的条件变化及时做出调整，适应性强，官僚化程度低，便于从事一些带有风险的、前景不明确的活动，在取得成功的经验之后，其方法可以为政府、企业和政府间国际组织采纳和推广。它没有营利的目的，在投入和产出的关系中，最终是以社会效益来加以衡量，以对社会公共福利的贡献来加以确定。与政府组织和企业相比，具有灵活的调整能力和良好的风险承受能力，为解决各种社会问题，分担政府忧愁，推动政府职能转变，

成为有益的伙伴关系。

（五）社会组织是扩大国际交往的重要渠道，在促进国家间的合作和新制度的建设方面也发挥着重要作用

社会组织可以作为民间组织参与一些国际项目，如参与国际新制度的创议、协商和决策过程，对各国政府进行监督，促使各国政府承诺、遵守国际组织所制定的规则；在沟通政府之间、国际组织之间关系发挥积极作用，在国际上的各非政府组织之间互通信息，进行协商与合作；引进技术、资金和管理经验，推动我国社会主义现代化建设和改革开放进程。2015 年 4 月 25 日，尼泊尔发生 8.1 级强烈地震，给尼泊尔及我国西藏等地区带来巨大的人员伤亡和经济损失。我国社会组织采取建立“4·25 尼泊尔地震中国社会组织信息协同平台”，与国际组织联合救灾等合作方式实施联合应对，这是我国社会组织首次真正意义上的大规模投身国际紧急救援，也是我国社会组织国际化进程的一次重要实践。

（六）社会组织促进文化交流，培育公民精神，成为弘扬中华民族传统美德的倡导者和组织者

社会组织热心公益事业，通过各种形式的志愿者活动，扶贫济困，救弱助残，应对自然灾害，奉献爱心，传达党和政府对人民群众的关怀，继承和发扬中华民族传统美德，担当公民社会责任，成为美德的实践者，促进社会主义精神文明建设，为人类和平与发展做出了巨大和积极的贡献。

2016 年 8 月 22 日中共中央办公厅、国务院办公厅发布的《关于改革社会组织管理制度促进社会组织健康有序发展的意见》指出，以社会团体、基金会和社会服务机构为主体组成的社会组织是我国社会主义现代化建设的重要力量。改革社会组织管理制度、促进社会组织健康有序发展，充分发挥社会组织服务国家、服务社会、服务群众、服务行业的作用，有利于厘清政府、市场、社会关系，完善社会主义市场经济体制；有利于改进公共服务供给方式，加强和创新社会治理；有利于激发社会活力，巩固和扩大党的执政基础。这明确了社会组织的地位、作用和意义。

四、社会组织伦理

（一）社会组织伦理的界定

在高度组织化的社会和激烈的市场竞争中，社会组织存在着一个至关重要的价值问题，即怎样服务以及这些服务是否有利于社会的进步和人类的发展。

这一问题涉及社会组织服务的手段善和目的善，是其作为独立自主、具有独立法人资格的社会主体所不可也不能回避的伦理判断。因而，社会组织的伦理界定和实践也就成为社会组织行为正当性辩护的重要方面。

社会组织自其诞生以来，就具有特定的伦理属性。就其组织特性而言，是为弥补政府和企业的不足而在政府、企业和社会三者关系中产生的伦理实体，其非营利性、公益性已表明服务的手段善和目的善的价值，这正是社会组织伦理的实质所在。就组织成员来说，因为相应的志趣、共同的理想，大家汇聚一起，自愿从事公益事业，平等相处的人际关系氛围，团结互助、吃苦耐劳的奉献精神，共同的公益性奋斗目标，使得组织具有浓厚的民主风气和伦理文化氛围。就外部关系而言，资源是组织生存发展的基础。在资源获取方式上，社会组织是在共同价值观基础之上，通过沟通、协商、互惠、合作与承诺等方式，获取资源，力争与其他组织建立合作关系，施惠于服务对象，从而确定自己在社会中的地位。

社会组织伦理是组织及其成员在公共管理活动中应当遵守的行为规范和行为准则，是顺应社会的需求而产生的。在现代社会中，伦理的关系不只限于家庭或传统的人际定位。现代社会的个人可以归属于不同的群体和组织，社会上的人际关系也因此愈显复杂化。同时也因各种团体、机构等群体的存在，团体与团体之间、机构与机构之间、团体与个人之间，都必然产生一种规范行为的期盼，亦即制约行为的伦理关系。事实上，每一个行业都有其特殊的伦理要求。现代社会除肯定个人伦理、家庭伦理外，已演化发展出由其他促进社会进步和分工合作的职业和社会组织伦理。在市场经济条件下，社会组织作为具有独立法人财产权、自主经营权和自负盈亏的群众自治组织，在其从事以服务和非营利为目的的活动中，必然要与外部和内部发生各种利益关系，在这些利益关系中，也就必须把握其中的伦理关系，确立并在公共服务中实践一定的伦理原则和伦理规范。

社会组织伦理作为与其活动宗旨和服务性质相一致的，调整社会组织与服务对象之间关系的行为规范体系，与商业伦理有所不同，它不是与生产经营、商品流通、消费服务有关的伦理守则。社会组织伦理与政府组织伦理也有一定的区别，它不是与权力运作有关的伦理。社会组织伦理体现着组织自身的发展与活动，不只影响到个人，或只影响到服务对象，而且影响到政府、社会、环境及其社会组织。在处理内外关系，包括社会组织与其成员和管理者、社会组织与社会和与国家以及与市场，甚至与国际社会的关系中，存在善恶价值取向和行为规则，这些行为规则是组织的价值导向和自我约束机制。

（二）社会组织伦理精神

界定社会组织伦理关系，便于其伦理准则的制定和实践。社会组织的伦理精神是社会组织的伦理观念和道德规范在行为中体现的精神状态和道德境界，通过组织成员的日常运作、渗透于组织服务活动的各个方面和环节。如我国慈善法规定的慈善组织开展慈善活动，应当遵循合法、自愿、诚信、非营利的原则，不得违背社会公德，不得危害国家安全、损害社会公共利益和他人合法权益。比较而言，商业伦理应是以义取利，而社会组织伦理则是以义为利，即秉承公益性、非营利性的宗旨，坚守公平正义、守法自律、义务诚信、廉明敬业的行为规范，积极开展各项活动。

公平正义是指社会组织在参与社会公共事务的活动中，向所有的对象提供平等的服务和公正的利益分配，对于弱势群体尤其要给予关注和支持。公益性是社会组织的核心伦理属性，违背公平原则，不能平等对待服务对象，也就意味着其公益性的丧失。坚持公平正义，为化解社会矛盾、构建和谐社会做出贡献，这正是社会组织的道德责任。

守法自律是社会组织的道德底线，对于社会组织的依法管理要与依法自治相统一。行业规章、团体章程是社会组织自我管理的重要依据。要把自我管理的规章制度转化为组织生存的使命和行为自律，切实发挥社会组织对其成员的行为导引、规则约束、权益维护作用。挑战基本的道德底线，违法违规的行为，终将影响组织自身的社会形象，并受到相应的处罚。

义务诚信是社会组织在参与社会服务活动中对社会和公众的承诺和所承担的道德责任，表现为不为名利的自愿奉献精神，信守承诺的意志和品质，是组织存在和发展的根据和基本的伦理要求。义务与诚信源于社会组织参与者的志愿精神，志愿是志向与心愿、甘愿与期望的总称，是人的道德自觉性和积极性的表现，也是道德意志的一种坚守。义务以志愿为基础，就是自觉的行为和责任。义务与诚信是社会组织必须坚守的道德信念。

廉明敬业体现出组织的基本状态和形象，是社会组织的重要伦理要求，也是其制度伦理的基础。廉明是社会组织及其成员不得在社会公益活动和组织内部管理中以资源、信息等作为取得私利的手段。廉明是社会组织的特殊伦理属性，是社会组织纯洁性的道德基础。否则将严重影响社会组织在公众中的形象和活动，使其丧失在社会中的正当地位。敬业是个人在组织和工作中对于事业的一种专注和坚守精神，体现为忠诚组织目标，工作尽心竭力。

确定社会组织的伦理观念和道德规范十分重要。弘扬社会组织的行为价值准则和伦理精神，坚守不谋私利的牺牲奉献、利他性、公益性、人道主义精神，抵制拜金主义、享乐主义、极端个人主义的腐蚀，保持经济上的清廉，行为上的独立，组织上的纯洁，是社会组织赢得公众信赖，可持续发展的实力和重要资源。

（三）社会组织的伦理建设

社会组织在发展过程中会受到管理体制、自身能力建设和文化价值观等因素的影响。在其自身能力和道德因素方面，仅有良好的道德愿望，而缺乏相应的组织能力、协调能力、活动能力，则难以实现工作目标。社会组织伦理也会因为违反法规和道德而丢失或受到损坏。因此，社会组织需要加强伦理建设。

首先，社会组织的章程是其组织建设和开展活动的基本依据，守法自律是伦理建设的前提。因此，社会组织要不断提升和完善伦理精神，遵章守纪，规范行为，不忘初心，充分发挥自我约束机制的作用，才能继续前行。

其次，领导机构和组织负责人的业务能力和道德水平对于社会组织的发展与活力具有决定性的意义。因此，建立健全社会组织内部管理制度，培育具有良好的人格素质和卓越管理能力的组织管理人才，社会组织才有可持续发展的动力。

再次，主动接受社会监督，找准社会服务和守法自律的结合点，自觉接受政策业务指导，不断拓宽参与社会管理的范围，提高参与社会管理的水平，接受政府监督和社会监督，树立良好社会形象。

2016 年 8 月 21 日，中共中央办公厅、国务院办公厅印发《关于改革社会组织管理制度促进社会组织健康有序发展的意见》是我国社会治理领域具有里程碑意义的大事。社会组织的伦理建设要以党的建设和发挥党组织的政治核心作用为前提，确保社会组织发展的正确政治方向，实现社会组织的健康发展。

本章小结

公共伦理主体是在公共管理活动关系中产生的公共组织，相对于公共伦理的客体，公共组织就是拥有法定的或授予的公共权力并以此配置社会资源，管理社会公共事务，提供公共产品和公共服务，以维护和实现社会公共利益为目的的组织实体，具有伦理和非伦理的组织构成要素。在我国，公共组织主要由政党组织、人民政协、国家权力机关和其他社会组织构成。政府组织是公共组织中最主要的一种类型，它是国家意志和职能的体现，作为国家的行政机关，承担着社会政治生活事务，肩负着公共事务管理的职责。

政府组织伦理是各级政府如何治理社会，如何代表人民利益和公共利益的基本价值准则，是通过政府组织行为体现出来的社会道德意识形态的重要组成内容。政府组织伦理的正当性既来源于政府组织存在的合法性，也依托于政府组织行为的合法性，以及秉承立党为公、执政为民、全心全意为人民服务、追求公平正义的价值准则的落实和体现。本章重点分析的是政府组织伦理中的公信力及政府诚信伦理，以及其所具有的导向、规范、凝聚和选择功能。

社会组织是在我国 20 世纪 80 年代以来迅速发展起来的一种参与公共事务、服务公益事业的组织类型，具有积极的奉献精神和相应的服务对象，以公益事业为目标，组织成员在自愿结合的基础上，在社会政治、经济、科技、教育、卫生等领域开展服务工作。它是非营利性的组织，通过对各种社会资源的有效利用而赢得公众和政府的信赖，在参与社会管理中发挥着重要的作用。社会组织具有自己的组织特征和职能优势并具有自己的伦理原则和规范，应当加强自身的组织伦理建设，坚守其伦理精神，以确保其可持续的发展。

案例与阅读材料

社会组织建设意义深远

2011 年，红十字会因几起事件陷入信任危机，引发社会对这一官办慈善组织的质疑和反思。近年来，一些“离岸社团”“山寨社团”纷纷登场，冠以“中国”“中华”“全国”等国字头字样，利用境内外对社会组织登记管理制度的差异，在登记条件宽松的国家和地区进行注册。山寨社团不择手段敛财，评奖活动弄虚作假，在社会上招摇撞骗，给被其冒名的合法登记的协会带来很多麻烦和困扰，个人或企业被骗则维权困难重重，严重损害了公平竞争的市场环境和社会风气。

2015 年国家民政部共查处社会团体违法违规案件 1 681 起，其中取缔非法社会团体 2 起，行政处罚 1 679 起。全年对基金会作出行政处罚 16 起。查处民办非企业单位违法违纪案件 1 254 起，其中取缔非法民办非企业单位 21 起，行政处罚 1 233 起。2016 年 2 月，民政部民间组织管理局主管的中国社会组织网“离岸社团”“山寨社团”曝光台首批公布的 203 家境外登记的山寨社会组织中，包括“中国民营企业家协会”“中国长寿工程基金会”“中国产品质量协会”“中国诚信企业协会”等，涉及医疗、教育、餐饮等多个行业，社会反响强烈。通过专项整治，净化了社会组织发展的生态环境，保护了社会组织和社会公众的合法权益。

与此同时，国家对做出杰出贡献的社会组织给予表彰，如 2015 年民政部授予了中国医药教育协会等 298 个社会团体、民办非企业单位和基金会“全国先进社会组织”称号。

思考与讨论

根据上述材料，就如何构建高效有序、良性运行的公共治理体系进行分析和讨论。

复习思考题

1. 公共组织的构成要素有哪些?
2. 公共组织主要有哪些类型?
3. 我国政府组织的结构特点是什么?
4. 怎样理解政府组织的伦理及其功能?
5. 我国社会组织产生和存在的必然性是什么?
6. 社会组织的职能特点是什么?
7. 社会组织伦理建设对其发展具有什么意义?

第三章 公共治理中的伦理关系

人类实践活动包括人的因素和物的因素两个基本方面，其中人的因素在人类实践活动中具有作为主体存在或客体存在的双重意义。从公共伦理的角度看，伦理关系的主体和客体存在于人的互动关系及其与物的对象化过程中。公共管理实践活动中人的因素组织化地表现为政党、政府组织、社会组织、公民社会以及它们之间的相互关系。在国家治理体系和治理能力现代化要求的视野下，公共治理体系中的社会参与主体也是公共管理中的对象要素，分析公共治理体系中的伦理关系就具有重要的意义。

第一节　公共治理体系中的社会参与主体

一、人民群众

（一）人民与群众的含义

群众一词在古代已有，《荀子·劝学》说“群众不能移也”，《史记·礼书》讲“宰制万物，役使群众”，宋代王安石《虔州学记》说“尚可以鼓舞群众，使有以异于后世之人”。在我国，群众一词多指称“人民大众”或“居民的大多数”，即与“人民”属同义词并在一定条件下并列使用。在具体使用时，或特指"未加入党团的人"，表示"党员"与"群众"的区别；或特指"行政管理的对象"，表示"干部"与"群众"的区别。"人民"一词亦古已有之，在中国古代泛指平民、庶民、百姓。在古希腊、古罗马时代，人民是指奴隶主和自由民，不包括占人口大多数的奴隶。近代以后，人民这一概念被广泛使用，泛指社会的全体成员，但往往与公民、国民等词混用。从逻辑上讲，人民是个集合概念，是众多人的集合体，反映一定的政治关系，任何个人都不能称为人民，"张三是人民"属于逻辑上的错误。公民或国民则是法律概念，反映一定的法律关系，指具有一国国籍、并根据该国宪法和法律规定享有权利和承担义务的人，可指称单个的人，"张三是公民"逻辑上则没有问题。

人民是一个政治的、历史的概念，泛指以劳动者为主体的社会基本成员。在一定的历史时期，由于社会关系和社会矛盾的变化，人民的内容也相应发生变化。作为推动历史进步的人民群众，其主体始终是从事物质资料生产的广大劳动群众，是在人口中占大多数、顺应历史发展和推动历史进步的阶级、阶层和社会集团。如中国的抗日战争时期，一切抗日的阶级、阶层和社会集团都属于人民；解放战争时期一切反对帝国主义、地主阶级、官僚资产阶级的阶级、阶层或社会集团都属于人民；在社会主义时期，人民的范围更加广泛，包括一切全体社会主义的劳动者和建设者、拥护社会主义和拥护祖国统一的爱国者。①

在政治意义上，人民群众是政党执政的基础，它不是制度化的组织实体，是相对于政党国家的人群聚合体；人民群众不是某一特定的阶级与阶层，阶级与阶层则是人民群众的构成部分，阶级与阶层不是某个特定的组织，但却是不同组织成员在经济关系和社会政治地位相同状况下聚合而成的社会群体。在管理学的意义上，人民群众不是管理主体，而是政府组织管理的对象和公共服务的对象客体。

在人类历史发展的长河中，人民群众始终是推动历史前进的决定性力量。但在不同历史时期，人民所处的政治地位不同，在国家政治生活中发挥作用的范围和程度也不尽相同。在实行剥削制度的国家中，人民处于被统治地位，其政治作用受到极大的限制，人民在国家政治生活中的积极性、主动性和创造性不能充分地体现出来。在社会主义国家，一切权力来自于人民，一切权力属于人民，人民群众当家做主，在国家政治生活中起主导作用，在此意义上，人民群众成为权力主体。中国共产党成为执政党是历史的选择、人民的选择，党和政府代表人民群众行使国家权力，成为权力主体，必须坚持为人民执政，靠人

① 江泽民：《在庆祝中国共产党成立八十周年大会上的讲话》。

民执政。在此意义上从历史和管理的角度讲，人民群众就具有权力和管理系统中主体和客体的双重属性，人民群众在权力的来源和国家的治理的伦理关系中也就有了主体与客体的双重意义。

（二）群众路线的伦理意义

在政治活动和政府行为中，全心全意为人民服务，是党的根本宗旨，是公共伦理的基本原则，是党一切工作的根本出发点和归宿，是无产阶级政党区别于其他政党的显著标志。为人民服务的政治伦理主体是中国共产党和国家政府机构、党员领导干部和公务员，服务的客体对象是人民群众。为人民服务的政治伦理含义首先就体现在群众路线中，它是党的根本工作路线。1929 年 9 月 28 日，《中共中央给红军第四军前委的指示信》中第一次提出了“群众路线”这个概念。以毛泽东为代表的中国共产党在长期革命斗争中形成了一切为了群众、一切依靠群众和从群众中来、到群众中去的群众路线。它是毛泽东思想的重要内容，是中国共产党根本的政治路线和组织路线，它卓越的理论意义和实践成效已经为我们党近百年的奋斗历程所充分证实，成为我们的“传家宝”。党的群众工作，是我们党依据人民群众是创造社会历史的根本动力的历史唯物主义原理，宣传、发动、教育和组织全体人民共同进行新民主主义革命和从事推动中国特色社会主义建设事业的基础性工作。党在执政实践中，政府在行政过程中，要体现“来自人民、植根人民、服务人民”的伦理要求。①

群众路线既是党的根本工作路线，也是我们党的根本的领导作风和工作方法，是党的群众观点的具体化。一切为了群众，一切依靠群众，讲的是中国共产党的群众观点，是群众路线的核心内容。其实质就是代表人民群众，为人民谋利益，就是要执政为民。从群众中来，到群众中去，是群众路线的又一重要内容，讲的是中国共产党的领导方法和工作方法，也就是调查研究，民主决策与科学决策的过程，同“从实践中来，到实践中去”的认识过程完全一致，是马克思主义认识论在领导工作中的创造性运用，这就把党的实事求是的思想路线同群众路线的工作方法有机统一起来。

坚持群众路线具有重要的意义。它是保证党与群众的血肉联系、保证党的各项工作成功、事业不断取得胜利的重要法宝，也是我们党不断焕发生机与活力、永葆先进性的力量源泉。群众路线既反对精英政治，也反对无政府主义，使政府行政和群众自治在民主管理的结合点上创新了社会管理方式。为人民服务是抽象和具体的统一、整体和个体的统一。所谓抽象和整体，是指人民不是个体、个人，而是人民群众这一整体；所谓具体和个体，是指人民群众是由每

① 胡锦涛：《在庆祝中国共产党成立九十周年大会上的讲话》。

一个公民个体组成的整体，为人民服务就是为人民群众这一整体及其利益服务，就是为组成这一群体的公民个体服务。这是对公共伦理主体的基本职责和先进性的要求。

公共管理主体必须牢固树立马克思主义的群众观点，始终坚持党的群众路线。历史经验充分表明，党的成长与壮大，革命和建设事业的胜利与发展，与我们党正确地执行群众路线密切相关，革命和建设事业的失败与挫折，往往是脱离群众、背离人民利益的结果。在新的形势下，一切为了群众，就必须对人民负责，善于为人民服务，提高有效开展群众工作的本领，还要切实尊重和支持人民群众的革新创造精神，积极研究并把握新形势下群众工作的特点和规律，积极探索和掌握适应新形势要求的群众工作的新途径、新方法和新机制，善于运用说服教育、示范引导和提供服务等方法凝聚和激励群众，使党的路线、方针、政策转化成为人民群众改造客观世界的物质力量。

从社会层面看，为人民服务的社会伦理主体是人民群众和公民个人。在其普遍性上，为人民服务意味着“人人为我，我为人人”，人民群众作为为人民服务的客体对象，具有自我服务的主体特征，是主体和客体的统一。人们之间的服务具有相互性，人人都是社会关系中的主体，也是服务的主体，还是服务的客体。人与人以及社会分工构成了基本的社会关系，没有人与人的相互性，没有人与人之间的相互协作、帮助和服务，单个人就难以生存与发展。因此，人与人之间的相互服务是天经地义的应然之理，是贯穿社会生活方方面面的基本行为准则。因此，为人民服务不仅具有先进性，也具有普遍性，不仅具有道德含义，也具有政治含义。从社会伦理的角度看，为人民服务具有群众性，具有广泛的社会基础，是社会主义道德建设的核心。

从政治伦理的角度看，在执政主体与人民群众的关系中，人民群众是政府组织和公务员服务的对象，领导干部和公务员是人民的公仆，维护人民群众当家做主的主人翁地位。坚持人民主体地位，充分尊重人民群众的民主权利，问政于民，执政为民是领导干部和公务员的职责义务。各级公职人员必须牢固树立正确的价值观、权力观、利益观、地位观，树立忠于人民，人民至上的公仆意识，根除官本位意识，自觉接受民众监督和批评，真正为人民办实事、办好事。

从公共伦理的角度看，在公共伦理主体与人民群众的关系中，要正确处理最广大人民根本利益、现阶段群众共同利益、不同群体特殊利益的关系，维护好、实现好、发展好人民群众的利益，做好为人民服务的表率，真正提高政府效率。政府提供公共产品，为人民服务的性质不能发生改变，全心全意为人民服务，不谋个人私利，不谋小集团利益，绝不允许形成既得利益集团，这永远是为人民服务的基本精神。我们的言论和行动要从人民的利益出发，以人民的利益作为言行的标准，把人民的利益放在首位，在具体程序、工作环节中，要便民、利民，节俭为民，廉洁为民。以权谋私，权钱交易，违背了为人民服务的宗旨，是丧失民心的根源。

二、阶层分化与公共伦理

（一）阶级与阶层的含义

自从人类进入阶级社会以后，社会结构中就具有阶级阶层划分。马克思主义科学地揭示了阶级和阶层的含义及其实质。阶级在本质上是一个经济和政治范畴，是指在特定的生产关系中处于不同地位的经济集团，具有其特定的政治立场和利益要求，其实质是一个集团能够占有另一个集团的劳动，即不同社会集团之间的剥削和被剥削的关系。阶级具有四个相互联系的基本特征：一是由于对生产资料的占有关系不同而在一定社会生产体系中所处的地位不同。二是在社会劳动组织中所起的作用不同。三是领得自己所支配的社会财富的方式和多寡不同。四是不同的阶级在公共权力的配置中的地位不同，其政治立场和利益诉求也不同。

第一，划分阶级的标准是经济地位和对生产资料的占有关系。马克思认为阶级是由经济因素决定的，列宁根据马克思、恩格斯的思想，精确揭示了阶级的实质，“所谓阶级，就是这样一些大的集团，这些集团在历史上一定的社会生产体系中所处的地位不同，同生产资料的关系（这种关系大部分是在法律上明文规定了的）不同，在社会劳动组织中所起的作用不同，因而取得归自己支配的那份社会财富的方式和多寡也不同。所谓阶级，就是这样一些集团，由于它们在一定的社会经济结构中所处的地位不同，其中一个集团能够占有另一个集团的劳动。”①

第二，阶级是生产力发展和私有制产生的结果。阶级现象是一定历史阶段的产物，首先，它与生产力发展的一定阶段相联系，以剩余产品的出现为前提；其次，阶级的产生与生产资料的私有制相联系，私有制使得对剩余产品的剥夺和占有成为可能。因此，阶级结构是处于生产力发展特定阶段上的私有制社会的基本结构。

第三，阶级的成熟与否是阶级是否具有共同行动能力的前提。同一阶级的

① 列宁选集（第 4 卷）. 北京：人民出版社，2012：11.

社会成员具有同样的经济地位和共同利益，因此在社会表现的各个方面容易取得一致，具有共同行动的可能性。而阶级共同行动能力则与它是否成熟相联系。判断一个阶级是不成熟的“自在阶级”还是成熟的“自为阶级”有两个重要标志：一是阶级意识，即通过共同的活动，同一阶级成员在认清共同利益的基础上对所属阶级的自觉认同和心理归属；二是阶级的组织化程度，这是由多重因素共同作用的结果，主要因素有阶级成员的集中化程度、沟通手段、联系状况以及代言人、政党、领袖等。阶级意识与组织化程度互为因果，推动着阶级从“自在”向“自为”的发展。

第四，有敌对阶级的存在就有阶级斗争。在阶级社会中，公共权力被打上了阶级的烙印，使公共权力具有了阶级性。这种阶级性表现在两个方面：一是在阶级社会中，阶级斗争往往表现为以暴力的方式夺取政权的斗争；二是权力的掌握、运行和社会公共事务的管理具有阶级性，表现在对社会的政治事务、经济事务和公共事务的管理中，统治阶级用公共权力为自身服务。

第五，阶级只存在于社会发展的特定阶段。阶级是个历史现象，仅仅同生产力发展的一定阶段相联系。阶级现象最终将随私有制的铲除、生产力的高速发展而消亡，阶级的消亡与其产生一样是不可避免的，阶级消亡意味着人类最终能够消灭社会不平等。

随着社会经济结构和所有制形式发生变化，阶级内部必然发生分化，从而形成不同的社会阶层。所谓阶层就是在一定社会结构中，经济地位以及对生产资料的占有关系相近或相同的集团。阶层划分就是根据社会经济结构变化而引发的阶层分化，依据相关的标准将相关人群纳入其阶层的方法。在此意义上，人民群众是由不同的阶层构成的，人民群众可以归属于一定的阶层。在西方，阶级分层的理论和方法多种多样，但马克思主义的阶级分层理论影响非常广泛。除了马克思的阶级学说之外，马克斯·韦伯的社会分层理论也普遍受到西方学者的重视。韦伯使用财富、权力和声望三项指标来划分社会层次结构，也就是依据经济收入、社会和政治地位三方面标准综合起来划分社会成员阶层归属。

我们现在一般采用客观法，即应用可以量化和测度的客观标准（如收入、教育程度等）对人们进行层次划分。由于不受主观因素影响，客观法的应用范围十分广泛。社会分层需要注意人们现实的社会地位和将来可能的社会地位两个方面的因素。因为，阶层分化本身就是一个动态的过程，由于经济结构和职业状况的变动以及与此所要求的人力资源的素质能力不同，不同群体在社会垂直分层中的分布状况、在社会关系中所处的地位、社会成员内在素质的垂直分布状况以及人们活动的时空范围和对社会的影响就有所不同。分层标准一般包括：

第一，收入。收入是个人在社会生活中经济地位的表现，它与人们的消费方式、生活质量、安全感和积极性有着密切关系。按照此种标准，低收入者构成社会下层或弱势群体，中等收入者是中间层或中产阶级，高收入者是社会上层，此种分层被人们广泛采用。我国自改革开放以后，平均主义的利益格局被打破，出现了社会分化、利益差别，这些分化和差别很大程度上反映在收入方面。收入分层比较容易操作，有很大的应用价值，目前国家统计局每年都公布按照收入划分的各阶层收入户的情况。

第二，职业。职业是伴随着社会分工分化出来的专门业务，是人们为了维持生计，获得收入来源而从事的专门业务与特定职责。职业活动是人类社会实践的重要领域之一，职业地位是人们在现代社会中的主要社会地位。职业环境、职业声望、职业活动的范围和性质等确定着个人的职业身份及角色，同时影响着阶层社会流动的方向。在开放的社会结构中，随着生产力的加速发展，新的职业不断产生，也形成了相应的阶层。1999 年有关部门颁布及至 2015 年修订的《中华人民共和国职业分类大典》，依据职业功能分析法，按照模块化、层次化、国际化和专业化的分类要求，将我国职业结构分为 8 个大类、75 个中类、434 个小类、1 481 个职业。8 个大类是：① 党的机关、国家机关、群众团体和社会组织、企事业单位负责人，其中包括 6 个中类、15 个小类、23 个职业；② 专业技术人员，包括 11 个中类、120 个小类、451 个职业；③ 办事人员和有关人员，包括 3 个中类、9 个小类、25 个职业；④ 社会生产服务和生活服务人员，包括 15 个中类、93 个小类、278 个职业；⑤ 农、林、牧、渔业生产及辅助人员，包括 6 个中类、24 个小类、52 个职业；⑥ 生产制造及有关人员，包括 32 个中类、171 个小类、650 个职业；⑦ 军人；⑧ 不便分类的其他从业人员。

第三，教育程度。教育程度直接影响着人的可能的社会地位以及知识、能力、技术、趣味、价值观、人生观、审美观、人格修养等。教育程度全面、持续地影响人在社会生活中的地位、作用，成为分层结构中的一个重要因素。在我国，知识分子作为工人阶级的组成部分，就是以其所受教育和具有的知识水平而划分的一个阶层。随着社会的文明进步，教育作为阶层划分的标准将具有更为重要的意义。

第四，权力。广义的权力是一种影响并能支配他人的能力。这里特指具有政治含义的依照法定程序进行配置的管理企业、管理一定组织和社会的权力。权力作为一种稀缺资源被一部分人所掌握，这部分人就成为社会管理中的一个重要阶层。他们成为社会阶层中的重要力量，在配置社会资源、管理社会事务、调控社会活动以及维持社会秩序方面具有十分重要的作用。

（二）阶层与公共伦理的关系

阶级与阶层是社会分层的表现。社会分层作为一种社会固有的现象和过程，是制度化了的社会关系，它是社会成员在社会生活中由于获取社会资源的能力和机会不同而呈现出高低有序的不同等级、不同层次的现象和过程。不同的阶层可能从同一阶级中分化出来，同一阶层也可能来自不同的阶级，因此，阶层存在于阶级内部，或者是与阶级相联系而又相对独立的特殊群体。在阶级社会中，阶级、阶层是社会结构中最基本的单位，是公共管理主体所面对的客体对象，在公共伦理的意义上，就是与伦理主体相对应的伦理客体。在阶级消灭的社会中，阶层、群体和组织就是公共管理客体和伦理客体。

从社会分工的角度看，阶层之间的差异取决于社会分工状况，但是，这种差异是否具有对抗性，符合常规的伦理关系，根本上是由生产资料所有制的性质所决定的。在中国经济改革的进程中，形成以公有制为主体的多种所有制形式并存的格局，随着生产力的发展和生产方式的变革，传统的三大产业结构关系也发生了变化，第一产业从业人员比重显著下降，第三产业的从业人员上升，服务业由低级向高级、由简单向复杂演变发展，在国内生产总值和就业中所占的比例越来越大，并占据重要地位，即产业结构的三产化。由此发生的城乡人口结构比重变化、社会流动形成的阶层变化，使得社会关系发生了前所未有的变化。

社会关系的变化包含着阶层结构及其伦理关系的变化。阶级并非一切社会所存在的现象，而是私有制产生以后在阶级社会中存在的客观事实。新中国建立后，中国共产党在第八次全国代表大会上宣布，无产阶级与资产阶级之间的矛盾已经解决，五届人大二次会议重申作为阶级的资本家阶级已经不存在。然而，伴随着转型期社会经济结构的变革以及社会利益格局的多元化，作为与经济现象相关的社会阶层乃至新兴阶级的出现，就不仅是一个理论问题，而且是一个现实问题。随着改革开放的深入，为了解放生产力，推进生产力的发展，我国制定了以公有制为主体、多种经济成分共同发展的方针，国家保护个体经济、私营经济的合法权利和权益，鼓励、支持和引导非公有制经济的发展。各种形式的非公有制经济成为我国社会主义市场经济的重要组成部分，这就确定了私营经济的合法性和伦理上的正当性。在经济结构发生重大变化的基础上，社会阶层结构也发生了新的变化。2002 年，由陆学艺先生领衔的“中国社会结构变迁研究”课题组，出版了《当代中国社会阶层研究报告》一书。该书以职业分类为基础，以抽样调查数据和调研为依据，以各阶层所占有的组织资源、经济资源、文化资源占有状况为标准作为划分原则，对社会群体进行大的聚类分层，划分出了当代中国社会的十大阶层，即：国家与社会管理者阶层、经理人员、私营企业主阶层、办事人员阶层、个体工商户阶层、商业服务人员、产业工人阶层、农业劳动者阶层、城乡的失业者和半失业者。经过十多年的发展，十个社会阶层的分类仍然具有一定的参考意义。马克思主义阶级理论和西方分层研究的直接对象是资本主义社会中的不平等现象，而我国公共管理学和公共伦理学当前面临的问题则有所不同。我国当前社会所存在的各种阶层类型，并不存在根本利益之间的冲突和阶级对抗性质乃至阶级斗争。为保证社会的有序运行，必须正确处理好各阶层的利益关系，加强对社会阶层的政策调适，这就是公共伦理学要探讨的阶层关系中的伦理问题。

阶层与公共伦理的关系还表现为，阶层关系的变化实质上是政府公共服务对象的变化以及由此引发的服务理念、服务内容和制度安排的变化。新中国建立以来的历程表明，我国社会结构中的阶层和群体差别及其特征，在社会管理的视角下就是政府组织制度设计的结果。在户籍制度的安排中，农业户口和非农户口将社会群体和阶层分为两大类型。由此而来的就业、工资收入、劳动保障、教育机会、住房、医疗、退休待遇等社会福利使得两大类型群体在经济地位、政治地位和社会地位方面呈现出极大差别。以户籍制度为核心的一系列配套制度，使得社会资源配置、利益分配、权利享受和社会流动等出现了群体阶层间的平等正义上的差异。我国进城务工人员进城-返乡-再进城-再返乡的乡-城循环流动具有鲜明的国情色彩。由于制度设计相对滞后，使得进城务工人员成为冲破户籍制度禁锢且具有非城市户籍身份的流动人口，成为没有职业阶层身份的所谓亦工亦农的新兴阶层，目前北京等城市虽然在子女教育等问题上有了专门的规定，但这一阶层所面临的社会保障问题仍需关注。

从基本公共服务均等化的政策目标来看，其基本含义是全体公民在权利均等、机会均等、结果均等、结构均等的条件下，享有不低于社会最低标准的公共服务，其内容是使基本民生性服务、公共事业性服务和公共安全性服务惠及全体人民。由于地区间经济发展不平衡，收入存在差距，基本公共服务均等化既要尊重社会成员的自由选择权，又要使非均等化的差距控制在合理的范围内。为了提高政府基本公共服务的供给能力和管理水平，在完善公共财政体制的条件下，使政府事权和财权相匹配，并以基本公共服务均等化指标体系评估考核政府基本公共服务绩效。基本公共服务均等化对于缓解社会矛盾、缩小阶层差距、解决民生问题、完善公共服务机制、促进社会和谐稳定具有重要的意义。

所以，在阶层与公共伦理之间存在这样一种关系，阶层之间的社会关系性质既是由执政者体现管理理念的制度设计所决定的，也是由阶层社会关系的要求所制约的。不同阶层之间的关系在收入、消费水平上的差异，显露出深层次的公共价值和伦理理念问题。换言之，社会阶层结构的变化将直接影响政治制度的结构、功能和公共政策的制定与实施。因此，在公共管理和社会建设中，必须把握社会结构要素的关系，分析由于社会结构变动、利益关系调整而引发的社会流动、阶层分化所形成的伦理关系问题和法制以及德治要领。要高度关注由于就业结构、分配结构、利益结构和阶层结构变革导致的深刻变化，关注社会各阶层之间和阶层内部的利益、价值冲突引发的社会问题，顺应协调社会矛盾、促进社会和谐的需求日益高涨的趋势，加快社会建设步伐，创新社会管理方式，在制度设计中充分体现公共伦理的价值追求，和谐社会阶层间的关系，推进社会和人的全面发展。

三、群体、组织与公共伦理

（一）作为公共治理主体的群体和组织

群体和组织虽然都是社会的构成因素，但它们也有自己的相对独立性。这种独立性表现在群体和组织活动的目标和指向与社会整体活动的目标和指向并不都是一致的。作为公共伦理客体的各种群体和组织在进行社会活动和社会事务管理的过程中，也在进行自我管理、自我调节、自我服务，伴随其管理活动能力的提高，发展成为相对独立的主体，这是政府培育社会、提高公民社会的自治水平的必然趋势。

为保证群体和组织活动的正当运行，必须建立各种控制机制对其进行制约。群体和组织的控制机制来自两个方面，一是外部约束机制，二是内部自律机制。就外部约束机制来说，任何群体和组织必须遵守宪法和法律法规。我国宪法明确规定："各政党和各社会团体、各企业事业单位，都必须以宪法为根本的活动准则，并且负有维护宪法尊严、保证宪法实施的职责。"按照宪法的要求，所有群体和组织都只能在法律允许的范围内开展活动，不得损害国家利益、社会公共利益以及其他社会组织和公民的合法权益，不得违背社会道德风尚。

群体和组织的内部约束机制，指的是群体和组织的有约束力的规章制度，以及在自我管理中形成的价值观、伦理理念、行为准则和人格态度。管理是技术化、制度化的活动，但其内在的灵魂是管理的人文精神、人本追求，伦理是管理关系秩序化的内在价值和道德化体现，群体和组织的活动水平根本上是取决于具有价值灵魂的内部约束机制。

要提高群体和组织的社会管理活动的能力，要加强对群体和组织的制约和监督，就必须了解群体和组织的构成、类型和特征。

（二）群体

1. 群体及其特征

群体又称社会群体，是一切通过持续的社会互动或社会关系结合起来进行共同活动，并有着共同利益的个人的集合体。群体不仅是个人生存于其中的社会单位，也是构成社会的基本要素，整个社会在群体的合力作用下实现社会的共同目标、群体的共同目标以及个人符合群体利益的目标。

群体由人构成，但不是任何一群人都可以称之为社会群体。医院里的病人、交通工具中的旅客、电梯中的乘客、剧场中的观众，虽然是集中起来的一群人，但通常都不是社会群体，只是偶发聚集体。偶发聚集体是具有临时性的关系、临时的共同规范和共同目标的非组织化的个人聚集体。社会群体和偶发聚集体之间的界限是相对而言的，社会群体与偶发聚集体之间会发生相互转变。

社会群体具有以下基本特征：

第一，明确的成员关系。特定社会群体中的个人将获得相应的成员资格，成为该群体不可缺少的主体，在群体内部形成相对稳定的人际关系，其行为互动具有相互性、依赖性。通过某些可与群体以外的人区分开来的标志，这些人不仅被该群体的成员所认同，并具有自己群体独特的象征与标志，如服饰、徽记等，而且，非本群体的成员也一致认为他们是属于该群体的。

第二，持续的相互交往。群体成员之间的关系不是临时性的，他们保持比较长久的交往。一个群体内部，人与人之间的交往可以是直接的，非常亲密的，就像在一个家庭里一样；也可以是间接的，比较疏远的，比如某个政府机构中的领导和下属之间的交往。

第三，一致的群体意识和规范。群体成员在交往过程中，通过心理与行为的相互影响或学习，会产生一些共同的观念、信仰、价值观和态度。群体成员有共同的兴趣和利害关系，并遵循一些自发的或者自觉规定的行为规范。在群体面临外部的压力或者内部少数成员的背逆时，群体意识和群体规范更为清晰，其作用也更为明显。如同行意识、同乡意识、战友意识等，表明人们在一定的观念意识作用下而有相互的认同，从而结成一定的群体。群体中存在着正式规范和非正式规范。当非正式规范与正式规范不一致时，人们往往按照非正式规范行为。群体规范对个体行为的制约表现为服从和从众。群体规范通过内化—外化互动的机制影响个体思想和行为的变化，是管理上通过建立和维持良好的群体规范，培养成员好思想、好品德的心理依据。

第四，一定的分工协作。群体在活动过程中产生分工协作和管理权威。尽管在不同的群体中，内部分工协作的程度不一样，但是，群体内部的分工协作是普遍存在的现象。在初级群体或小群体中，内部成员的分工不很严格。在一些大规模的次级群体中，内部成员的分工协作是明确的、严格的、制度化的。无论在何种群体中，随着内部人际关系的互动，会产生权威，形成明显或不明显的管理者与被管理者的关系。

第五，行动的一致性。在群体意识和群体规范的作用下，社会群体会因为利益的共同性而产生一致的行动。社会群体与偶发聚集体的根本区别就在于有没有一致行动的能力。由于偶发聚集体中的个人相互认知程度低，匿名效应高，缺乏一致行动的利益需求和联系机制，因而不称其为群体。群体的价值和力量在于其成员思想和行为上的一致性，而这种一致性取决于群体规范的特殊性和标准化的程度。群体规范具有维持群体、评价和导向成员思想和行为以及限制成员思想和行为的功能。

第六，变动性。群体是一个变动的系统，随着组织目标和社会环境的变化，其规模、性质也会发生相应变化。

2. 群体的类型

“物以类聚，人以群分”，个人组成群体，群体构成社会，其前提是物质资料的生产。这种生产正如马克思所说：“人们在生产中不仅仅影响自然界，而且也互相影响。他们只有以一定的方式共同活动和互相交换其活动，才能进行生产。为了进行生产，人们相互之间便发生一定的联系和关系；只有在这些社会联系和社会关系的范围内，才会有他们对自然界的影响，才会有生产。”①实际上，正是物质资料生产以及人类自身生产的需要，促成了群体关系的发生和群体的形成。由于生产劳动分工形成不同活动领域，人类组成了相应的社会群体，有了不同的群体类型。群体的划分标准不同，社会群体的类型也不同。在社会学的研究中，按照群体成员间关系的亲密程度来划分，有初级群体和次级群体；按照群体的正规化程度及其成员间的互动方式来划分，有正式群体和非正式群体；按照成员对群体的心理归属来划分，有内群体和外群体；按照群体内部人际关系发生的缘由及其性质来划分，有血缘群体、地缘群体、业缘群体和趣缘群体；按照群体成员的数量和组成规模为标准来划分，有大群体、小群体；按照经济、政治等利益来划分，有各种利益群体。

归根到底，群体是在一定利益驱使下而形成的共同体，因此，群体在本质上都是利益群体。利益群体是由一定社会关系决定的，由于某种利益联系而形

---

① 马克思恩格斯选集（第1卷）. 北京：人民出版社，2012：340.

成的社会群体。因为社会的经济关系是以利益表现出来的，所以群体的形成和活动也以利益为基础，共同体现着社会经济关系的性质、内容和特点。没有共同的利益，人们就不会有一致的目标，从而不可能集结成群体。虽然，利益有不同的内容和类型，可以作为群体划分的依据，但是利益的内容和实现是一定社会关系的体现，也是由社会关系和治理方式所决定的。因此，可以根据社会关系的具体内容，将利益群体划分为经济利益群体、政治权益群体和公众利益群体。这些群体各有自身的利益要求和特点，其形成规模、在城乡之间的分布和活动状况等，与一个国家的社会结构和政治经济制度有着密切的联系。在社会变革过程中，由于社会关系和人们利益关系的变动，利益主体会发生分化并重新集合形成新的利益群体。从社会分层的角度来看，处在一定利益群体中的社会成员，可能由于相近的社会地位、收入和生活方式而成为某种利益的代表以及阶层或阶级形成的预兆。在此意义上，利益群体是社会群体形成阶层或阶级的中介环节。

从组织形式上看，利益群体又可分为机构性利益群体、社团性利益群体和自组利益群体，其组织程度和制度化水平相应递减。自组利益群体是人们在相互交往中由于利益的共同性而自发结合形成的利益群体。它可能是合法的利益群体，也可能是反社会群体。确认自组利益群体的性质，对于维护社会秩序具有重要的意义。

值得注意的是在阶层分化中被社会边缘化了的弱势群体。所谓弱势群体是指在社会资源占有上具有经济利益的贫困性、生活质量的低层次性、社会承受力的脆弱性的特殊社会群体，可分为社会性弱势群体和生理性弱势群体。他们在社会体制之外，既无能力也无资本获取资源和权利，如城镇贫困群体、老年人群体、农民工群体、高校贫困生等。弱势群体的产生与一定时期社会发展的运行方式和体制改革有关。对弱势群体的关照、保护和支持有利于缓解社会矛盾，消除社会不稳定因素，这也是实施社会公正的基本要求。弱势群体的形成既有社会体制方面的原因，也有个体素质方面的原因，是社会运行中阶层分化的结果。不同的弱势群体具有不同的特点，形成的原因虽然不同，但生存状况的共同点是贫困，与社会其他群体间的差距大，剥夺感、失落感较为强烈。这些特征对于社会的稳定有着不利影响。

（三）社会组织

1. 社会组织的含义、特征与构成要素

（1）社会组织的含义。对社会组织一般有两种理解：一种是广义的组织，指一切人类共同活动的群体，包括家庭、家族、村社等初级群体；另一种是狭义的组织，是具有共同目标和规范、行为协调的制度化了的社会团体。组织要存在和发展就要开展活动，组织活动是一种整体性和结构性的活动，主要包含以下内容：第一，组织及其内部成员目标的一致性。组织中不但每个成员都有各自的目标，整体组织也会有确定的目标。个人加入组织的前提就是认同组织目标，并自愿将自己的个人目标纳入组织目标之中。因此，组织目标通常既代表组织的整体，也反映组织成员的利益和社会要求。第二，特定的心理结构。组织内部人际交往互动形成固定的行为方式和心理结构，从而使社会组织千差万别。第三，信息和技术结构。组织是运用信息、知识和技术的人群。第四，有组织化的整体活动。组织成员要按组织规则活动，认真完成组织规定的任务，由此而产生了管理的职责、管理的业务。

（2）社会组织的特征。社会组织是社会发展到一定阶段的产物，是社会结构的重要要素和标志。与群体相比较，社会组织可以将不同的群体整合在一起，对人际交往产生制度化的影响。在结构上，社会组织都有其明确的活动目标，并由此与其他社会组织有着明显的界线。组织内部的运行依赖于一套正式的、稳定的关系结构，以协调组织多样化活动，并达到组织的整合状态。在组织中人与人之间的关系是正式的角色关系，人们按一定规则方向进行活动，从而形成整体的合力。社会组织作为人类活动的实体系统，随着社会的发展，对个人和社会产生着日益深刻的影响。社会组织相对于整体社会表现出这样一些特征：一是非人格化特征。在社会组织中人与人之间是一种普遍性的关系，总体结构否定了个人的个性，按照组织结构的要求将个人角色化而转变为“组织人”的行动。二是功能合理性。社会组织的存在和发展依赖于组织目标的实现程度。在组织中，社会个体往往被安排到固定职位上发挥其职能，他们只能按所属组织的要求来行动。这样，每一组织都以功能上的合理性为基础，而否定实质上的合理性，即以组织对事件的看法为基础，发挥成员个人的聪明才智，并能知晓他们的行为后果。三是合法性。社会组织形式从根本上说是理性化的，它是人类创造出来的一种社会关系形式或实体，用以提高社会活动效率。它必须依法成立，依法开展活动，必须遵循一定的伦理规则，否则就将失去其存在的可能性。

（3）社会组织的构成要素。社会组织的构成要素一般包括五个方面，即组织目标、规章制度、社会位置、行为模式和运行手段，它们的相互关系和联系构成了社会组织的基本结构。① 组织目标。组织目标是组织通过活动要达到的预期目的，是组织的活动方向，体现着组织活动的根本利益。② 规章制度。规章制度是指稳定的规则、章程与制度，其实质是组织行为的规范。规范确定行为的界限，是社会互动的基础，是社会关系及其功能的基本价值的具体表现。规范实质上是行为义务、职责规定、利益分配要求，规范的目的是使社会生活中的互动行为标准化、有序化。因此，在社会上有政治与法律的规范，科学与技术的规范以及道德、宗教等规范。如果社会组织要正常运行，那么人人必须遵守规范。规范提供了当事人的一种相互期望的模式，因而使人际关系互动顺利而稳定。③ 社会位置。就个人而言，社会位置是指人们在社会关系中所处的地位。由于相应的职业与组织之间具有高度的关联性，个人对于所归属的职业组织就具有了依赖性，职业组织也依据个人的能力素质确定其在组织内部的职位及地位。就组织的社会地位而言，任何一个组织都有其特定的职能分工，相互之间具有不可替代的功能和作用。组织在其相应的社会领域中进行活动，组织之间的相互交往和配合，维护了社会的有序发展。④ 行为模式。行为模式是指按一定社会规范表现的特定社会地位的行为模式，也称角色。人的社会角色与社会地位是不可分割的，不存在无角色的地位，也不存在无地位的角色，角色表现地位，地位规定角色的义务。可以说，角色是地位的动态表现，而地位则是角色的静态描述。社会组织就是由一组相互依存、相互联系的角色构成的。⑤ 运行手段。运行手段即权力和权威，是指组织具有的合法权力和领导者在权力运行中形成的威信。它是维持组织运行的必要手段，它使成员在组织内感受到约束和限制。权威一般有两种特征：首先，权威是社会组织的特性。权威存在于社会组织，人群中如果缺乏组织，则意味着缺乏权威。权威的运用必须在组织团体中进行，组织使权威合法化。其次，权威依附于职位。一个人占据某一职位，运作得当就有该职位的权威，而当他离开这一职位时，个人权威的运转作用也就停止了。

2. 社会组织的分类

组织始终是社会结构中的一个子系统。组织之间存在着差别，这种差别是由更大的社会系统造成的，分类的目的是要使研究更加专门化，以便研究公共管理对象和公共伦理客体的属性。

（1）一般组织分类原则主要包括五种。① 按照功能和目标进行分类（代表人物是帕森斯），可以将组织分为：a. 经济生产组织，即制造物品或进行生产的组织，这类组织的典型是实业公司，每一组织都以某种方式为其主要功能做出贡献，这种组织把经济功能放在首位；b. 政治目标组织，其宗旨是保证作为整体的社会实现其目标，这类组织取向是实现有价值的目标，以及形成和部署社会的权力，主要指政府机关；c. 整合组织，这类组织是在社会层次上提供效能，它涉及调解冲突和指导动机，去实现制度的期望或使社会各部分达成彼此良好的配合；d. 模式维持组织，这类组织是指那些具有“文化”“教育”和“价值承载”功能的组织，如教会和学校。② 以组织的受惠者为基础的分类（代表人物是布劳），可以将组织分为：a. 互惠组织，这种组织成员由于兴趣而结合在一起，参与程度较低，参与多寡对于组织权力的获得有极大的关系和影响；b. 服务组织，即以服务为主，对受惠者提供良好服务；c. 经营性组织，指产生的价值可用货币形式表现的组织，如银行、公司、工厂、零售店等；d. 大众福利组织，社会公众都是这类组织的受惠者，如邮局、飞机场等。③ 以组织谋求人们顺从方式的分类（代表人物是艾提佐尼），可以将组织分为：a. 疏远型组织，它是利用职权指导个人或群体活动的组织；b. 功利型组织，即以实际性奖励和非实际性奖励为基础的组织；c. 道德型组织，即以劝导和感召来将人们的行为引导到被认为是正确的轨道上的组织；④ 以追求目标和执行功能为基础的分类，可以将组织分为：a. 生产和经济组织，即给社会提供物品和服务的组织；b. 模式维持组织，即以培养将来能够顺利而有效地进入其他组织的成员为宗旨的组织，如学校；c. 适应性组织，指创造知识和检验理论的组织；d. 管理和政治性组织，指那些控制人力和物力资源使用的组织，如政府和各级管理机构。⑤ 以组织所使用的技术为基础的分类，可以将组织分为：a. 长链组织，这类组织需要在一个时间序列中执行其功能，如汽车工业和建筑工业；b. 媒介组织，指将希望保持相互依赖的人群结合在一起的组织，如银行；c. 集约组织，指将各种各样的工艺技术或方法结合在一起以改变人或对象的组织，这种组织是将丰富多样的高技术结合在一起，以完成像航天飞机之类的空间技术方面的计划。

（2）我国社会组织的分类。我国当今的社会组织体系有五大类型。一是国家机关，包括国家权力机关、行政机关、审判机关、检察机关和军事机关；二是政党机关；三是社会团体组织；四是企业；五是事业单位。五类组织机构相互联系，构成我国社会的组织整体。依据政治权力标准分类，国家机关、政党机关成为社会管理的主体。依据产业标准分类，除国家机关、事业单位和大部分社会团体以外，从事生产经营，以营利为目的，满足消费者需求的组织都为企业。企业内部又可按产业类型划分为传统的三大产业组织。第一产业是指提供生产资料的产业，包括种植业、林业、畜牧业、水产养殖业等直接以自然物为对象的生产部门，有些虽然是工业，但是并不是加工产业，例如采矿业是直接提供矿产但是并不加工，所以采矿业仍属于第一产业。第二产业是指加工产业，利用基本的生产资料进行加工并出售。第三产业又称服务业，它是指第一、第二产业以外的其他行业，包括交通运输业、通信业、商业、餐饮业、金融保险业、行政、家庭服务等非物质生产部门。

如果以企业、事业、国家机关、党派及人民团体的编制性质为标准进行分类，国家机关编制的组织包括国家权力、行政、司法机关的组织，各级各类党派组织，全国政协及各地办事处，人民团体等。国家事业单位编制组织，是指国家为了社会公益目的，由国家机关举办或者其他组织利用国有资产举办的，从事教育、科技、文化、卫生等活动的社会服务组织，包括经费实行预算拨款制的事业单位和经费自理的实行企业管理的组织机构。按照社会功能划分又包括承担行政职能、从事生产经营活动和从事公益服务三类。在事业单位的分类改革中，对承担行政职能的，逐步将其行政职能划为行政机构或转为行政机构；对从事生产经营活动的，逐步将其转为企业；对从事公益服务的，继续将其保留在事业单位序列，强化其公益属性。除政府组织和企业事业单位之外，数量巨大的社会团体、基金会、社会服务机构等则属于社会组织。我国社会目前正处于急剧的社会转型期，体制上的变革，必将冲击现有的组织分类原则，导致社会管理体系的全面创新。

3. 组织文化建设的价值选择

组织文化建设与公共伦理具有密切的联系。组织文化是特定组织的精神标示，是在其活动过程中形成的成员间相互联系的情感纽带和对组织目标认同的行为模式，其核心就是与组织功能目标相一致的价值体系。组织文化建设应当从属于特定组织在社会中的功能地位，符合社会主流文化的要求。

在现代社会中，社会组织具有特定的功能和地位。第一，组织是社会体系中的基本构成要素。现代社会是高度组织化的社会，各种组织伴随着社会发展的需要不断形成、分化和发展。个体的力量只有在组织中，通过组织的活动和目标，才能更好地发挥。由于组织的要素构成与职能规则不同，社会组织的类型也变得千差万别，形成了现代社会复杂化和多样化的特点。

第二，组织在社会发展过程中具有重要作用，它增强了人类社会活动的效率。众所周知，人类社会的产生和发展都与各种社会组织相联系。从以家庭、非正式群体和村社占支配地位的农业社会，向以大规模正式组织出现为特征的工业社会的过渡，人类所取得的无数成就也都体现了支配与管理庞大社会组织的能力。现代社会的一个显著特点就是社会组织取代初级群体成为占据主导地位的群体形式，在许多方面都体现了组织的创造性和活动效率。

第三，组织对于推进社会生产力发展，整合社会资源和力量具有重要的意义。人们在社会组织中从事各种活动和工作，体现了为生存的目的以组织的力量来共同抵御自然界的强大力量，也展现了为社会管理的目的以提高人们的生存质量和发展水平。社会组织既体现了人的社会属性，也展现了人的创造性、能动性，社会组织的专业化及其高度的密切联系，为推动生产力的发展和社会的进步提供了重要的保障。

组织文化建设应当符合社会主流文化的价值导向。除政府组织倡导的自身文化具有鲜明的主流意识形态属性之外，其他社会组织的自身文化建设一般都处于社会文化体系中的亚文化地位，但是，亚文化本身与主流文化之间具有从属性质，受主流文化的引导，符合主流文化的价值要求，因而其存在具有合法性、合理性并满足了多样性的需要。例如，企业组织既要围绕经济效益来建设激励员工积极性的企业文化，也要建设担当社会责任、塑造品牌形象、实现社会效益的企业文化。企业文化的双重属性要求企业不能顾此失彼，见利忘义，丧失企业良心，因此，正确的价值选择，对于企业文化建设具有举足轻重的意义，是企业立于市场不败之地的旗帜。市场经济良性有序的竞争关系，基础在于企业依法经营，诚信兴业，服务消费者，凡背离这一价值原则的企业，必将被市场所淘汰。其他非营利性公共组织同样必须立足于自身的职能目标，做出正确的价值选择，建设具有自身特色的组织文化。

第二节　公共治理中的利益基础

一、管理视域中的公共伦理主体与客体

公共伦理主体与公共伦理客体的关系是管理过程中最基本的管理关系。公共管理的终极目标和价值选择根本上要回答一切管理活动“到底为了谁”的问题。在管理与被管理的关系中，必须树立新的管理理念，公共伦理客体实质上也是参与管理的主体，是政府服务的对象。公共伦理主体与公共伦理客体的关系的协调，是实现公共管理任务和目标的必要条件。

公共伦理主体与公共伦理客体是管理中的两种不同角色，公共伦理主体在管理过程中是主导方面，公共伦理客体则处于服务对象方面。两种角色共生于一个系统中，相辅相成，彼此依存，二者的关系具有以下基本特征：

第一，两种角色是一个确定的共生体。公共伦理主体与公共伦理客体的角色是制度确认的。也就是说，作为权力主体的公共伦理主体与作为权力对象的公共伦理客体是一个角色共生体，不仅仅指二者是社会系统内必不可少、共生共济、相辅相成的两种角色，而且包括了这两种角色各自的权利与义务关系是确定的，社会关系良好秩序的形成，有关管理、治理或善治的过程正是由这一关系所决定的。

第二，公共伦理主体与公共伦理客体是一个利益共同体，二者的目标相一致，根本利益相同，公共伦理主体代表着公共伦理客体而施政，是公共利益的

提供者、服务者、生产的指挥者和资源的配置者。

第三，两者是矛盾与协作的关系。公共伦理主体面临着复杂的利益关系，协调和处理利益关系的原则、目的与方法在过程中难免产生各种社会矛盾甚至冲突，公共伦理主体与公共伦理客体成为产生矛盾、需要相互协调处理的关系双方。在整体利益和局部利益、目前利益和长远利益、地方利益和国家利益、社会利益和个人利益之间存在的矛盾和冲突，需要制度和政策的安排，需要社会生产力的发展来加以解决，两者就在矛盾冲突的解决和协调中完成着各自的使命和任务。

公共伦理主体与公共伦理客体的伦理关系是以利益为基础的。利益含有益处、好处、恩惠、受到帮助以及因为得到好处而产生的愉快等含义。中国传统伦理中谈论利益，总是与义礼、道德相联系。《周易·乾·文言》讲“利者，义之和也”。意为“利”是万事万物各得其宜、相互和谐的产物，利是义的应和。汉语“利益”一词最早出现在《汉书·王飒传》：“教民种植桑柘麻泞之属，劝令养蚕织缕，民得利益焉。”这是与物质生活相关的利益，是指统治者教导百姓从事耕作养殖以维持生计。实质上，利益是在主体的活动与对象的关系中产生的满足主体物质需要和精神需要的事物的价值属性。马克思、恩格斯从政治、经济和社会等方面论述了利益的产生、利益主体、各种利益关系、利益的具体内容及其实现方式。马克思说：“随着分工的发展，也产生了个人利益或单个家庭的利益与所有互相交往的人们的共同利益之间的矛盾；同时，这种共同的利益不是仅仅作为一种‘普遍的东西’存在于观念之中，而且首先是作为彼此分工的个人之间的相互依存关系存在于现实之中。”① 在这个过程中，共同利益以经济利益、政治利益、国家利益的形式出现而与私人利益相矛盾，公共利益以国家的姿态而采取一种和实际利益脱离的独立形式，成为一种虚幻的共同体的形式。这说明利益及其关系源于社会分工和经济发展的现实过程中，“每一既定社会的经济关系首先表现为利益”②，阶级和国家的产生，使公共利益成为一种虚幻的形式，在私有制条件下其实质是统治者阶级的利益。

利益的本质在于两个方面。一方面，人们为了实现自身生存发展的需要，必须在劳动过程中形成一定的经济关系，利益成为经济关系的直接表现。不同时代、不同社会的经济关系不同，利益的内容、属性及其调节方式也各不相同。在同一个社会中，不同的社会阶级、不同的社会阶层，由于他们所处的经济地位不同，他们的利益要求也各不相同甚至是矛盾对立的。另一方面，利益

① 马克思恩格斯选集（第1卷）. 北京：人民出版社，1995：84.

② 马克思恩格斯选集（第3卷）. 北京：人民出版社，2012：258.

是道德的基础，社会中的道德及其原则和规范，总是从一定的利益关系中引申出来的，并反映着一定的利益要求，维护着这种利益。道德与经济的联系就体现为道德与利益之间的关系，利益是道德与经济相互联系的中介。

利益作为道德的基础，首先是因为它具有普遍性和客观性。马克思说："在历史上表现出来的两个方面，即个人的私人利益和所谓普遍利益总是互相伴随着的。"① 除非人的生存活动停止了，利益问题也才会消失。物质利益具有客观性，精神利益也具有客观性。精神利益表现为人的爱、同情心、安全感、自尊、尊重和自由等精神需要。就个体而言，人对精神利益的追求和感受是千差万别的，具有主观性。但实现精神利益的方式以及评价标准却具有社会客观性。首先，精神活动具有自身的客观规律和过程，精神产品作为人的精神生产的产物，体现为一定的物质形式；其次，就精神利益的实现依赖于一定的物质手段而言，就人的活动能给人以精神上的享受和满足而言，精神利益就具有客观性；再次，就精神利益的实现会涉及他人和社会的利益，从而评价的尺度不以个人的意志和感觉为转移而言，精神利益也是具有客观性的。因此，精神利益的主观形式是以其内容的客观性为前提的。

利益作为道德的基础，还因为其具有主体性和社会性，人对客体的感知、肯定或者否定，形成了人与事物之间的价值和意义关系。利益本身并不具有道德性，尚未具有善恶属性，但人们追求某种利益，总要涉及人与人、个人与社会之间的关系，在利益关系的矛盾或冲突中发生利与害、损与益的关系。因此，人们必然面临如何处理不同利益关系的问题，从而使得人的动机、行为选择和社会评价显现出价值意义来，道德原则和道德规范的发生就根源于此。利益关系既决定了一定的道德原则及其内容，也需要一定的道德体系来加以调节。所以，道德与利益的关系问题成为伦理学的基本问题。

作为伦理学基本问题，道德和利益的关系具有两个方面的内涵：一方面是经济关系决定道德还是道德决定经济关系，以及道德对于经济关系有无能动作用；另一方面是个人利益与社会利益的关系问题，即个人利益服从社会利益还是相反，或者实现二者的有机统一。在公共伦理学中，个人利益和社会利益或公共利益的关系，表现为复杂的政治伦理关系，即作为公共伦理主体的国家、政府组织必须以个体服从整体的要求，来实现社会的共同利益。在个人利益和社会利益发生矛盾冲突的情况下，政府组织必须维护和保障个人的正当权益，通过各种方式化解矛盾冲突，维护好、实现好、发展好人民群众的利益。从个体道德的角度看，利益关系的矛盾主要是个人如何审视和处理自身的与他人和

---

① 马克思恩格斯全集（第3卷）. 北京：人民出版社，1960：272-273.

社会的利益关系，而在公共伦理的角度看，利益关系的矛盾则是政府组织以及非政府组织如何以公共利益的实现来为个体服务，实现个人利益。也就是说，在个体道德领域，如何处理利益关系，责任主体在于个人，在公共伦理领域，责任主体则在于政府组织。

二、公共伦理主体面临的伦理关系

公共伦理学研究的基本关系，是政府组织与公民社会的义务责任关系问题，实质上是政府组织的公共性与自利性的关系问题。政府组织的公共性与自利性是客观存在的矛盾，这一矛盾首先源于政府作为理性组织具有“经济人”欲求与“政治人”权衡之间冲突的所谓人性假设，其效益的最大化要求使其必须在利害关系中做出选择，而政府机构上下层级设置及其职能目标要求以及制度安排的缺陷，驱使其必须在国家利益和地方利益乃至部门利益之间做出选择；其次，行政官员作为公共利益的维护者具有双重人格，是公民和公务员双重角色的统一，具有兼顾公共利益最大化和私人利益最大化的双重取向，在行使公共权力的过程中，需要在公与私之间做出选择，使其在履行义务的过程中难免发生冲突；再次，政府组织作为执政主体所具有的权力主体和道德主体的双重性，一旦偏离正确的执政理念和权力价值观，务必使其难以正确处理公共性与自利性的关系问题。由于这三大因素的影响，在中央政府和地方政府之间，在国家利益和地方利益之间，在公共利益和个人利益之间，政府组织既要确保前者利益的实现，也要考虑后者利益的实现。因此，政府的公共性与自利性之间存在着十分复杂的矛盾。

正确把握公共利益的含义，对于解决政府的公共性与自利性的矛盾是十分必要的。公共利益是公众的、共同体的，是以公共物品和公共服务表现出来的利益，是社会公众所必需的、个人可以享有的社会价值。公共利益与个人利益相对应而又不同于共同利益，共同利益与人们相互结合的共同体相关，因共同体的大小规模和人员多少以及社会分布数量不同而有相应的共同体归属，不同的共同体有不同的共同利益，相互之间不一定相同，不完全具有公共利益的属性。公共利益的属性包括以下几个方面内容：

第一，公共性。公共利益的公共性，是指不同的个人和共同体对公共利益的消费并不排斥其他的占有消费关系，是为公众所共有公用的共同利益。公共利益源于个体利益，是对不特定多数主体利益相一致的所具有的共同属性的高度概括化的体现，是社会性的、整体性的、长远性的共同利益。

第二，社会共享性。社会的每个个体对公共产品和公共服务的消费享有同样的权利，即公共利益具有社会共享性。不具有社会共享性，就不属于公共产品、公共利益。若具有共享性的公共利益，不能被公众所享有和消费，实质就是对公众权利的损害。政府责任就是充分实现社会公共利益，为公众提供公共服务。

第三，法定性。公共利益必须由法律规定，立法机关通过立法来界定公共利益，明确划定其内容、类别、属性和范围，使公共利益具有合法性，防止公共利益受到恣意侵犯。合理界定公共利益范围的意义在于，不将公共利益扩大化，避免个别地方政府打着公共利益的旗号伤害公民合法财产权，在需要征收征用土地住房等情况下，要细化规范征收征用法定权限和程序，遵循补偿原则，明确补偿的范围、形式和标准，确保公民合法权益受到保障，公共利益的维护和实现才具有正当性。

第四，多样性。公共利益有物质、制度和精神文化等多种类型。公共利益是公共物品的内在属性，公共物品是公共利益的外在形态。公共利益的多样化形态，可以从不同的角度进行划分，其物质系统形态如土地、资源环境、市政基础设施、道路交通、邮电通信等；其制度形态如法律法规、政策条例等；其精神文化形态如教育、影视、大众文化娱乐等。就其性质来讲，物质系统形态的公共利益，多为基础性的公共物品或服务性公共物品；制度形态的公共物品是管制性的公共利益；福利保障、疾病防治等则属于保障性公共物品。就不同空间区域来看，有全球性或国际性公共物品、全国性公共物品、地方性公共物品、社区性公共物品等。

总之，公共利益实质上也是物质利益和精神利益的总和，其受益对象具有社会性及公共性，其形态具有多样性。值得注意的是，市政管理学当中涉及的公共服务管理，所指的是政府对公共服务行业的管理。公共服务行业属于企业经营行为，其服务是一种劳务的支出和作为商品交换特殊形式的服务消费关系，消费者购买并消费这种服务。政府提供的公共服务是非营利性的，政府的服务质量及公务人员的服务态度属于公共伦理和个人品德范畴，而服务行业提供的服务是一种经营行为，是以营利为目的的，服务行业的服务水平和服务态度属于商业伦理范畴，二者显然是有区别的。

从公共利益的角度看，国家和政府组织是现实的公共利益的代表，公共利益的性质及属性是否体现着公共性、正当性，根本上取决于公共利益是否代表着国家利益和人民群众的利益，确保公共利益的整体性和全局性，进而确保地域范围内的公共利益与国家利益相一致。在现实的政治生活中，地方政府按照地方利益、局部利益发展要求，从自身利益角度出发决策行事，会偏离公共性目标，产生地方政府的自利性现象。这一现象会突出表现为地方政府与中央政府争利，不同地方政府间的利益相争，政府职能部门与政府争夺利益乃至公务人员从中谋取私利，地方政府为本地区内重点企业或扶持企业争取利益或维护利益，为吸引外资而无原则让利等。这些现象不仅损害公共利益，而且使公共利益具有了虚假性，影响了它的正当性。

地方政府的自利性未必直接损害公众的个人利益，政府间的相互竞争也可能给公众带来利益，使地方政府的自利性带来正面效应，但在损害国家利益的层面上，则间接地有损于公众的个人利益，影响政府的形象和公信力。因此，公共利益的实现必须立足于政治大局，充分考虑其合理性，比较不同利益关系，避免因小失大；权衡其正当性，使其符合民意，反映民众需要；体现公平性，对利益受损方给予必要的补偿。总之，公共性、公平性、公正性自始至终是政府的基本属性和政府发展的基本逻辑，与政府治理向善的目标相一致。政府的自利性并非政府的本质属性，而是权力异化的产物。正确处理政府的公共性和自利性的关系，体现着政府执政的立场、态度、能力和水平，对于加强制度建设，规范政府行为，提高公务员职业操守意识，具有十分重要的意义。

公务员必须树立正确的利益观，正确处理个人利益与公共利益的关系。人们生活于社会之中，社会生活的有序和不断发展是个人生存和发展的前提，而要维持社会的有序和发展，个人必须与他人合作，合作的前提就是以公共利益为所有人行为的目标。在这个基础上，个人和他人的目的、利益都是一致的。但这种一致是总体上的一致，个人利益不能等同于公共利益，二者的一致是处理好二者相互关系下的一致。因此，要保持两种利益的一致，就必须处理好个人利益和公共利益之间的关系。

个人利益是个人的经济、政治、文化和精神诸方面需求的总和。从利益主体关系讲，个人利益是相对于社会利益和公共利益而言的个人的利益。其基本特征是：

第一，个体性。个人利益具有特定性，即它只是特定的、单个人的利益，具有个体需求的特征，并被特定的个人明确地意识到，是个人生存与发展需要的体现。个人利益带有强烈的个体和主观色彩，同一件事，某个人认为是有利的，另外的人却认为是无利的。个体利益的追求受到个人主观认识的影响，难免具有局限性、片面性。

第二，个体独享性。既然个人利益涉及的只是社会的个体成员，属于个人私域生活空间，所以具有个体独享性、个体受益性。在个人利益性质的判定上，存在正当与不正当的关系问题。一旦威胁甚至损害他人的利益，个人独享的利益就失去了正当性。

第三，层次性。个人的生存、发展和享受构成生命活动的利益需求层次。从纵向上来说，按照马斯洛的需求层次的观点，生理上的需求、安全上的需求、情感和归属的需求、尊重的需求、自我实现的需求构成个人需求的五个层次。根据这种理论，不同年龄时段和不同生活环境中的个人对利益的需求层次是不一样的。有时把经济利益放在首位，有时把政治或其他利益放在首位。生存的需要、发展的需要以及享受的需要，成为个人利益由低到高层次发展的内在驱动力。

第四，多样性。个人利益的内容构成不是单一的，而是多样化的，有经济、政治、文化和精神等方面的需求。物质利益是个人利益的基础，精神利益伴随着物质利益而形成，眼前的利益和将来的利益常常和这些利益交织在一起，又因为个人以何种方式或手段实现自身的利益而有了正当的利益和不正当的利益这种性质上的分野。

在我国目前的社会条件下，公共利益和个人利益在总体和根本上是一致的，但公共利益和个人利益又有区别，二者的关系是辩证统一的，表现在以下四个方面：

首先，公共利益与个人利益是统一的。在公共利益的构成上，每个社会成员的共同需求体现为公共利益，因此公共利益也包含着个人利益，公共利益与个人利益相辅相成，相互依存。在性质上，公共利益对于个人利益来说，并不是虚幻的、绝对凌驾于私人之上的利益，而是全体个人的公共利益，个人利益也不是脱离公共利益的纯粹的私人利益，而是公共的个人利益，二者在性质上相一致。在驱动力方面，如同个人利益对公共利益是至关重要的一样，公共利益对个人利益来说也是至关重要的，实现个人利益能够增进公共利益，公共利益的实现也能在最大限度上满足个人需要，从而使二者之间具有和谐共进的动力。社会稳定的最高理想，就是能使这两种利益的和谐共生、同步实现。

其次，公共利益和个人利益是既有区别，又有联系的。公共利益作为个人利益总和的载体，应当成为个人利益最集中、最权威、最现实、最直接的代表，但这又绝非是代表各种简单相加的个人利益。我们在理解个人利益与公共利益的构成关系及其性质时，既强调公共利益的个人性质，把公共利益看成是个人利益总和的载体，又同时强调公共利益自身的独立价值，把公共利益看成是个人利益的一种过滤器和道德价值导向目标。公共利益作为个人利益的过滤器，应当起到在道德上净化个人利益的作用，使汇总起来的个人利益，是经过筛选的个人正当利益的总和，而不是个人不正当利益的总和或个人正当利益与不正当利益的综合；公共利益作为个人利益的道德价值导向目标，应当起到把握和引导个人实现自己利益的基本道德方向的作用，使个人利益不至于偏离它所隶属的公共的道德奋斗目标，保证个人利益成为正当的个人需求，而不是流于违反公共利益的一己私欲。

再次，个人利益是构成公共利益的因素。个人利益是公共利益的因子，只有个人利益是活跃的、健康发展的，公共利益本身才会更加体现出与个人利益的根本一致性。换言之，个人利益要成为正当的，必须向公共利益负责，并经过公共利益的过滤和导向。但这仅是问题的一方面。问题的另一方面是，公共利益要成为真实的，也必须向个人利益负责，切实把个人利益看成公共利益本身的组成部分，并以个人正当利益实现的多寡程度，来衡量公共利益实现的多寡程度。从这个意义上，也可以说个人利益对公共利益有着过滤和导向的作用。个人利益作为公共利益的过滤器，要起到筛选真假公共利益的作用，使之与个人利益发生关系的，是真实的或现实的公共利益，而不是虚幻的公共利益；个人利益作为公共利益的价值导向目标，要起到保证公共利益的发展方向的作用，使公共利益尽可能多地体现最大多数人的利益，从而使公共利益不至于向与个人利益绝对对立的虚幻方向发展。

因此，公共利益与个人利益在决定与被决定的关系上，二者的作用是双向的。脱离了公共利益的个人利益，往往流于一己私欲，在理论上演变成为个人主义或利己主义；而没有个人利益的公共利益，则异化成为虚幻的公共利益，异化成为专制主义、极权主义，实质上是放大了的个人主义或利己主义。

最后，公共利益与个人利益统一的基础是公共利益。个人利益和公共利益是辩证统一的，但这种辩证统一要能够成立，必须有一个使统一体赖以立足的基础，这个基础就是公共利益。也就是说，尽管公共利益和个人利益都是十分重要的，但如果在两者之间进行比较的话，那么公共利益则是更重要的。既强调公共利益与个人利益的统一性，又强调公共利益的至上性，强调以公共利益为出发点和目的，决不允许以个人利益来损害公共利益，强调以公共利益为评价行为善恶的最高标准，只有这样来理解公共利益与个人利益的辩证统一关系，才是完整处理二者关系的正确原则。

公共利益之所以具有至上性，最关键的是因为要解决人们的利益怎样实现的问题。在一定意义上说，公共利益至上论（或者私人利益至上论），是一种关于怎样实现利益的理论。我们认为，只有更注重公共利益（真实的或现实的公共利益），人们的个人利益才可能最好地得到实现，没有公共利益得以首先实现的前提保证，个人利益的实现只是一句空话。换言之，公共利益的实现是个人利益实现的前提，公共利益的实现本身也意味着个人利益的实现。

就利益实现的途径来讲，在个体道德领域内，个人利益需要的程度及其个人意识的水平和道德境界素质以及获取个人利益的能力，是个人如何处理个人利益和社会利益、公共利益关系的内在条件。伦理道德的基本价值取向是当个人利益和社会利益发生矛盾冲突的时候，个人有必要做出或多或少的自我牺牲，而不能损害他人和社会的利益，自我牺牲成为个人自我实现的一种特殊方式。在公共伦理领域，个人利益的实现完全有赖于公共利益的实现，有赖于公共伦理主体提供的公平公正的服务。公共伦理主体有责任做出尽可能完善的制度安排，提供各种机会和条件以解决个人利益和社会利益之间的矛盾，力争减少个人利益和社会利益矛盾冲突中个人利益和社会利益相互损失的程度。对政府公务人员来说，私域行为和公域行为具有原则性的空间界限，在其处理公共利益和个人利益的关系时必须明确界限，绝不允许以权谋私，从公共利益中谋取个人利益。即便在个人利益与公共利益发生矛盾的时候，也不能把自己混同于一般公民，必须从纪律和道德要求上服从公共利益，且不应当将应该得到补偿当作是放弃个人利益而服从公共利益的条件。

本章小结

在政治活动和政府行为中，全心全意为人民服务是党的根本宗旨，是公共伦理的基本原则，是党一切工作的根本出发点和归宿，是无产阶级政党区别于其他政党的显著标志。为人民服务的政治伦理主体是中国共产党和国家政府机构、党员领导干部和公务员，服务的客体对象是人民群众。为人民服务的政治伦理含义首先就体现在群众路线中，它是党的根本工作路线。

公共伦理的客体就是公共管理过程中伦理意旨的对象，这个客体主要由人民群众、阶级和阶层、群体和组织构成。在公共伦理学的视野下，人民群众属于政治、伦理和管理的范畴，具有多重含义。划分阶级的标准是经济地位，特别是对生产资料的占有关系。阶层的划分一般采用客观法，据此，我们按照收入、职业、教育程度和权力对阶层进行划分。

群体是由持续的直接交往联系起来的、具有共同利益的人群。社会群体有与其他群体区分开来的共同特征。组织是一种制度化、规范化，有一定目标的人类共同活动的群体。组织由规范、地位、角色和权威等要素构成。我国的社会组织的分类一般从产业和编制性质来进行。

公共伦理主体和客体的伦理关系是以利益为基础的。公共利益和个人利益是不同的范畴，各自的属性也不同。在我国，公共利益和个人利益在总体上和根本上是一致的，二者的关系是辩证统一的关系。无论是个人还是作为公共伦理主体的政府组织，在处理个人利益和社会利益、公共利益的关系中，都具有相应的道德责任。

案例与阅读材料

创新社会治理体系

党的十八大报告提出加快推进社会体制改革，加快形成党委领导、政府负责、社会协同、公众参与、法治保障的社会管理体制。党的十八届三中全会进一步提出全面深化改革的总目标，就是完善和发展中国特色社会主义制度，推进国家治理体系和治理能力现代化。

学术界围绕国家治理体系和治理能力现代化进行深入的研究，提出一系列的概念和观点。就治理主体而言，有国家治理、政府治理、社会治理；就治理的层级和范围而言，有国家治理、地方治理、社区治理、乡村治理、边疆治理；从国家治理体系构成内容而言，有经济治理、文化治理、道德治理；就效能而言，有风险治理、绩效治理等。创新社会治理，已经明确了在改善民生和创新管理中加强社会建设的价值立场，必须着眼于维护最广大人民根本利益，最大限度增加和谐因素，增强社会发展活力。创新社会治理，基本路径是改进社会治理方式，激发社会组织活力，形成政府主导、多元参与的社会共治网络，从管控规制向法治保障转变，既要强化依法治理，也要强化道德约束，创新有效预防和化解社会矛盾体制，提高社会治理水平，全面推进平安中国建设，维护国家安全，确保人民安居乐业、社会安定有序。

思考与讨论

根据上述材料和你的认识，就多元治理与公共伦理的关系是什么进行深入思考和讨论。

复习思考题

1. 试述党的群众路线及其伦理意义。
2. 马克思主义的阶级理论的主要内容是什么？
3. 社会分层的标准有哪些？
4. 群体存在的基础是什么？

5. 组织有哪些特征和构成要素？
6. 公共伦理客体有哪些属性？
7. 公共伦理客体的道德要求是什么？
8. 如何从公共伦理学的角度看待阶级、阶层、群体和组织？
9. 怎样正确理解公共利益和个人利益的关系？

第四章
制度安排与公共伦理

制度的伦理属性是制度安排和学术研究中的难点和热点问题，也是公共伦理研究的一个重点。正如约翰·罗尔斯所说，现代社会，对制度的道德评价和选择优先于对个人的道德评价和选择，人们总是首先选择用于制度的根本道德原则，然后才能选择用于个人的道德准则。因此，公共伦理问题归根到底是制度伦理问题，人类社会的制度生成过程就是一个伦理的价值选择过程，是相关方面的具体制度的设计和价值选择确认问题。

第一节　制度安排的伦理分析

一、社会制度

（一）社会制度的含义

制度具有限制、控制的含义，是人们制定的行为限度。制度安排是社会管理组织根据社会发展要求，按照一定的理性原则，通过制度的设计、选择、创新以有效维护社会公平、正义和秩序的活动。公共伦理的研究必须把制度因素纳入到自身的理论分析框架中，通过对社会制度的内涵、类型、特征及功能的分析，来把握制度设计和制度创新的价值追求和伦理意蕴。

社会制度是与社会结构相适应的、维系社会关系和社会活动而由社会管理组织制定的一系列规范形式或规范体系，是人类社会正常运转和发展进步的重要保障。这一定义明确表明了社会制度的功能、制定主体和表现形式等内涵。人类社会的基本构成要素包括人口、经济、文化、管理和环境等。人口要生存发展，需要经济活动来维系，人类在经济活动中创造了包括物质财富和精神财富在内的文化成果，人口、经济、文化需要组织管理，人类的组织与实践需要环境来支撑。社会的基本构成要素不仅相互关联，而且各要素的内在结构如人口的性别结构、年龄结构和社会结构、经济的产业结构、就业结构等之间也具有高度的关联性。社会制度是依据社会要素构成关系，发挥结构要素功能要求而制定的一套规则体系。如果社会制度与社会结构要素相适宜，社会就能稳步发展，否则社会就会失去平衡与和谐而发生混乱与动荡。

社会制度是维系社会关系和社会行为活动的规范体系。社会关系是庞大的复杂体系，包括以内容划分的经济关系、政治关系、法律关系、伦理关系、宗教关系等，包括依据历史进展划分的原始社会关系、封建社会关系、资本主义社会关系、社会主义社会关系等，包括依据家庭族群划分的人际关系和代际关系等，包括依据区域划分的城乡关系、区域间的关系、国家之间的关系等。无论社会关系的类型、内容、性质、特征如何，社会制度既是维系社会关系的规则体系，也是社会关系的具体表现形式。社会制度将人们在社会关系和社会交往中的活动以规则的形式确定下来，确保人们的权利和义务对应相称，个人利益与公共利益相统一，保障社会公平正义，使社会的存在与发展规范有序。实际上，社会关系具有多种形式和联系方式，确定一定的社会关系应有的联系方式和性质，使之规范化、社会化，这就是社会制度。因此，社会制度是社会关系的最高形式。①

（二）社会制度的类型

由于社会结构和社会关系的复杂性，社会制度也具有不同类型。政治学上讲的社会制度主要指政权的组织形式，广义上还包括国家的管理，如政治、法律制度等，因而具有政治上层建筑的性质。一定的政治经济制度的安排和选择决定于生产力的性质和发展水平，“唯物主义历史观从下述原理出发：生产以及随生产而来的产品交换是一切社会制度的基础”②，任何社会制度都是建立在一定经济基础上的，其性质和模式归根到底取决于社会经济基础的性质和要求。由此，可以把社会制度分为基本制度和非基本制度（具体制度）。所谓基本

① 高力. 社会学原理. 昆明：云南大学出版社，1997：38.

② 马克思恩格斯选集（第3卷）. 北京：人民出版社，2012：654.

制度是与社会基本经济形态、结构及其性质相一致的社会制度，指某个社会中占主导地位的社会生产关系的本质及其基本形式，如经济制度、政治制度、法律制度等；非基本制度则是各社会组织、团体制定的对某一种社会行为进行调节的规章制度，又称具体制度，如行政制度、奖励制度、工作制度等。基本制度与非基本制度共同构成一个社会的制度体系，而在这个制度体系中各种制度之间相互联系、相互影响，并处在不断发展、完善和创新的过程中。基本制度对具体制度安排具有重要引导作用，因而相同的具体制度安排与不同的基本制度相结合，会产生不同的社会功能，也会呈现不同的合道德性程度。基本制度决定着社会制度的类型，不同的社会制度也可以从基本制度上加以区别和分析。

从社会学角度看，在两种生产的基础上，社会制度有本源制度和派生制度之分。本源制度包括维系人类生存发展需要的物质资料生产和再生产基础上的经济制度以及维系人口生产和再生产的婚姻家庭制度。在人类的物质资料生产和再生产以及人口的生产和再生产基础上，派生出的法律、文化、教育、医疗卫生、宗教等一系列规则体系，就属于派生制度。

依组织化程度不同，有正式制度与非正式制度之分。通过立法程序或组织程序制定颁布的规章体系如“红头文件”都属于正式制度，民间约定俗成、墨守成规的习俗和道德均属非正式制度。在正式制度和非正式制度之间可能存在矛盾冲突，但也可能因为这种矛盾冲突促使二者发生动态调整，给新制度的产生提供了创造空间。

在制度变迁中，还存在衔接两种不同制度安排的中间形态，形成策略性、阶段性、目标型的过渡性制度安排，以维系制度政策出现间断性空白时的社会秩序，缓和正式制度与非正式制度之间的矛盾，保持制度之间的协调平衡。比较而言，过渡性制度安排是对于相对稳定、运行有效的常规性制度的有益补充，具有尝试性、特殊性、暂时性特征，作为制度设计的一种理性选择，有利于降低制度执行成本，可能预示着一种新制度的产生。

从制度形成的历程看，制度以非正式的形式从民间习俗演进到伦理道德层面，再以立法形式成文而成为正式制度。其约束力、正式效力及功能范围也递增加大。制度的形成路径体现着人类整合社会结构关系、维护社会秩序的客观需求。关于制度的起源，荀子已有明确的论述：“礼，起于何也？曰，人生而有欲，欲而不得则不能无求，求而无度量则不能无争，争则乱，乱则穷，先王恶其乱也，故制礼仪以分之。”荀子认为，圣人“起礼仪制法度”，目的在于调控人的需要与活动，“故圣人化性而起伪，伪起而生礼仪，礼仪生而制法度”①。

① 《荀子·性恶》。

这说明制度起源于社会需要，其功能在于调控社会关系。实际上，制度的形成并非先王的主观意志，而是客观的社会需求。故柳宗元论及封建制度时说，“封建，势也。”社会制度实质上是对利益关系的一种调整方式，不同时代的不同阶级、阶层或利益集团，具有不同的利益诉求，为了调整非对抗性的利益矛盾或者调整对抗性的利益冲突，由此而形成了民间约定俗成的基本生活规则，调节伦理关系的道德规范以及由统治阶级推行的代表国家利益和阶级意志的法律体系。

从社会制度类型结构的多样性来看，社会制度是一个复杂的系统。在与基本制度保持一致的情况下，具体制度的不同类型或形式之间存在差异性。由于各组织之间纵向或横向的沟通不畅，信息不对称乃至部门利益作祟，政出多门，导致制度之间在同一对象上或先后时序上发生矛盾和冲突。因此，保持制度系统间的一致性，无疑是对执政能力和制度设计的一种考验。

（三）社会制度的特征

1. 普遍性与特殊性

古今中外，任何一个社会都具有制度维系，没有制度维系的社会是不可想象的。而且，在一定历史时期，不同国家和地区都具有相近甚至相同的社会制度，人类在生产力发展推进下经历过不同的社会历史形态，在这些社会形态中，不同的国家大致都构建了相同的社会制度，如奴隶制、封建制等，这就是制度存在的普遍性。然而，社会制度的特殊性又存在于普遍性中。中华人民共和国诞生时，云南诸多少数民族跃过了奴隶制、封建制和资本主义而进入社会主义，一些少数民族从原始社会末期的公有制进入社会主义公有制时代而成为“直过民族”。香港、澳门回归祖国，“一国两制”的设计成为制度特殊性的范例。我国是一个由56个民族组成的统一的社会主义国家，民族地区实行区域自治，这就是政府治理国家的一种特殊形式。处理好制度的普遍性和特殊性之间的关系，可以避免制度设计的“一刀切”现象，使制度安排更加符合客观实际。

2. 稳定性与变动性

社会制度是社会关系和社会交往的一种整合机制，社会制度一经确立，在一定历史时期和一定的适用范围内具有相对的稳定性并发挥作用。朝令夕改，制度变动频繁，人们无所适从，社会就会出现混乱。但是，任何社会制度既不可能是完美无缺的，也不可能一成不变。每一种制度形式都有一个产生、发展、完善及被替代的过程，这就是制度的变动性。社会制度必须适应生产力和经济基础的变动而发生改变，任何制度都是一种规则或规范的安排，一种人类根据社会发展趋势做出的理性选择。这种安排和选择的过程，就是制度的进化和变革过程。制度的进化是指制度通过历史的继承与淘汰、鉴别与选择逐步走向优化；制度变革是指一种具体的制度形式对另一种具体的制度形式的创新，其实质就是对权利和义务关系的一种重新分配与安排。处理好制度的稳定性和变动性的关系，避免制度僵化，保持制度的活力，与时俱进，革故鼎新，这是制度设计的关键。

3. 主观性与客观性

制度是人们设计和制定的，是主体活动的成果，因此制度设计具有主观性。同时，制度设计要避免主观片面性，力求使制度反映客观实际，具有客观性。制度规范是人类认识社会关系、治理社会活动的主观形式，主观设计会体现出人们对未来理想的追求，使制度具有理想性，但任何制度设计都不能脱离实际，应该立足现实，充分体现制度内容的客观属性。由于认识的局限性，分析问题的片面性，乃至利益关系的博弈和干扰，制度设计会出现缺失、陷阱和利益偏向，失去制度公允。因此，制度设计不仅仅是采用决策的工具技术、认识缺陷问题，更重要的是价值立场和认识态度问题。中国共产党作为执政党，在制度设计活动中，必须从实际出发，从人民群众的利益出发，使制度安排公正、客观，符合社会实际。

（四）社会制度的功能

社会制度具有特定的社会功能与作用。首先，社会制度具有约束功能，一经产生必然要对社会成员有所约束。如果说，道德是一种自律的约束，那么制度是一种他律的约束。“自律”和“他律”原是德国哲学家康德伦理学的用语，其本意是指道德价值以及个体行为的根据是在人之外，还是在人自身。所谓自律，就是强调道德意志受制于道德主体的理性命令，自己为自己立法，将被动的“必须如此行动”，变为“愿意如此行动”，把服从变为自主自觉。他律是外在的强制，是外部规律性的制约和客观要求。作为他律的制度规范就是一种外在的具有强制力的社会控制方式，它一经产生就要求制约对象严格遵守。因此，它在制约人们行为、调整社会关系上有较强的效力。然而，道德的自律和制度规范的他律是不可分离的，二者是相互转化的。没有他律的自律是没有社会价值依据的，没有他律向个体心理意识的内化而成为自律，他律也是没有意义的一纸空文。因此，制度规范的约束就是要通过他律实现自律，是借助制度的外在强制，保障反映社会整体利益的“公共理性”得到张扬。制度规范的贯彻和实施过程，也就是把“公共理性”内化为公民内心的道德律令的过程。

其次，社会制度具有激励功能。制度规范是在特定社会活动中，围绕一定价值目标而形成的，是道德理性长期积淀的人类文明的结晶。它主要依靠人们对事物属性及其规律的认识，对各方面关系做出合理的协调，并对人们的权利、义务做出明确规定，鼓励人们应该做什么，规定人们不应该做什么，从而提高效率，使社会资源达到合理配置，使社会生活和谐有序。就制度规范对权利与义务的规定而言，道德主体在履行了一定的道德义务后，客观上理应得到相应的权利回报，而这种回报从社会结果看就是一种激励。制度规范的激励是以制度本身的价值合理性为前提的。它通过制度规范所具有的价值导向作用强化或改变约束对象的行为方式乃至价值信念，从而使制度鼓励的行为能够大行其道，被反对的行为受到遏制。在此意义上，制度约束和制度激励就是一种行为导向，指明行为自由的方向，是获得自由的保障。人在合理的制度中获得了自由，在没有规约的环境中失去自由。因此，改善制度环境，加强道德的制度化建设，对于发挥好制度的激励功能就具有重要的意义。

再次，社会制度所具有的约束和激励功能说到底就是一种利益调节功能，是为了规范社会各成员之间的经济利益关系。从社会制度的变迁来看，其在本质上都是经济利益关系推动而引发的，而制度安排、制度创新也无不与经济利益关系有关。一般认为，一个社会的制度变迁有政治的、经济的、文化的、技术的乃至宗教的等诸多因素的作用，在不同的社会和不同的历史条件下这些因素的作用和影响程度会有所不同，制度变迁往往是诸多因素综合作用的结果。然而，透过各种综合作用的表象，最终起主导作用的因素是经济利益。马克思指出："每一个社会的经济关系首先是作为利益表现出来。"① 这里说的利益，从生产关系的层面讲首先是经济利益。经济利益是生产关系的具体表现，特定的生产关系使特定的经济需要的满足方式成为特定的经济利益，而经济利益是推动一切社会经济活动的最初动因和最终目的。马克思主义认为，"经济利益是一切社会活动的最终目的，政治权利不过是用来实现经济利益的手段。"②恩格斯在评论旧唯物主义的时候也指出："旧唯物主义在历史领域内自己背叛了自己，因为它认为在历史领域中起作用的精神的动力是最终原因，而不去研究隐藏在这些动力后面的是什么，这些动力的动力是什么。不彻底的地方并不在于承认精神的动力，而在于不从这些动力进一步追溯到它的动因。"③ 接着恩格斯论证了这"动力的动力"就包括人们的需要和利益。正如有的学者所说，社会制度的变迁和变革，总是原先稳定的利益关系发生了重大变化，超越了原先的具有特定性质的社会制度所能规范的能力和范围，于是社会变化了的

---

① 马克思恩格斯选集（第 2 卷）. 北京：人民出版社，1972：537.

② 薛永应. 社会主义经济利益概论. 北京：人民出版社，1985：2.

③ 马克思恩格斯全集（第 4 卷）. 北京：人民出版社，1972：244.

利益关系推动并要求重新建立一种与之相适应的新的利益关系，并以社会制度的形式来稳定和规范之。社会制度变迁的历史事实也证明，一种社会制度有没有生命力，就在于这种制度能否更好地协调个人利益与公共利益的关系，能否将个人的利益追求最终导向在使个人利益实现的同时亦增进社会公共利益。一部社会制度的变迁史，就是把人类社会活动不断带入新的合作与竞争的秩序中，从而引入新的利益关系和利益选择的历史。因此，离开经济利益或利益关系，社会制度所具有的约束和激励功能就无从谈起。就我国制度安排中的行政制度伦理来看，“公共权力是通过行政主体运行的，而行政主体又可以体现为个人，他们也有自己的利益要求，一旦掌握了权力，也会产生利用权力为自己谋利益的动机。一方面，行政主体代表人民行使公共权力，必须体现政府为公众服务的无私性；另一方面，行政主体作为个人，又有着私人生活和个人利益的追求。这样，公共领域与私人领域的冲突就不可避免地集中到行政主体的身上了”①。社会制度规范的约束和激励功能最初和最后都是通过对个体行动及利益的规范来实现的，所以，为了防止行政部门的自利性或个人利益对行政道德的冲击，为了维护政府服务的公共性和高尚性，就必须依赖制度对行政主体进行强制，使个人利益的追求与社会公共利益的增进、制度的约束与激励很好地统一起来。

二、制度伦理

（一）制度与伦理的关系

制度与伦理具有密切的联系，就其实质而言，二者都是调节利益关系的规则体系，都为一定经济关系服务，反映社会运行有序的客观要求，二者在内容和功能上相互补充。所不同的是，制度是组织按一定程序，以决策和立法的形式制定出来的，伦理是公众约定俗成的秩序、关系；制度具有强制性，伦理是非强制性的；制度是外在的规定，要求人们自觉遵守，伦理是内化的自律，是人们自愿履行的义务；制度是通过公权力来支持的，伦理是通过习俗、良心和舆论来维系的。

中国封建时代的传统伦理与制度的衔接具有十分典型的特征。为维护以自给自足的农耕文化为基础的封建大一统社会，儒家伦理成为历代学人和统治者不断加以论证完善的制度构建依据。《韩非子·忠孝》中说：“臣事君，子事

① 周奋进. 转型期的行政伦理. 北京：中国审计出版社，2000：208.

父，妻事夫，三者顺则天下治，三者逆则天下乱，此天下之常道也。”“三纲五常”在形成中，自“罢黜百家，独尊儒术”之后，成为德治社会制度和谐的基本原则，从而使伦理、法律、政治高度融合为一体化的制度格局。“君臣、父子、夫妻”三纲关系同构，使家（婚姻）与国（政治）制度合一，血缘宗法关系与封建等级政治制度有机融合，使伦理与制度的同构达到了极致。这对于我们分析制度伦理是极有启示意义的。

第一，从制度安排的角度看，制度安排本身并不存在单纯的伦理活动，但其中又无不以一定的伦理思想和伦理价值为基础。在西方制度经济学视野里，无论是制度安排还是制度选择，都是以制度分析为逻辑起点的，而制度分析又涉及制度的伦理层面，从而为制度伦理研究提供了新的视角。从西方早期制度学派创始人凡勃伦、早期制度学派的另一开创者康芒斯、后来的新制度经济学家英国著名学者马尔科姆·卢瑟福、美国新制度学派代表人物诺思等人的论述来看，在西方制度经济学家那里，虽然对制度有着不完全相同的表述，但大体上他们都认为制度是人类设计出来的调节人与人之间相互关系的规范。这种规范包含了对“道德、伦理行为”的约束条件。所以，也可以简单地说，所谓制度就是约束人的行为的一系列规则，制度与伦理是同质的，又是相融的。我国学术界对制度伦理的研究也充分关注和深入阐述了制度中的伦理含义。从制度的形式及类型来看，无论何种类型的制度，它与伦理是相辅相成的。法律是最低限度的道德，其强制性的禁令是以道德的禁止为起点的，惩恶扬善的伦理导向既是制度的核心价值，也需要制度的维护和保障。

第二，制度本身就包含着伦理规范，因此，简单地说，制度伦理首先指称的就是“制度中的伦理”，它强调的是制度的道德性、正当性。政治制度、经济制度、法律制度等不是直接的伦理规范，但人们设立这些制度时所依据的又往往是特定的伦理原则和一定的道德要求。从制度安排来看，制度的设立是以一定的道德为前提的，道德为制度提供伦理支持。因为，道德本质上是一种基于人的内在要求的自觉、自愿的行为，这就决定了制度规范的一切约束，只有当其能普遍反映人的内在要求的道德意愿时，才是充分有效的。一种制度只有找到其在伦理道德上的正当性和合理性的依据之后，才能使之得到大多数社会成员在价值观念上的认可和行动上的支持，从而形成一条维系制度体系正常运行的纽带。但是，制度的道德性主要不是通过制度中的个体道德呈现出来的，而是要通过制度自身的合理性、正当性呈现出来。所以，制度的道德性与制度中人的道德性是不能混淆的。从一定意义上讲，“制度中的人尤其是执政者的道德是由制度本身的伦理所决定的”，“忽视制度本身亦有一套伦理规则，就会造成制度伦理在实际运行中形同虚设，发挥不了应有的作用，无法对制度中的人起到有效的道德规范与调节作用"①。制度的道德性所标示的是制度本身的道德价值尺度。人总是在一定的制度中生活的，如果制度安排不合理，甚至不道德，个人的道德行为就不可能起到多大的社会作用。正如邓小平同志在《党和国家领导制度的改革》一文中所说："我们过去发生的各种错误，固然与某些领导人的思想、作风有关，但是组织制度、工作制度方面的问题更重要。这些方面的制度好可以使坏人无法任意横行，制度不好可以使好人无法充分做好事，甚至会走向反面。"② 因此，制度的道德性要求制度必须接受道德的评价，合乎正义、公平、公正的价值准则，一个社会应该按照这些准则来选择和安排制度，建构制度伦理。

第三，制度伦理的另一个含义是"道德的制度化"，其核心是"道德立法"。"道德立法" 并非是模糊道德与法律的界线。道德与法律虽然有着严格的区别，但两者本来就具有同质性，都是关于权利与义务的规范，而在内容上也是相互渗透和相互贯通的。道德是法律形成的伦理依据，而法律则是一定伦理精神的体现。随着社会转型和经济转轨的进程，法与德在调整和规范市场经济的人与人的关系上，其功能、目标也趋向一致，都是为了保障公平、公正的社会经济秩序，实现人的利益和社会价值。美国法学家博登海默曾指出："那些被视为社会交往的基本必要的道德正义原则，在一切社会中都被赋予了具有强大力量的强制性质。这些道德原则约束力的增强，是通过将它们转化为法律规则而实现的。禁止杀人、强奸、抢劫以及人体伤害；调整两性关系；制止在合意契约的缔结与履行过程中欺诈与失信等，都是将道德观念转化为法律规定的例子。"③ 在一些市场经济高度发达的国家通过"道德立法"，推行"道德的制度化" 已经取得实效。1978 年，美国国会通过了政府道德法案，突出了道德法规在公共行政中的重要性，法案规定设置政府道德办公室，负责实施道德法规，对政府系统员工进行道德教育。美国的《公务道德法》《公务员道德法》"不仅对公务员道德赋予了法律的意义，而且对上至总统、国会议员，下至最低一级公务员的行为在道德上作了详细而严密的规定和限制，美国国会设有专门的道德委员会和公务犯罪处，其职能是对政府官员和公职人员的道德操守予以有效监督，凡违背道德法者，皆由道德委员会督促其主动辞职，凡违法者由公务犯罪处移交司法机关依法进行惩处。"④ 除美国外，意大利、日本、韩国、新加坡

---

① 罗亚明. 制度伦理与制度中人的伦理. 社会科学报，2000（743）.

② 邓小平文选（第 2 卷）. 北京：人民出版社，1999：333.

③ 王泽普，苟兆国. 道德制度建设引论. 四川师范学院学报，1999（3）.

④ 龙静云. 制度建设：社会主义道德建设的重要保障. 广西师范大学学报，1999（1）.

等都设有专门对政府官员和公务员的道德进行监督的机构和相应的法律、法规。

道德的制度化是现代市场经济发展的必然要求，也是改革开放和经济全球化新形势下道德建设的客观需要。现代市场经济使人们的生活方式发生了巨大变化，社会生活的个体化、经济交往的自由化、利益需求的多样化和社会结构的多元化，一方面使人的自由度不断扩大，另一方面又使人们之间的关系更趋复杂，这就需要有强有力的制度约束来规范人们的权利和义务，通过“道德立法”来明确公共部门的公职人员共同遵守的办事规则和行为准则，使道德规范发挥应有的社会作用。这也是改变社会转型、经济转轨带来的“道德失范”等无序现象，强化公众特别是公职人员的公德意识，维护社会主义市场经济健康发展的必要条件。

从这些“道德立法”来看，它是为降低交易费用而提供和实施的一套有公共产品性的道德行为规范，是以规则和条令的形式建立的一套行为约束机制；它还是一种“人性恶”的制度安排，其伦理目标是张扬善的行为，让行为善者得到鼓励，让行为恶者付出代价。可以说，道德的制度化是现代市场经济发展的一只“看得见的手”，只有在这只“看得见的手”的引导下才能建立起与现代市场经济相适应的公共道德秩序，规范仅在那只“看不见的手”作用下“经济人”的谋利行为。践履道德的制度义务，有利于改变我国制度安排中对官员权力约束和对公共利益保护不力的局面，遏制腐败的蔓延。另外，在经济全球化背景下，如何把制度创新与中华传统文化的现代转换结合起来，建设有中国特色社会主义道德体系和健康文明的社会主义伦理秩序，同时又要适应经济全球化所要求的伦理准则，创造平等的经济环境和政策环境，形成有效率的市场环境，降低改革发展的社会道德成本，而这些都要求新形势下的道德建设必须走制度化的道路，通过“道德立法”和制度安排来保证政府官员、公务员和非政府组织自觉遵守道德责任，履行好自身的使命，为市场经济的有效运行提供及时、公正的服务。

制度伦理的实践意义在于制度的道德性与道德的制度化的协调。道德的制度化与制度的道德性是相互联系、相互影响、相互渗透、相互作用的。如果说制度的道德性是制度伦理的内在价值，那么，道德的制度化则是其内在价值的外显化。道德的制度化是通过“道德立法”把社会基本道德上升为法律，而一个良好的有约束力的制度必然渗透着社会主导的道德观和伦理价值精神。需要强调的是，这里所说的“道德立法”，并非把一切道德变成制度化的法律，而是指对一些基本的、普遍的道德规范通过制度安排使之制度化、法制化，以维护道德的尊严，避免现实生活中“各人自扫门前雪”和“英雄流血又流泪”的尴尬局面。法律的效力并不仅在法律本身，还在于人们对它的普遍认同，而一些深层次的价值观念和崇高的道德观靠的是道德的理性和主体的道德自觉。纵观人类社会迄今为止的道德演变史，自道德产生以来逐渐有一个从习惯走向法律、从个体德行走向制度伦理的进程。现代社会与传统社会的一个主要差别就在于它的法制化或制度化。同时，在具体实践中，道德的制度化与有效实施总是离不开制度的道德性评价和人们的道德践行。因为任何制度安排最终还是为了使人们在自觉接受的基础上认同践履。因此，制度是强制的道德，道德是自觉的制度。制度的道德性与道德的制度化的协调是制度伦理得以实现的根据所在，制度伦理也因此而成为现实的存在。当然，这种协调是围绕一定的伦理目标通过不断完善制度来提高约束力的过程，是逐渐明确社会道德价值，健全社会道德规范体系，不断调适内心信念，整合德-法关系，将个体的自律与制度的他律统一起来，协同发挥作用的过程。

由此，我们可以把制度伦理具体理解为，它是制度的道德性与道德的制度化相协调的一系列规范和规则的制度安排，是社会道德价值与道德建设的规范体系的辩证统一。离开制度的道德评价和道德要求，制度伦理就失去了内在价值，也就很难在社会上形成良好的道德认知，同样，离开道德的制度化或社会道德规范体系的建构，制度伦理就没有现实存在和实践的意义，也就不可能把社会主导的伦理价值和道德观念转化为现实的社会道德。

（二）制度创新与制度文明

制度创新是人们根据社会结构变动和社会发展的要求，对原有制度在内容和形式上进行推陈出新的一项活动。制度创新通过制度的优化和制度的变革来体现，是不断超越已有的制度秩序结构，而趋向新层次的秩序结构的过程。在社会发展过程中乃至社会发生重大转折时期，由于既有的制度规范失去其约束、激励功能和权威性，必然要被新的制度规范所替代，而新的制度规范只有通过对旧的制度规范之不合理性的否定，才能确立起自身的合理性尺度，创造出新的社会交往规则。制度的完善过程本身就孕育着新制度因素的生长，制度设计就是制度优化完善和创新的过程，由此而形成了制度的形成、实施、废止以及再生成的周期。制度的生命周期既可以体现出政策实施的稳定性、连续性和均衡性，也会出现制度政策的间断性。国外学术界提出的间断-均衡理论，用于解释长期稳定和连续的政策变迁过程中伴随着的政策间断现象。类似的间断性可能源于政府换届整合、共识决策、发展规划变动等因素的影响，但是，无论如何，政府组织的活力就在于与时俱进，从实际出发，顺应制度变迁的生命周期规律，保证制度供给，以推动社会进步。

制度创新具体体现在三个方面：首先，从已有制度的角度看，制度创新不是对已有制度的全盘否定，而是对制度中不合理的内容、不合时宜的规则进行修改，使制度更加完善。社会主义制度的建立在人类历史上是一项创举，中国特色社会主义走过的历程，从计划经济体制直到提出社会主义初级阶段理论，建立社会主义市场经济体制，再到提出构建社会主义和谐社会，就是一个不断完善的过程。其次，从面对的新情况、新问题的角度看，制度创新是从无到有的制度创立过程，是为了解决问题和矛盾的探索活动。根本制度的替代在人类历史上屈指可数。面临着社会转型、改朝换代，根本性的制度创新就是一个从无到有的过程，相比较而言，具体制度的变革和创新往往频繁得多，其中既有前无古人的发明创新，也有对上述制度的修订、维护、完善活动。再次，从制度的形式和内容的关系上看，制度创新的目的不是对制度进行形式上的改造，而是摒弃陈旧观念，使制度体现一种全新的理念，使制度设计符合事物本来的面目，符合社会发展要求。制度的理念创新是对社会本身的合理性、公平正义认识的质的飞跃，切实体现了制度伦理的人本含义。

制度创新对于化解社会矛盾、减少不和谐因素、促进社会和谐发展具有重要意义。社会生活的各个领域和方面存在诸多矛盾和问题，解决这些矛盾和问题成为制度创新的基本动力。制度创新是对执政党执政能力和公共管理主体管理能力的考验，对于提高政府公信度、加强党的执政能力建设、提高党的执政能力、巩固党的执政地位也具有重要意义。制度创新对于完善社会主义法制，落实依法治国基本方略，为依法治国、建设社会主义法治国家，实现国家长治久安提供法制保障同样具有深远的意义。制度创新要求体现人民群众的利益和公平正义。在社会主义现代化的建设历程中，任何一项制度都直接或间接地涉及人民群众的根本利益，无论是医疗卫生制度还是社会保障制度，或者是教育、就业制度等，无不与群众利益有关。社会公平正义是社会和谐的基本条件，制度是社会公平正义的根本保证。如何保障人民在政治、经济、文化、社会等方面的各项权力和利益，这就是制度创新的意义所在。

制度创新的前提在于要有科学的指导思想和理念，没有科学的世界观、价值观和方法论指导，制度设计将失去方向和灵魂。一个政党不能没有指导思想，没有指导思想的政党，其活动将没有目标；一个政党不能没有正确的指导思想，没有正确的指导思想，政党的活动将偏离目标；一个政党确立了正确的指导思想，必须一以贯之，落实到制度设计乃至工作的各个环节中，否则，政党的活动将偏离正确的指导思想而偏离航道走入泥潭。马克思主义伦理学首先是对一种社会制度的伦理性进行批判的革命的学说。它注重对社会结构、社会关系、社会制度和上层建筑的伦理考察，以历史唯物主义和辩证法的哲学观将制度看成是内生于经济社会系统的变量。正是在这种对社会制度伦理性的批判中，马克思主义阐明了贯穿于制度分析的历史唯物主义的整体观，从而为制度伦理的分析提供了方法论原则。

制度创新在观念层面上的要求，就是要破除因循守旧、盲目自满的观念，不唯书、不唯上，不搞本本主义、不搞经验主义，要解放思想，与时俱进，树立开拓创新意识，体现公共管理和社会服务的新思想、新观念。制度创新在工具层面上不仅仅是建章立制的技术过程，不仅仅是制度类型形式的修改问题，更是体现科学发展和社会主义价值目标的活动，实质是制度内容的变迁更新，是一个观念转变和价值理念确立的问题。

在价值层面上，制度创新是制度文明建设的过程，是对真善美的追求。制度求真在于制度创新是真理求索活动，必须实事求是，从实际出发，追寻事物存在的本质和发展的规律性，从而使制度设计符合客观性，使制度变动更新符合时代发展的要求。制度求善在于坚持以人为本，坚持公平正义，体现人民群众的根本利益，使义务和权利的分配相应对称，并使人们履行的义务和享有的权利对权力具有约束力，以避免权力成为谋取私利的工具。制度是一个复杂的结构体系，制度出于不同的组织部门，各项制度的设计和颁布反映着不同的利益需求，因此，制度设计难免具有漏洞，容易形成制度陷阱、制度障碍和制度间的矛盾。制度变迁也会导致利益的重新分配，产生弱势群体的问题。为此，制度设计必须以公共利益为基础，从大局出发，杜绝部门利益对制度设计的不良影响，使制度有利于广大人民群众利益和福祉的实现。既要关注弱势群体的权益和尊严，也要切实通过制度政策设计，让弱势群体在制度变迁中承担的成本和损失得到救助和收益，保证其基本尊严的生活。这既是道德同情的道义要求，也是政府行政的政治正义责任。因此，制度是理性与至善相结合的公共物品。所谓理性，即制度是主体依据社会发展需要进行的理性设计，以求其真实地反映客观实际。所谓至善，即制度符合人的需要，教化人的心灵，规范人的行为，形成和谐的社会秩序。制度求美，在于制度真与善的统一，在于制度求证求真的程序的合理性、政策语言表述的规范性、内容与形式的一致性，体现制度求仁求义的伦理美。任何一种制度都不可能是十全十美的，然而，人类在不断地追求美好的制度，中国特色社会主义共同理想，集中反映了全国人民对国家和民族未来发展美好前景的向往，制度创新正是实现中国特色社会主义共同理想、达至美好制度境界的一项崇高的活动。

在方法层面上，制度创新切忌闭门造车、闭关自守，要走群众路线，力求民主决策和科学决策。制度创新要有深入的调研和超前意识，以避免制度设计的主观片面性、盲目性和滞后性。需要说明的是政策与制度具有内在的联系。二者的关系在于，政策作为解决具体领域的具体问题、规范行为、指导发展、促进社会和谐的规则体系，是制度的具体体现，较之制度的稳定性而言具有更大的变通性、灵活性、暂时性。政策是制度的前提和内容，制度是政策转化的结果，具有比政策更强的约束力。在政策向制度的转化中，应当强化政策制定的超前性、针对性和指导性，使制度设计更加符合客观性，体现预测性，具有前瞻性。

第二节　制度安排的伦理评价

一、制度安排的伦理标准

制度安排的伦理评价就是对制度合理性的伦理考量及评判，是制度伦理的重要内容，对于制度合理性的政治评价则不属于公共伦理研究的重点。制度合理性的评价依据涉及生产力标准和道德标准的关系问题。虽然，生产力属于经济范畴，道德属于思想上层建筑意识形态范畴，二者具有不同的含义，但在制度评价问题上，二者并不是矛盾对立的。制度和道德在根本上都是由生产力的发展要求所决定的，因此，一方面，符合生产力发展要求、能够解放生产力、促进生产力发展的制度就具有合理性；另一方面，能够调动人的积极性，实现公共利益，促进生产力发展的道德，也就具有了制度设计和评价的伦理属性，能够成为制度评价的价值依据。制度合理性的道德依据最终是服从于生产力标准的。强调制度合理性的道德依据并不是要否定制度合理性的生产力标准，更何况制度合理性的道德标准不是抽象的、超历史的，离开生产力发展的实际状况、抽象谈论公平正义是错误的。制度安排的核心问题是价值取向问题，是关乎制度的正义、公正与否的原则性评价，涉及制度的最起码的公共理性，因此，我们将制度合理性的评价标准确定为公正原则和效率原则。

（一）公正原则

公正、正义是公共伦理的重要原则，一项公正的制度安排就是使其最大限度地实现社会的公共利益，即社会的公平、公正、合理。如果一个社会出现了不公平、不公正、不合理的现象，那就需要进行纠正或者补救，而纠正、补救后所达到的社会公正就是正义。作为一个历史的范畴，古往今来，不同时期评价公正的标准是不完全一样的，公正的内涵也随着历史的发展而不断丰富。公正作为个人德性范畴扩展为制度伦理范畴，作为公民个人品质扩展为执政者的责任义务，作为制度本身的价值内涵扩展为对制度合理性的评价尺度，公正已承载了复杂的结构性内涵，其内容的各个方面具有了高度的相关性。

就个人公正和社会公正而言，二者在相互作用的过程中趋于相对完善。个人公正是在社会公正的制度秩序中养成的德性，缺失公正的社会制度使人变得更坏，历来成为人们批判的对象。历史表明，正是人们对公正的理想追求，在批判和建构的过程中，社会制度才呈现出走向公正的文明进程。进一步来说，制度的公正设计与公正的社会制度，最终达成一种公正的制度生活。这三者间的关系表明，制度的公正设计取决于制度设计者的公正理念和价值取向。制度的价值取向，在人的向度上就是为什么人的问题，制度安排是为人民大众还是为小集团的利益以及是否关注和保障弱势群体的利益；在生产力的向度上，就是是否体现先进生产力的要求，推动了生产力的发展；在文化的向度上，制度创新是否体现了先进文化的发展方向，在真与假、善与恶、美与丑的矛盾解决中，是否体现真善美的追求即制度文明建设。制度的价值取向是由一定社会关系的性质所决定的，又体现着制度设计者的价值追求，因此，在其制度设计活动中，秉持公共理性，坚守公共利益，杜绝私人利益、部门利益和小群体利益，一句话，坚持正确的价值导向，将公平正义作为制度设计的价值追求，其结果就是构建了公正的社会制度。公正的社会制度是制度设计者框定社会关系和行为活动的社会合理状态，实质就是义务与权利的配置对应相称，为公民提供一种公正的制度生活条件。

搁置制度的个人德性不论，在制度的伦理尺度上讲，公正以公共利益为依归，源于公正分配利益的需要。凡是与政治相关的制度建设都必须将“公正”作为首选的评价标准，因此，它被看作是制度安排的主要原则。在此有必要对罗尔斯的正义原则作一扼要的阐述。约翰·罗尔斯在《正义论》中对“正义”作了多方面的阐发，认为一方面社会经济制度塑造人、决定人，另一方面对制度的选择又涉及人类善的观念、涉及人的理想，作为公平的正义恰为社会经济制度的安排提供了一个阿基米德式的支点。在他看来，某些法律和制度，只要它们不正义，就必须加以改造或废除。① 他还指出，社会化的大生产要求人们分工合作，对利益的分配和冲突，就需要一系列原则来进行指导和选择，“这些所需要的原则就是社会正义的原则，它们提供了一种在社会的基本制度中分配权利和义务的办法，确定了社会合作的利益和负担的适当分配。”② 罗尔斯关于正义的这种认识，可以看作是对以权利与义务为核心的人们相互关系在制度安排和制度选择中以及权利分配、利益分配中合理状态的具体解释。因此，正义既

① ［美］约翰·罗尔斯．正义论．北京：中国社会科学出版社，1988：1.

② ［美］约翰·罗尔斯．正义论．北京：中国社会科学出版社，1988：2-3.

是一种社会理想或社会意识，又是一种现实的制度安排和制度选择的合理状态。

在社会关系中，每个人的天赋、才能是有差异的，而所有人满足基本需要的事实及其权利如自由与机会、收入与财富、自尊等是同等的。绝对的平等是不可能的或者说某些不平等是不可避免的，天赋、才能的差异可能产生受惠大小多少的不同。古典功利主义的解决方法是最大多数人的最大幸福，这一原则意味着在大多数以外的部分人的权利得不到应有的尊重和保障，自我牺牲成为一种高尚的道德。罗尔斯批判了古典功利主义，认为按照公平正义的原则每个人的权利都应得到尊重，社会管理本质上是要人们在社会合作中分享实惠，造福所有的人。罗尔斯因此论证并提出了正义的两个著名原则：

一是每个人都对与那个符合于对所有人平等的基本自由的尽可能充分的自由体系有不可抹杀的权利；二是社会的与经济的不平等应满足两个条件：① 它们应当与在公平的机会、平等的条件下面同所有人的职务与职位相联系；② 它们应当适合于社会中最少受惠者的最大利益。[①] 罗尔斯在这里说的第二个原则包括两部分，即机会平等和差等原则。机会平等原则，即给所有基本具备平等条件的人以平等的竞争机会。差等原则即在不平等的条件下如何尽可能做到平等。机会平等原则应优先于差等原则，其合理性在于："在存在着像经济的、社会的及其他的不平等时，最为重要的是提供获得教育、工作和其他领域竞争的平等机会，而且这种机会应该提供给所有人。没有这种平等机会，富人会更富，穷人会更穷，受惠者和被剥削者之间的差别会更大，因此，罗尔斯把机会的均等当作贫困者能获得更多利益并开始赶上富裕者的手段。这样，社会从整体上也会受益。"[②] 罗尔斯关于正义两个原则的核心是把社会基本价值看作是一种基本善，并要求平等地分配这些基本善。按照罗尔斯的说法，设计一种正义的社会制度就是要最大限度地实现平等。为此，必须有一个由宪法和政府所提供的正义的社会结构，在他看来，一个好的宪法和一个有效的政府有助于社会正义的实现。

罗尔斯指出："社会正义原则的主要问题是社会的基本结构，是一种合作体系中的主要的社会制度安排。我们知道，这些原则要在这些制度中掌管权利和义务的分派，决定社会生活中利益和负担的恰当分配。适用于制度的原则决不能和用于个人及其在特殊环境中的行动的原则混淆起来。"[③] 罗尔斯认为，

---

① ［美］约翰·罗尔斯. 正义论. 北京：中国社会科学出版社，1988：292. //宋希仁. 当代外国伦理思想. 北京：中国人民大学出版社，2000：481.

② 王守昌. 西方社会哲学. 上海：东方出版社，1996：384.

③ ［美］约翰·罗尔斯. 正义论. 北京：中国社会科学出版社，1988：50.

离开制度的正义性来谈个人道德的修养、完善，那是充当一个牧师的角色，即使本人真诚相信和努力遵奉这些要求，充其量也只是一个好牧师而已。罗尔斯把个人的道德与制度的正义联系起来，认为对制度的道德评价和选择优先于对个人的道德评价和选择，并强调正义的主要问题是社会的基本结构，或更确切地说，是社会主要制度分配基本权利和义务，决定由社会合作产生的利益之划分的方式。这一见解是有积极意义的。改变我国当前社会中利益主体权利与义务不对称，责、权、利不明确的状况，创建公平、公正、合理的制度环境，是一个艰巨的历史任务。在这个历史进程中，政府担负着实现社会正义的责任，应当把政府管理与社会正义作为一种新的公共行政的基本准则，并把它落实到制度安排之中，使之成为一种被普遍认同的公共理性。

（二）效率原则

效率具有多领域的含义，如经济效率、行政效率、管理效率、社会效率等。经济效率是指经济资源的投入配置和产出状态，涉及生产、分配、交换和消费各个领域，与经济关系和经济体制有关。在给定投入和技术的条件下，经济资源没有浪费，或对经济资源做了能带来最大可能性的满足程度的利用，就是效率。在工作或行政过程中，效率成为单位时间里实际完成的工作量。工作效率高，就是在单位时间里实际完成了更多工作，节约了时间。从管理学角度来讲，效率是指在特定时间内，组织的各种投入与产出之间的比率关系。效率与投入成反比，与产出成正比。公共部门的效率既包括生产效率即生产或者提供服务的平均成本，也包括配置效率即组织所提供的产品或服务能否满足利害关系人的不同偏好。对于一个企业或社会来说，最高效率意味着资源处于最优配置状态，从而使特定范围内的需要得到最大满足，或福利得到最大增进，财富得到最大增加。

在制度和效率的关系中，制度与人、与组织结合才能产生效率。就是说，制度既是人制定的，也要求人与制度要相适应，制度与人、组织的目标需要相一致、相适应，才能激发人的积极性，产生效率。相反，制度本身则无法产生效率。同时，人所生存的外部环境也是制度系统形成的环境，对这一环境的适应，同样是产生效率的关键。人不仅要与制度相适应，而且也在不断地生产着制度，积极主动地改造乃至革新制度。进一步而言，制度不能产生激励效应，就无法保障效率的实现，在这个意义上，制度服从效率，必须以效率原则确认制度的合理性。制度的功能也在于保障效率，制度具有形成、完善、僵化直至废止的“生命周期”，制度新陈代谢的生命周期，显现其效率实现的过程和程度。当制度丧失了保障效率实现的功能，不能提高人的活动效率时，就必须废止或进行革新。人类社会发展的历史告诉我们，人们从自然界中获取、制造生存所必需的物质财富的生产活动一开始就是有组织的社会行动，在这种行动的组织化行为中规则的有效运用就是制度。制度规范的产生极大地提高了人类活动的规范性，从而促进了人类活动的效率，当一种制度规范被新的组织化程度更高的制度规范所替代时，往往表现出生产技术的提高和效率的增进。

以往，效率原则更多地在经济学的范围里使用，它主要通过社会生产率即资源投入与产品产出之比体现出来，注重的是它的物质技术的意义。当然，效率的增长不可能离开其物质技术基础，在这方面的含义一般称作“技术效率”或“生产效率”，即可以用具体数字表示的投入与产出之比率，它强调的是以最少的投入取得最大的产出。但是，效率还具有深刻的道德基础和伦理标准。效率的道德基础是作为道德主体的人及其活动，人的积极性和组织的水平是效率的关键性因素。人对技术的发明、创新和掌握，表明在技术效率或生产效率中都具有主导性的作用。人有思想，有主张，有感情，也有目标，人的主动性和创造性，与道德关怀和道德激励具有密切的关系。在任何时代，小到一个家庭、一家企业，大到整个社会、整个国家，都需要一种精神上的凝聚力、一种以道德规范为准则的行为引导、一种伦理观念。无论什么组织，缺乏向上向善的道德氛围和融洽的人际关系，组织涣散，人际关系紧张，调动不了人的积极性，就将无法发挥应有的效率。同时，效率增长是有潜力的，而效率增长潜力的发挥，主要依靠效率的道德基础的存在，依靠道德力量的作用。效率的真正源泉在于人的积极性、创造性和凝聚力。

制度安排涉及人或组织的基本活动形式，也涉及社会性效率，它要通过人或组织的行为和活动产生历史性社会后果。这里说的“社会性效率”是指以社会价值为目标，规范地予以评价的投入与产出的比率。制度安排、公共伦理等都有成本、精神等投入问题，有投入必然有产出。这种投入产出的比率与技术效率或生产效率的最大不同之处就在于它主要不用物质的精确的数字来衡量，而是用诸如社会正义、社会公平等价值观念来评价。因此，如果说效率是制度安排或公共伦理的主要原则，那么，社会公平则是效率的核心价值。

二、制度安排中的基本关系问题

（一）公平和效率的关系

制度安排的伦理评价除了要遵循正义、公平等伦理标准外，还有个正确认识和处理公平与效率的关系问题。长期以来，人们对效率与公平的关系有不同的理解和表达，存在着“效率优先，兼顾公平”的兼顾论和效率与公平相统一的结合论。《公民道德建设实施纲要》明确指出："坚持注重效率与维护社会公平相协调。要把效率与公平的统一作为社会主义道德建设的重要目标，在全社会形成注重效率、维护公平的价值观念。把效率与公平结合起来，使每个公民既有平等参与机会又能充分发挥自身潜力，促进经济发展，保持社会稳定。"在党的十六大报告中指出："坚持效率优先、兼顾公平，既要提倡奉献精神，又要落实分配政策，既要反对平均主义，又要防止收入悬殊。初次分配注重效率，发挥市场的作用，鼓励一部分人通过诚实劳动、合法经营先富起来。再次分配注重公平，加强政府对收入分配的调节职能，调节差距过大的收入。规范分配秩序，合理调节少数垄断性行业的过高收入，取缔非法收入。以共同富裕为目标，扩大中等收入者比重，提高低收入者收入水平。"在党的十七大报告中进一步指出："初次分配和再分配都要处理好效率和公平的关系，再分配更加注重公平。"党的十八大再次指出：公平正义是中国特色社会主义的内在要求，"初次分配和再分配都要兼顾效率和公平，再分配更加注重公平。"

公平和效率的协调统一，是以生产力的发展和制度建设为基础的社会历史过程，二者在一定历史阶段上存在的矛盾是难以避免的。以效率为基础，只有做到规则公平，分配的公平才有基本保证，其结果才可能是公平的。忽视效率，片面追求结果均等，这是平均主义的公平观。在平均主义观念影响下，能者多劳而不多得，怠惰者则机会平等地得到自己的份额，这实际是不公平的。在我国的计划经济时代，公平优先的原则是由经济低水平所决定的，而在经济低水平条件下的公平优先，采用分配公平的形式，其结果是挫伤主体的积极性，难以提高效率，社会停滞不前。改革开放以来，人们观念发生重大变化，更为关注的是物质生活水平的提高，而不是提高分配的平均程度。通常分配不公的呼声，一方面是潜意识中平均主义观念还在影响人们的价值观，左右着人们的行为；另一方面更重要的则是市场经济没有形成公平的规则机制，没有进入秩序化的市场经济轨道，使得人们在竞争中导致不公平的结果。目前，机会均等的状况正在形成，政治和法律上的平等得到保障，社会流动机制的形成，为人们发挥各自的才能提供了机会，但由于规则不公平，利益分配与劳动贡献不相对应，结果难于公平。这正是一个阶层、一个群体产生不平和失落感的根源。结果不公平的现象又会腐蚀效率，降低效率，妨碍社会的健康发展。

有一种观点认为，在任何一个社会，社会公平都应该有绝对的优先性，那种把效率置于公平之上的做法，都只能理解为特定条件下的权宜之计。"效率优先，兼顾公平"的口号现在就可以开始淡出，逐渐向"公平与效率并重"

或“公平与效率优化组合”过渡。① 事实上，只有生产力的发展，社会物质产品和精神财富的极大丰富，才有公平分配的物质基础及可能性；只有以公正为核心的制度建设并成为社会产品、资源配置以及权利和义务分配的保障，公正、公平才能成为现实；也只有公正的制度才能促使人们在生产力的发展和社会生产活动中发挥无限的创造力，效率才有真正的根本保障。显然，在社会主义初级阶段，效率问题关系到生产力的发展，关系到整个社会经济发展的速度和质量，忽视效率，就谈不上个人利益和社会利益的增进，作为制度公正的共同富裕的目标的实现也就成了一句空话。如果一个经济体制和制度没有自身运作的最直接的动力和效率，那么，其存在价值及合理性就将遭到怀疑。正如美国经济学家布坎南在《伦理学、效率与市场》一书中所说：“如果一个经济体系由于无效率和生产不足而不能满足人的根本需要或不能实现人的潜能，维护它就不仅是不合理的，而且是不道德的，至少是不人道的。”如果说在社会主义市场经济体制建设中“效率优先，兼顾公平”是正确的，那么，从制度安排的伦理层面讲，则是要坚持公平与效率相统一、相协调。因为，效率和公平一样都是制度的本质特征之一。离开效率的所谓公平的制度是不可取的。效率的道德基础取决于制度公平与否，缺失公平的制度也是不能带来效率的。制度对人的行为、活动的规范“即意味着指出一条实现行动目标的最有保障的、最佳的路径。这就是效率的实现。依循这一路径，就可以接纳以前的、经过无数次探索而积累下来的经验，就可以避免各种行为之间可能存在的矛盾和冲突，避免无谓的耗费；更重要的是，通过制度的概念体系促使行动者形成强烈的、持久的和明确的行动指向，形成强大的信念驱动力，使其行动成为一种真正合理的自觉行动。从这个意义上说，效率的实现与秩序的维持一样，是社会制度的最本质特征之一。”②

在社会主义市场经济条件下，效率的制度安排具有多层含义。首先，一个有效率的制度体系必须能够使所有的社会成员的生活质量逐步提高。效率的制度安排能够使社会主义的根本任务——发展生产力，不断提高人民群众的物质文化生活水平成为现实，而生产力的发展，经济的繁荣的成果，必须反映到人民群众的生活的改善之中。正如万俊人先生所说：“一个体系是有效率的，当其仅当该体系的社会安排不仅较其他体系更能够使所有社会成员中至少有一些甚至大多数成员的生活状态得到改善，而且也被其他体系更能够确保他们之间

① 孙晓春. 社会公正：现代政治文明的首要价值. 吉林大学社会科学学报，2005(3)；刘国光. 重新审视社会公平问题. 北京日报，2005-4-25。

② 陆学艺. 社会学. 北京：知识出版社，1996：261.

生活改善的差异程度保持在为社会绝大多数成员可以接受的范围之内……作为条件句中的‘社会安排’主要是指社会的基本制度安排，包括其经济制度、政治制度和文化政策与管理等。”① 其次，制度的效率分配必须是公平合理的。这除了上面提到的“利益分配公平”外，主要指为各市场主体创造机会均等的制度环境。机会均等的制度安排既能优化资源配置，又肯定了市场主体的个人天赋和努力程度，并顺应了人们追求利益最大化的需要，因此，有利于调动他们的积极性和创造性，使效率和公平得到协调。最后，通过组织结构的科学化使效率成为政府和社会组织的基本价值。有研究表明，在市场经济竞争中，“政府运作所追求的效率与效益，一方面是组织与管理社会的效率，另一方面是政府本身的行政行为的效率。而这两方面都取决于政府管理体制本身的制度化、科学化以及政府官员的行政素质。”如果说组织结构科学化属于制度安排的“硬件”，那么，制度的主要执行者的素质则属于“软件”，只有“硬件”，缺乏相应的“软件”的配合，是不可能有效运作的。实践也证明，组织结构的科学化与政府官员的较高行政素质相结合才会产生效率。总之，只有通过公正和效率的制度安排，才能保证社会主义市场经济朝着“共同富裕”的价值目标前进，使社会主义制度的优越性得到充分发挥。

我们主张“注重效率与维护社会公平相协调，把效率与公平统一起来”。公平与效率关系的探讨，并不仅仅是一个纯理性的分辨，实质上反映了古往今来人们对理想社会制度和社会关系的一种向往和追求。应该指出，绝对的公平只能是一种幻想，“一个社会永远不可能在每一个显现出不公平的具体领域里，就怎样才算公平这个问题取得完全的一致。”② 正如恩格斯所说：“在道德上是公平的甚至在法律上是公平的，而从社会上来看可能远不是公平的。社会的公平或不公平，只能用一门科学来断定，那就是研究生产和交换这种与物质有关的事实的科学——政治经济学。”③ 显然，由于生产力发展水平不同，地区或区域之间经济发展存在差异，所有制形式及人与人的关系不同，生产的投入和产出效率不同，劳动力素质水平和管理方式的不同，决定了社会分配难以求得绝对公平。公平与效率的问题，在很大程度上也是公平与发展的问题。效率的提高有助于公平的实现，社会的公平也有助于效率的提高。任何只顾公平而忽视效率和只顾效率而损害公平的思想和行为都是错误的。发展才是硬道理，伴随着经济的健康发展和民主政治建设的推进，和谐社会的建构已成为我

① 万俊人. 道德之维：现代经济伦理导论. 广州：广东人民出版社，2000：104.
② ［美］R. T. 诺兰. 伦理学与现实生活. 北京：华夏出版社，1988：430.
③ 马克思恩格斯全集（第25卷）. 北京：人民出版社，2001：468.

们现实的追求。

综上所述，公平与效率关系的复杂性，并不根源于人们的理解，而源于社会经济、政治、伦理关系相互交织的复杂性。理解上的差异，只在于人们是否正确揭示这些关系的本质。功利主义注重政策在总体上提高所有社会人满意度的净平均值，即使少数人的利益受到损害，依然是公平和符合公共利益的。公平理论把“最大多数人的最大幸福”提高到“惠顾最少数最不利者”的最起码的社会道德正当性层面上，强调公平道义。只有把提高效率同促进社会公平结合起来，通过经济发展实现社会公平以促进社会和谐，二者的矛盾才能解决。公平是制度建设的范畴，效率是经济发展的范畴，只有坚持历史唯物主义原则，正确把握经济、政治与伦理的关系，才能正确处理好公平与效率的关系。

（二）制度、体制和机制的关系

体制是一定制度条件下的组织之间的关系和结构体系，实质就是制度安排下的制度承载者之间的关系，这种关系是规范化的、制度化的，因此，如果说体制是国家机关、企事业单位的组织制度，那么，体制相对于基本制度而言就是具体制度。机制是组织体系内部之间运行的程序和相互联系、相互作用的方式，是动态特征相对突出的一种组织秩序。体制和机制是由基本制度所决定的组织关系，体制和机制的运行是基本制度设定的结果，体制是制度的承载体系和具体体现，体制和机制又对制度的实现产生一定的作用。体制改革和机制的调整，可以在一定程度上突破制度的约束而产生新的作用和效率。在这个意义上，体制和机制是鲜活的制度，制度是相对固化的规则体系。为避免体制僵化，需要依据社会经济、政治、文化发展要求，对体制进行调整和改革。

面对体制改革的要求，首先要解放思想，转变观念。在实际工作中，制度变革成为敏感的意识形态问题或政治制度问题。事实上，社会制度在性质上的根本变革，是由生产力的状况和发展要求所决定的，而不是以个人意志为转移的客观过程。虽然，社会制度是人们按照一定价值目标设计的规则体系，但是，社会制度归根到底是对经济社会发展规律的反映，是经济社会发展要求在制度设计中的体现。因此，制度变革不是禁区，制度是否需要变革，应以生产力的发展要求、行政效率的提高为标准。制度创新和变革是扫清体制改革障碍的关键。

其次，体制在一定范围内的量变可以引发自身的质变，体制的质变相对于制度而言，是引发制度变迁的因素。机构膨胀、体制不顺、机制不灵、政令不通、官僚腐败等类似问题，不仅是体制和机制出了问题，而且在制度安排方面一定存在不合理的问题。我国行政体制中的科层分级，存在分级执法、如同铁路警察各管一段的格局。在体制内，具有业务指导功能的业务局，对于具有高度行政功能的地方政府就难以进行有效的约束。国家行政总局在级别上低于省级政府，尽管具有资源配置的优势，但没有省级政府的配合，国家局可能很难让地方局听从地方政府的意见。在政府的责任机制中，如果政治责任和管理责任、集体责任和个人责任、直接责任和间接责任之间的关系不顺，政治家、公务员与公众间的责任关系不明，就无法形成责任义务明确、监督追究有效的责任机制模式。为此，必须对制度、体制进行调整乃至变革。在制度、体制和机制的相互作用中，制度决定着体制和机制，体制和机制的变动又可以促进制度变迁。

再次，在制度、体制和机制的纵向层次关系中，公共管理部门之间职能不同，对应管理相应的社会领域。但由于各领域相互交织，管理部门必然存在相互沟通、功能互补的横向关系，在内容上涉及政治、经济、法律、道德的纵向关联，纵横关系相互交织，保持一种系统平衡、功能和内容上的互补极为重要。以禁止教育乱收费为例，为了杜绝群众强烈不满的教育乱收费，教育部三令五申也没有彻底根绝这一问题。国家税务总局依据税法对于公立学校在非义务教育阶段收取择校费要求缴纳营业税，却又出现了使学校“超过规定收费标准收费以及以各种名义收取的赞助费、择校费等超过规定范围的收费”合法化的嫌疑。再以医疗为例，医疗体制改革涉及劳动和社会保障部，药价、医疗收费涉及物价局，日常经费投入和维持医院运转涉及财政部，药疗救助涉及民政部，医疗人才培养包括附属医院的管理涉及教育部，医疗市场、药品质量还有医疗广告的管理涉及工商局，等等。行政部门的相互沟通，管理功能互补，构成有机的管理系统，才能有效实现治理目标。再以自由裁量权为例，它是行政主体在制度约束之外的一种依据经验自主做出行政行为的权力。行政法律法规赋予行政机关过多行政自由裁量权，虽然有利于提高行政效率，但也难免产生较多行政失职、行政不当或权力滥用现象。权力的限制和约束越少，产生道德失范的可能性就越大。强化制度监督和行政自由裁量权的伦理指导，使法律制衡和道德约束保持一种平衡协调，是制度伦理建设的重要内容。

最后，制度、体制和机制的变革不仅仅是制度形式及其表现的变化，而且根本上是制度内容、制度文明和文化建设的过程。制度、体制和机制不仅仅是组织、行政技术问题，根本上都涉及人和道德的问题，涉及社会关系和秩序，涉及权利和义务的分配与均衡。因此，制度、体制和机制的变革必须体现公共管理的价值目标，体现真善美的价值追求，必须是社会公正不断实现的过程，是理顺关系促进社会各项事业全面发展的过程，是促进和保障人的全面发展的过程。制度、体制和机制的创新及确定，又成为公共管理价值目标实现的基本保障，这就是制度变迁发展的辩证过程。

（三）制度伦理和公民道德建设的关系

对当代中国社会而言，由传统农业社会向现代工业社会的转变使社会在政治、经济、文化（包括道德）发生分离的同时，人们生活的私人领域与公共领域也日益分界，那种使人们过去与政治力量结合的德性伦理逐步由私人领域的内隐性转向外指性的公共生活领域，从而使道德的功能、作用、存在方式等在不同的领域发生了变化。尤其，由于社会主导性规范形态的变化，使现代社会成了一个“制度的社会”，随着民众主体意识的增强，对制度合理性的诘问就成为现代人公民意识和公共精神日益增长的重要标志。

首先，制度伦理建设与公民道德建设相辅相成，具有内在的一致性。公民是具有一国国籍，根据该国宪法和法律，享有权利同时也承担义务的人。公民道德建设的关键是要把公民个人的自律修养与时代社会需要融为一体，要立足于个体，着眼于群体，提升整体。公民道德建设要做到法制化，必须进一步明确公民的道德权利和道德义务，尤其在道德建设和道德践履中要淡化等级意识，因此，公民道德建设落脚在公民这一法律界定的概念上的目的，就是把道德建设法定为公民的义务，确保其制度化和规范化。公民道德建设法制化的基础是法律面前人人平等，而其道德基础就是以人为本。公民反映的是个人与国家的关系，公民既是自己国家的主人，也要遵守法度，履行义务。

其次，制度伦理和公民道德建设要做到人本化，其落脚点就是公民规则意识的养成和制度的信念化。制度不仅仅是一种约束、限制，也是一种激励和保障，是为人服务的，需要人遵守履约。规则意识和制度的信念化是制度主体确立的重要标志。社会制度是复杂多样的规则体系的总和，规则意识体现着公民的文明程度，是制度信念化的前提和表现。制度的信念化就是公民在特定的历史、文化、道德环境下，对规则、制度的心悦诚服和坚信的心理，并将社会制度转化为内心的伦理认同和笃信践行的过程。规则意识的养成和制度的信念化是树立制度权威的主体动力，是发挥制度效力的民众基础，否则，违规违纪行为不断发生，道德失范现象普遍存在，再好的制度也将成为一纸空文。因此，充分发挥政治导向的功能，发挥道德教化的作用，培养公民的规则意识，使制度主体不再把制度视为自由的枷锁，对我们心中的道德权威具有敬畏感，激发起强烈的社会责任感，杜绝违规违纪行为发生，抵制歪风邪气，我们的社会就会更加规范有序。

再次，制度伦理和公民道德建设要服务于市场经济建设。计划经济向市场经济的转变是一个艰难而痛苦的过程，因为其中涉及人类社会最为深层的基本价值观念的转变和重建。我们正处于一个制度大变革、大发展，价值观念大转变的关键时期，制度伦理充分体现个人合法权益，同时教育人、引导人承担起社会责任。制度伦理的建设成为市场经济健康发展的导向和保障，公民道德建设成为制度伦理实施的基础。公民道德素质越提高，社会主义精神文明程度越高，人们对制度的审视、价值判定以及建设要求的水平就越高。从这个意义上讲，制度伦理和公民道德建设成为社会主义市场经济的精神动力源泉和良好市场环境的创生力量，就能促进市场经济可持续的发展。

本章小结

社会制度是人类社会正常运转和发展进步的重要保障，它与制度安排和制度伦理有着十分密切的关系。公共伦理学所涉及的是社会制度中有关制度创新和制度安排的价值评价及伦理规范等问题。制度伦理是公共伦理的重要组成部分，是公共伦理学研究的重要内容。

社会制度是一种社会关系和社会行为的规范体系，对社会成员具有约束、激励和利益调节的功能。制度伦理有两层含义：一是制度中的伦理，即体现在制度中的道德精神和伦理理念，也就是制度所包含着的价值追求和道德理想。无论是经济制度、法律制度还是政治制度、行政管理制度，都包含着以人为核心的、对人的行为进行规范和引导的道德精神和理想追求，这就是制度伦理。二是关于制度的伦理评价，即制度本身的道德合理性，需要社会做出评价，社会制度以其公平正义的价值追求，维护社会秩序，产生不可替代的社会效应。

制度伦理的实践意义在于，制度的道德性与道德的制度化的协调。如果说制度的道德性是制度伦理的内在价值，那么，道德的制度化则是其内在价值的外显化，以维护社会的公平、正义和秩序。离开制度的道德评价和道德要求，制度伦理就失去了内在价值，也就很难在社会上形成良好的道德认知，同样，离开道德的制度化或社会道德规范体系的建构，制度伦理就没有现实存在和实践的意义，也就不可能把社会主导的伦理价值和道德观念转化为现实的社会道德。

一项正义的制度安排就是使其最大限度地实现社会的公共利益，即社会的公平、公正、合理。正义既是一种社会理想或社会意识，又是一种现实的制度安排和制度选择的合理状态。因此，如果说效率是制度安排或公共伦理的主要原则，那么，社会公平则是效率的核心价值。在建设中国特色社会主义的新时期，我国的制度安排和制度伦理必须反映这个新时期的社会主义的本质规定，在制度安排中，必须正确处理好公正与效率的关系，制度、体制与机制的关系，制度伦理与公民道德建设的关系，体现社会主义制度优越性、促进社会主义市场经济健康有序的良好道德风尚的形成。

案例与阅读材料

解决“三农”问题的制度设计和改革进程

中国共产党致力于为人民谋福利，在新民主主义革命时期开展打土豪、分田地、废除封建剥削和债务，变封建半封建的土地所有制为农民的土地所有制。在社会主义建设时期尤其是改革开放以来，“一号文件”是中共中央每年发布的第一份文件，第一份以“三农”问题为主题的中央“一号文件”始于1982年，至2016年已发布18份，它是国家农业政策走向的风向标，成为中央重视和解决“三农”问题的专有名词。第一阶段1982—1986年的5份中央“一号文件”和第二阶段2004—2016年的13份中央“一号文件”，分时期、分阶段，对于联产承包责任制，改革农产品统派购制度、确立农产品的合同订购与市场收购双轨制，促进农民增加收入，稳定、完善和强化扶持农业发展的政策，实行最严格的耕地保护制度，推进社会主义新农村建设，加强农业基础建设、促进农村发展和农民增收，支持农业科技创新以推进农业现代化，农业供给侧结构性改革、农业绿色发展等等，做出政策规定，前后中央“一号文件”有机衔接、梯度发展，展示出政策的稳定性、连续性和均衡性。

土地是农民生存和发展的基础性资源，也是公共权力必须给予农民保障的基本权利。改革开放前，农村集体土地是所有权和经营权合一的人民公社体制。改革开放以来，形成了以家庭经营为基础、统分结合的双层经营体制，成为我国农村的基本经营制度。这一制度既维护了农村土地的集体所有制度，又赋予了承包农户相对独立的承包经营权利，通过农村土地的“两权分离”，促进了集体统一经营、农户承包经营“统和分”两个层次的形成，解放了农村生产力，极大地推进了农业经济的发展。党的十八届五中全会提出，要稳定农村土地承包关系，完善土地所有权、承包权、经营权分置办法，依法推进土地经营权有序流转，构建培育新型农业经营主体的政策体系。在坚持农村土地集体所有的前提下，促使承包权和经营权分离，形成所有权、承包权、经营权“三权分置”、经营权流转的格局，这是我国农村改革的又一次重大创新。实施“三权分置”，需要推进制度建设，建立起归属清晰、权责明确的农村土地权属确认、登记、管理体系，构建好流转顺畅、保护严格的土地经营权市场交易体系，健全程序规范、便民高效的农地使用监管体系，强化各级政府在土地流转中的监管责任，以保护耕地资源、保障粮食安全和维护农民权益。

思考与讨论

认真阅读上述材料，查阅有关文件精神，就制度创新与制度伦理的关系进行思考和讨论。

复习思考题

1. 什么是制度伦理?
2. 在制度建设中如何处理公正和效率的关系问题?
3. 制度安排有哪些伦理价值标准?
4. 制度、体制和机制之间的关系是什么?
5. 制度创新与制度文明的关系是什么?

第五章
公共权力与公共伦理

公共权力与公共伦理之间具有密切的联系，公共权力运作的合法性、正当性，关系到公民权利和公共利益，这就是重大的伦理问题。人类社会的政治生活是一个制度安排密集的社会关系领域，因此公共权力的主体和客体是一对规范性很强的社会关系。权力主体以权力的强制性、正当性或者掌握的资源分配权对客体产生一定的影响，实现管理的目标。公共权力乃是国家意志的体现，是通过权力主体的确定、权力的获得、权力的配置来调控社会关系，处理公共事务，服务社会公众的力量。从伦理的角度对公共权力进行分析，明确正确的权力价值观，是公共伦理学的重要内容之一。

第一节　公共权力

一、公共权力的含义和特点

（一）公共权力的含义

在古汉语中，“权”字被《说文》卷六木部解为：“权，黄华木。从木雚声。一曰反常。”后引申为“决定性因素”“秤砣”等意思。《孟子》中的“权，然后知轻重；度，然后知长短”，已有权衡、智谋之意，往后在“能够强迫某人做事情的力量”意义上使用权力一词。直至现代，一般来说，权力是职责范围内人们为了到达某种目的而具有的一种指挥或支配能力，由于权力的存在而改变了人与人的关系。

权力具有丰富的内涵，可以体现在能力方面、制度方面、运行方面、结构方面、价值方面等。在能力层面上，权力是权力主体在组织和管理活动中为实现既定目标而对管理对象思想、行为的影响力、支配力和控制力。在制度层面上，权力是依据管理的需要进行制度配置的结果，因此，权力是强制组织在制度支持下设置的一种工具，是实施制度的一种管理手段。权力也是在组织内部或社会关系中具有的职位和享有的职权，权力成为阶层分类的依据，在阶级社会中成为阶级关系的象征。在社会层面上，权力是人类社会管理体系的人文标志之一，是普遍存在的社会现象，伴随着人类社会产生、发展和演变，是社会系统的控制中心。在运行效果层面上，由于权力主体的影响力、支配力和控制力，使得权力实施对象产生预期的或非预期的反应和结果，因此，存在权力有效和权力失效的现象。在价值层面上，权力是一种资源，具有稀缺性，也是一种价值形式。权力具有变异的可能性，权力主体放大权力的独享功能而成为特权，由于放纵滥用权力而蹂躏了权力价值。

权力是社会生活领域中客观存在的现象。人类社会生活领域可以划分为职业生活领域、家庭生活领域和社会公共生活领域，三大领域又可划分为私人领域和公共领域两部分。与此相对应，在家庭生活和私人生活领域中，具有私人权力，在职业生活和政治生活领域中，具有公共权力。公共权力是以法定权力主体为载体，具有法定性和普遍权威性，在社会公共领域中，实施资源配置，实现社会管理和调控的强制性能力及影响力，也是组织管理、公共管理、公共服务的工具性手段。自从阶级和国家产生以来，政府掌握的国家权力、行政权力和公共权力本质上是一致的。作为一种社会关系，权力不是泛化了的任何一种影响力，而是与政权、职权同属于一个序列的范畴，是在政治和组织管理中存在的一种现象。公共权力的运作就是动态的行政过程或政府过程，权力的设置则形成了政府机构、政府结构以及社会的权力体系。

权力与权利具有严格的区别，对其进行比较说明有助于全面把握权力的含义。第一，就主体而言，特定组织因授权而得到权力，在我国人民作为权力委托方，人民代表大会作为最高权力机关，成为权力受托方，政府组织作为权力的运行者，成为行政权力的主体，人民群众作为权力主体，在契约关系上发生了变化，成为权利主体。第二，就对象而言，权力主体以权力影响对象，目的是维护社会公共秩序，增进社会公共利益。公共权力的运行过程实际上就是把权力的运行机制应用到经济、社会公共事务的管理之中，进而实现一定的经济、社会目标，因此，权力不是一种应该享有的权利。权利对象的归属主体是依法享有权益的个人，是作为个人具有的资格，是公民应得的利益。第三，就来源而言，权力是社会赋予的某种职位，而不是某个私人、特定的个人享有的权利；权利是社会给予个人，并需要权力和制度保障的权益，在此意义上，权利高于权力并制约权力。第四，就利益而言，权力不是权力主体的利益所在，而是实现阶级利益、社会利益的工具手段，在归属上是公权；权利是受法定权力保护的利益，是社会的制度和政治安排，在归属上是私权。第五，就价值关系而言，权力和权利均体现着具体的社会政治关系和价值关系。权力的约束在于法律、制度和权力，即依法设置权位，依法置权、以法治权、以权制权以至以德治权，实现权为民所用；权利以义务作为约束，二者互为前提，互为因果，不能不尽义务而享有权利，不能享有权利而不履行义务。离开权利保障的义务，缺失的就是公平与公正。

（二）公共权力的实质和特点

实质上，公共权力在阶级社会中是统治阶级意志和利益的体现，是社会活动的统治力量。在我国，公共权力是国家意志和公共意志的体现，是社会和组织正常运转的资源配置、社会关系调整的决定力量，也是公共组织管理社会公共事务的基础。

从公共伦理学的角度看，公共权力有以下特点：

第一，公共性。就公共权力的来源看，公共权力不是天然的，更不是神授的，它来源于维护社会公共利益和公共生活秩序的需要。权力的公共性又体现为人民性、社会性，一切权力属于人民，是凝聚和体现公民意志的力量，并用于调控复杂的社会关系、提供公共服务，维护和实现公共利益，推进社会发展。明确公共权力的所有权归宿问题，才能把握阶级社会中公共权力异化为统治阶级的意志和工具的本质，才有利于消除权力私有的心理和观念，防范权力私有化和公权私用、以权谋私的腐败行为。

第二，强制性。公共权力实施必然要有权力主体和权力客体、管理者和被管理者，产生权威威慑与服从的关系。公共权力的强制性表现在两个方面：一方面由外在的强制性力量使人们屈从；另一方面由这种强制力所产生的导向、规范等作用使人们服从。权威来自于权力的人格力量和威望，作为一种影响力使公众自愿服从和支持。没有权威和权力的强制性，任何组织都将无法实现其目标。强制性是公共权力不可缺少的要素和特征，是对社会实施控制、管理、协调的必要条件。

第三，服务性。公共权力的强制性并不意味着公共权力主体可以随心所欲地支配权力客体，公共权力的强制性不是其合法性的依据。在价值意义上，公共权力指向社会公共事务，其目的是协调社会关系，促进社会经济发展，提供公共产品和公共服务，满足社会公众需求，增进公共利益。违背权为民所用的原则，放弃以权为公、为人民服务的原则，也就违背了政府的公共性和公共权力的公共性这一根本属性。

第四，功用性。公共权力作为达到一定政治、经济目的的工具性手段，其功用性具有善恶价值意义并体现在政治、经济和管理的方方面面。掌权为公、用权为民，在法制轨道上行使权力，就能发挥权力造福人民的作用，相反，滥用权力，掌权为己、用权于私，则必然祸害国家和人民。权力功用性的健全体现，取决于权力主体的责任意识、法制观念，取决于权力运行的公开化、规范化，并以制度管权、制度治吏。领导干部掌好权、用好权，必须珍惜权力、管好权力、慎用权力。

第五，政治性。政治是通过获取和行使权力来确定国家活动的形式、任务和内容，以治理国家的活动。在阶级社会中，公共权力必然带有阶级色彩，掌握权力的统治阶级往往要通过公共权力来维护和体现本阶级的利益。因此，在阶级社会中，阶级斗争往往表现为对公共权力这一社会管理权力的争夺。在阶级和阶级压迫消灭以后，国家真正成为社会的代表，对人的统治将由对物的管理和对生产的领导所代替，但仍然存在着公共权力的掌握和配置问题。公共权力的政治属性依然存在，共产党人在掌权用权的问题上，要把人民利益放在至高无上的地位，始终把人民立场作为根本的政治立场。坚持民主制度、对人民负责、依法行使权力、接受人民监督，是对权力运行的政治要求。

二、权力关系与权力分化

权力是一个复杂的关系结构系统，从主体及权力的运用者角度看有个人权力和组织权力的关系，从层级上看有中央政府和地方政府的权力关系，从权力配置上看有立法权力、行政权力和司法权力的关系，从政党政治的角度看有国家权力、政党权力和人民权力的关系，从内容上看有政治权力和经济权力的关系等。各种权力都有其独特的运行方式和作用特点，从而构成了权力体系微观、中观与宏观层次的复杂联系。权力关系的复杂性表明权力是多元性的关系结构，既是特殊的强制性社会关系，也是社会关系的表现，是历史和一定时代的产物，是社会经济发展和治理需求所决定的，并且是制度设计和安排的结果。

在我国，人民代表大会是国家权力机关，全国人民代表大会是国家最高权力机关，行使最高立法权并对由它产生的“一府两院”行使监督权力。政府在公共管理过程中，也在制定行政法规，从中央到地方行使其管理职权。就我国的司法权而言，本质上是对政府行政权的监督。政党权力是政治力量组织化后对各种社会主体产生的支配力和影响力，国家权力是由国家机构享有的公共权力，二者相并存，形成相对独立的体系。从根本上讲，人民权力是人民作为整体所享有的权力，政党权力、国家权力、政府权力都是人民权力的代表，始终是为人民服务的权力。① 权力运行中存在的问题，需要在制度改革和调整中不断自我完善，以适应社会管理的需要并到达管理的目的。

权力的多元性结构与社会形成一种权力格局，对社会经济、政治、文化、教育等各领域产生影响力。权力格局面对着社会生产和社会生活的方方面面，并随着社会经济发展和社会转型，也随之相应进行调整并不可避免地发生分化。所谓公共权力的分化就是政府权力退出某些社会领域，收缩政府干预范围，减少干预程度，将一些管理职能交由非政府组织或社会承担的过程。权力分化主要表现在手段的分化和职能的分化两个方面。在手段分化方面，政府对社会的管理由用行政手段来处理所有公共事务转化为运用行政手段、法律手段、经济手段和让社会中介组织参与管理来共同处理公共事务。在职能分化方面，政府的公共权力由单纯的控制型管理职能，向协调服务型管理职能转变。其具体表现在：一是政府把一部分不该管、也管不好的工作交给非政府组织；二是政府通过授权的方式把部分公共权力转让给准政府组织，让它们来管理那些需要公共权力进行强制管理的社会公共事务。

公共权力分化不是权力在行政组织内部的分解和相互制衡所需的配置，总体上是公共权力的收缩和职能的精简。公共权力的分化的具体原因有三个：

一是计划经济向市场经济转变的需要。由于历史的原因，在计划经济体制下，权力高度集中，党政不分、政企不分、政资不分、政事不分，造成了政府机构臃肿、人浮于事、效率低下、互相推诿，滋生官僚主义和以权谋私的腐败现象，在国家工作人员中则存在着把自己看成是社会主宰者的认识误区，同时由于社会机体的自主发展程度还比较低，这就进一步强固了国家包揽社会事务的弊端。这种状况已经不能适应市场经济的规律和要求。为此，在我国深化行政体制改革的进程中，推动政府依法行政，加快职能转变，必须真正实现政企分开、政资分开，主要运用经济和法律手段管理经济活动，集中精力抓好经济调节和市场监管，整顿和规范市场秩序。同时，还要推进政事分开、政府与市场中介组织分开，加强政府履行社会管理和公共服务职能，通过社会组织的培

① 喻中. 权力关系的重构与政府诚信的建构. 云南行政学院学报，2004（5）.

育和发展，逐步削弱政府对社会进行强制干预的职能，支持社会组织参与社会管理和公共服务。

二是政府职能改革的需要。以往的政府体制和内在运行机制已不能满足社会发展的需要。为了提高政府效能，建设服务型政府，着力解决机构重叠、职责交叉、政出多门的问题，必须统筹党委、政府和人大、政协机构设置，建立健全决策权、执行权、监督权相互制约又相互协调的权力结构和运行机制。在社会主义市场经济条件下，国家对社会发展的协调服务职能，主要包括三大类：政策调控、社会保障和政务管理。除此而外，一切具体的社会事务，都应该逐步移交给各类社会组织去处理，在基层则要大力发展社会生活的群众自治，保证人民群众直接行使民主权利，依法管理自己的事情，依靠自己创造幸福生活，促进社会主体的发育、成熟和发展。政府权力下放和权力转移，意味着削弱控制性管理职能，加大协调服务性管理职能，政府不再包揽社会事务，把一些政府部门变成真正服务于社会的协调管理机构。这是我国政府机构改革所要完成的实质性任务，是社会主义民主最广泛的实践，也是把政府机构从琐细的社会事务和社会矛盾中解脱出来，真正做到精兵简政、提高效率的正确做法。

三是保证组织目标实现的需要。政府组织的目标就是满足公众需要，增进公共利益。但在政府行为过程中，由于政府的自利性，政府有可能利用公共权力来谋取集团和个人的私利，反而是企业由于市场竞争的原因，其行为有可能最符合公共利益。这就是我们所说的公共悖论。公共悖论会导致对政府的信任危机，导致公众对政府行为动机的怀疑。为避免这种情况的出现，有必要分化公共权力。

公共权力分化的意义是十分深远的。首先，公共权力分化既是政府体制改革的结果，也是提高行政效率的必然。政企不分，行政机构臃肿庞大，形成官僚主义的温床。政企分开，权力分化，有利于提高政府宏观调控能力和办事效率以及为人民服务的水平。其次，公共权力分化既是政企分开、改变政府干预经济职能的结果，也是市场经济稳步发展的必然要求。政企分开、权力分化要求政府不再直接干预企业经营活动，从而推动企业转换经营机制，建立起现代企业制度，从而既有利于社会经济发展，也有助于政府保持廉洁自律。再次，公共权力分化既是国家与社会相对分离的历史必然，也是非政府组织、社会中介机构发展的要求。我们要按照科学发展观的要求，建立和谐社会，必须提高公民政治参与的素质与能力，广大人民群众和非政府组织要在党的领导下，依照宪法和法律，通过各种途径和形式管理国家事务，管理经济文化事务，管理社会事务，并形成有效的民主监督机制。总之，权力分化有利于社会主义民主政治建设，有助于社会主义市场经济的发展和社会进步。

第二节 公共权力伦理与价值

一、公共权力伦理分析

公共权力具有特定的价值属性和伦理关系，人们对权力价值属性的看法和观点就是权力价值观。公共权力价值观是公共管理主体对权力的意义和指向的伦理把握，在行为实践活动中，就是人们对于权力所进行的价值评价、判断、选择的内在主体尺度，是公共权力主体和对象对公共权力具有的意义的看法和态度。公共管理主体在行使公共权力、从事公务活动中，必须确立一定的伦理理念，遵守一定的伦理行为规范。公共伦理体现在公共权力方面，就是公共权力的使用者（公共权力主体）在行使权力过程中所表现出来的一种特殊的职业伦理。它既体现了社会对公共权力行使者在运用权力时所要求遵循的伦理规范，又反映着公共权力使用者在权力使用过程中的价值追求和伦理人格。

执政主体是由权力主体和道德主体构成的统一主体。所谓道德主体，是指依据一定道德原则在道德实践中养成特定道德素质和道德能力的个人，也包括由个人组成的一定组织或团体。道德主体不是一般意义上的个人，也不是抽象的一般意义上的社会。履行义务和具有社会责任感的公民是构成道德主体的真正的个人；一个讲诚信、忠实服务于人民的政府是构成道德主体的社会代表。政府组织作为国家的代表或社会的管理者，其履行服务的义务，承担公共责任，保障公民的权利，具有道德主体的属性。因此，道德主体中的个人与社会就是公民与政府之间的伦理主体关系。

政府组织具有权力主体和道德主体的双重性、一致性以及权力主体和道德主体二者相分离的可能性。政府组织作为公共管理者既是权力主体，又是道德主体，这就是政府组织作为权力主体和道德主体的双重性。就权力的来源而言，权为民所授，权力主体和道德主体本质上是一致的。我国《宪法》明确规定："中华人民共和国的一切权力属于人民。人民行使国家权力的机关是全国人民代表大会和地方各级人民代表大会。人民依照法律规定，通过各种途径和形式，管理国家事务，管理经济和文化事业，管理社会事务。"公务员和各级领导干部，是受人民委托管理国家事务的公仆，是国家权力行使的主体。从权力伦理的角度看，权为民所用，利为民所谋，情为民所系，是权力主体的道德基础，也是权力主体和道德主体相一致的伦理依据，是中国共产党立党为公、执政为民的基本要求。权力主体和道德主体的一致性是政府合法性存在的基础。

但在实际过程中，权力主体与道德主体存在分离的可能性。就主观因素而言，错误的权力价值观导致权力主体与道德主体相分离。权力主体不能正确处理权力与利益的关系，失去了道德自律，以权谋私，行为上出现了道德失范。权力主体和道德主体相分离的根源在于权力主体丧失了道德属性，失去了作为道德主体的资格。就现实因素而言，监督约束机制无力或不完善，权力在实际运行过程中失去有效监督，这是导致权力主体与道德主体发生分离的制度原因。应当指出，权力本身并不具有善恶属性，当权力与权力主体结合在一起，权力主体如何运用权力，才使得权力的运行结果出现了善恶取向。因此，权力主体的道德属性对权力的善恶趋向具有决定性的作用。

公共权力与公民权利具有制衡关系。事实上，权力主体的道德属性是由权力主体和非权力主体之间的社会关系所决定的。非权力主体是指将国家权力委托给政府组织的每个公民，在此意义上，公民成为需要权力保障的权利主体，只具有抽象意义上的权力。以公民权利制衡公共权力，首要的前提必须是以公共权力保障公共权利。在阶级社会中，传统的义务与权利的关系发生扭曲，政府政治是一种统治型政治，在专制条件下社会赋予个人的义务具有更大的强制性，权力主体成为个人履行义务的强制主体，权力成为谋取统治阶级和统治者个人利益的工具。在权力失去制约和社会监督的情况下，一方面，权力主体应有的义务消失了，另一方面，被统治阶级应有的权力和利益被剥夺而丧失了权利，因此，统治阶级的权力成为与义务脱节的特殊权利，被统治阶级的义务成为与权利无关的义务。

在社会主义条件下，伴随着政治体制改革的要求和政府治理理念的转变，公共服务成为权力主体应有的道德义务和职责，建立服务型政府成为权力主体和非权力主体之间的共同需要。在我国，中国共产党作为执政党，就必须牢牢确立立党为公、执政为民的理念，在党和人民群众之间确定好权利—义务关系。显然，当权力的主体归属在社会关系中发生转换，其性质发生变化之后，作为一种决策、规划、支配、管理公共事务的力量，其对象的指向性也就随之转移，义务分配关系也就发生了深刻的变化。

在权利主体和道德主体的关系中，情形要相对复杂得多。权利主体之中既有权力主体，也有非权力主体。一方面，权力主体执掌政权，履行义务，应当依法享有一定的权利，这就是权力主体应有的道德权利。在此意义上，权力主体也具有权利主体的含义，正如我国《公务员法》规定的公务员享有八项权利一样。而当权力主体行使权力超出了公共领域，进入私人领域，以权谋私，从而使得义务和权利相分离，权利主体和道德主体就失去了一致性。另一方面，非权力主体的义务和权利本质上是一致的，他们的权利来自于权力关系的转换，是受权力保护的一种利益。但是，当他们的权利得不到保障，托付出去的权力失去了为人民服务的意义，非权力主体就成为只有义务而没有权利的个人。其履行义务的意义成为单向度的他律，从而使得个人失去了道德上的完整性，也就是既没有因为履行道德义务而得到应有的报偿，得到生活的幸福，也没有因为履行义务而获得了人的完整性和全面发展，这必将导致人们对道德的失望。道德失望使人们对道德失去了信心和遵从，道德失范的现象由此而生。所以，无论是从权力主体方面看，还是从非权力主体方面看，义务和权利的分离，关键在于权力主体与道德主体的分离。

权力和权利是一种义务制约关系。从理论上讲，权力来自人民，正确行使权力就是一种义务。权力的来源以及正确行使权力，决定了权力主体本身就具有履行义务的规定性。这里所说的义务，其内容来自权力作为一种公共意志，作为人类社会有序运行和良性发展的规划、决策和管理力量的本质属性。同样，在义务和权利的关系中，没有无义务的权利，也没有无权利的义务。义务和权利的统一性绝不是理论上的一种抽象，权利主体之间互为权利义务关系，权利和义务互为条件，这是社会公正的制度基础。因此，在义务、权力和权利的关系中，义务成为三者联系的核心纽带。单向度的义务观念或者实践，对于义务、权力和权利的有机关系系统，将是一种潜在的威胁。因为单向度的义务观否认了义务主体的相互性，导致义务与权利的分离，使社会失去了公正性，泯灭了义务主体的积极性。

权力和权利深刻地反映着一定社会的利益关系。对利益的追求是社会经济生活中的客观事实。问题是，为谁的利益而奋斗，为什么样的利益而奋斗，这就是道德价值问题，就是衡量权力运作的基本价值标准。因此，以权为公，执政为民，追求公平正义，正确处理个人利益和公共利益的关系，这是检验权力运作是否正当的价值尺度。在权力主体方面，必须依法保障公民个人权益，不以权力牟取个人权利，这是与义务相一致的道德责任。在非权力主体方面，依法享有各种社会权利，既承担起履行义务的社会责任，也依法维护好自己的合法权益，保护自己的权利不受侵犯。这就是权力、权利和利益之间的一种制约均衡关系。这种制约均衡关系没有建立起来，或者尚不完善，或者受到破坏，社会关系就不会和谐有序。①

① 高力. 执政主体伦理分析. 云南大学学报（社会科学版），2010（2）。

二、公共权力价值关系

价值是一个关系概念，公共权力价值观反映了公共权力主体和对象客体之间的价值关系，这种价值关系具有复杂的多重结构。正确的权力观和价值观的确立，应该建立在对这种价值关系的进一步分析和把握的基础上。公共权力价值是公共权力价值观的客观性内容，体现在公共权力主体和客体之间公共权力实践运作的伦理关系中。当公共权力主体以手中的权力为人民服务，其客体意义就是不言而喻的，当公共权力主体以手中的权力牟取私利时，公共权力就异化为对立的力量，而丧失了其应有的意义。价值虽有以人的需求为标准的特点，具有主观表现形式，成为观念把握的形态，但是价值评判的标准仍是客观的，既不以官员的意志也不以某一群众个人的善良愿望为转移。事实上，公共利益以超越个人之上而又存在于社会之中的方式决定着公共权力主体和公共权力客体的价值选择。

（一）公共权力价值主体关系中的政府本位与公民本位的关系

权力的设置及分配形成一种政治文化，从而影响着公众对于政府和权力的观念。自国家产生以来，国家权力以集权原则、分权原则和议行合一原则而形成三种设置类型。早先，国家权力更多地给予了最高统治者，“朕即国家”，形成集权统治。往后，西方国家在政权组织形式上将立法、行政、司法三种权力分别由议会、政府、法院三种不同职能的国家机关分别行使，形成“三权分离”的分权制衡关系，其目的在于以权力约束权力，防止滥用权力，实质是为了适应资产阶级内部不同利益集团的需要，以维持资产阶级统治的稳定。人民群众与其分权制衡自然不被纳入这一权力系统当中。中国历史上的封建专制是中央集权，农民被国家的户籍制度和乡里、保甲等基层组织束缚在相应的行政区域，国家政权高于一切，权力成为统治阶级利益的代表，从而历史地形成了政府本位与公民本位之间的矛盾和对立。今天，我们实行人民代表大会的政权组织形式，全国人民代表大会是国家最高权力机关，国家的行政机关、司法机关及其他职能部门均由全国人民代表大会产生。

问题在于，政府作为管理国家与社会的庞大组织，已位于公民社会之上，其职能职权的安排，不仅需要制度投入，也需要经济投入，公共财政为政府服务具有了合理性、合法性。权力客体以权力主体为中心，成为为权力主体服务的资源。事实上，早在19世纪，巴黎公社作为无产阶级国家政权组织形式的诞生，马克思、恩格斯给予关注、支持和总结，提出“公社公仆”的概念。中国共产党在革命和建设时期一直倡导的公仆意识，全心全意为人民服务的宗旨，坚定执行的群众路线等，作为一种权力价值观的基础，也贯穿于政府和公民的关系之中。然而，深层次的问题还在于，由于历史和现实的种种原因，政府本位以及未能转换的政府职能所形成的庞大机构，权力本位的观念及其对权力的心理崇拜以及权力所具有的利益能量，不可能即刻解决政府本位的现实。为了改变这种现实，民主政治的建设以及政府职能的转换是最重要的途径。阳光财政，透明政府，减低官民比例，还富于民，监督政府财政开支，保持艰苦奋斗的作风等是建设廉洁政府的关键举措。

（二）公共权力运作过程中经济价值与伦理价值的关系

在计划经济体制下，政府作为经济职能部门，已显示出其运用公共权力管理、干预经济的能力。社会资源的配置和管理，需要政府高度的计划和权威。作为经济运行的结果来讲，只要没有路线、方针和政策的失误，国家就是最大的营利者，国家也必须成为最大的营利组织，才能完成社会物质生活条件以及文化生活条件的生产和再生产任务。在此意义上，公共权力运作中的经济价值和伦理价值得到高度合一。在市场经济条件下，经济主体以寻求自身的利益为目的，在交换关系和消费关系中获得自己的经济价值。经济活动领域以其巨大的物质能量和经济价值并通过货币、财富等具体价值形态，显示出其优越于伦理价值的意义。因此，尽管公共权力伦理价值的本性与此格格不入，公共权力领域和经济活动领域必须相对分离，但作为公共权力主体的个人或组织也现实的面临着施政的经济导向和价值导向选择。为了 GDP 的绩效就可能影响生态伦理和人的发展。一些党的领导干部和政府官员，经不住经济价值的诱惑，加之权力失去有效的制约，权力本位与经济本位一经结合，使正确的权力伦理价值遭受腐蚀，权钱交易就显现为最可怕的权力腐败。显然，经济价值不能侵入行政领域，为了维护公共权力价值，必须进行制度设防。

（三）公共伦理中的“人情”与“法理”的关系

公共伦理中的人情与法理源于伦理型政治和法理型政治的关系模式。伦理型政治和法理型政治有着很大的不同，此种差异或者体现在政治构想的理念之中，或者体现在制度的设置当中，或者体现在具体的行政过程中。公共权力的“公属”与“私掌”之间存在矛盾，具有分离的可能性，在权力的关系中就可能改变参与者的物质关系、精神关系和社会关系。

伦理型政治在人伦情理的影响下，在用人之道方面面临着任人唯亲或举贤不避亲的选择。在公务活动中可能因为朋友关系、老乡关系而提高了所谓的“效率”，但也隐含了不明不白的私利，人际关系大于政治关系。在行政过程中，伦理型政治“晓之以理，动之以情”，以情感化育替代行政手段，成为一种管理方式。伦理型政治将人伦情感融入到制度设置之中，使得制度失去了刚性，因而隐含着人治的元素，使得政治关系具有了微妙性和操作上的复杂性。

在法理型政治中，人人平等成为基本的准则，无论在用人还是处罚方面，都以法律为准绳。制度对人而言具有不可变动性，不允许因人而异的现象发生。从心理层面来看，法理型政治更注重理性，不是情感大于理性，恰好相反是理性指导情感，从而维护着制度的严肃性和权力的威严，人际关系处于次要的位置。法理型政治有赖于一整套完整的制度以及由此而形成的基本秩序，一旦这种制度和秩序成为一种较为长久的传统，法理型政治也就具有了稳固的文化根基。

伦理型政治与法理型政治不是两种水火不相容的行政模式。在行政实践中，只在于伦理型政治与法理型政治各自所占的比重不同，核心则是秉持的价值原则是什么。中国封建社会的政治历史是以伦理型政治为主的过程，儒家德治学说虽然并不完全排斥法治理论，但“德主刑辅”之说始终牵引着人情与法理的关系，人情伦理在政治生活中直接或间接地影响着行政过程，以致“刑不上大夫，礼不下庶人”① 成为世人皆知的伦理等级尺度。即便在西方以法理型为主的政治运作中，政治交易也不可能杜绝人情关系，以致时常曝出政治丑闻。显然，伦理与法理、德治与法治的统一是政治文明的发展趋势。从权力与权利的关系来审视，权力和权利必须以法治加以确定，依法制约权力，依法保障权利，法治才具有道德性，才能切实保障公共利益。因此，公共权力不应从属于伦理人情，而是必须体现国家意志和人民利益的法制安排。

综上，权力设置的现实关系及其利益归属，决定着权力的价值性和工具性关系，权力价值观的改变也依赖于现实关系的改变。价值的优先性是权力伦理的灵魂与核心，树立正确的权力价值观，以正确的执政伦理指导政府行为，并将权力关进制度的笼子里，是确保政府组织及其成员正确处理权力的价值性和工具性关系的前提。

第三节　中国权力伦理思想的发展历程

一、中国古代权力伦理思想

国家产生后，必然要运用权力对社会进行管理。我国是历史悠久的世界文

---

① 《礼记》。

明古国，有着丰富的行政管理经验。在传统政治文化中，为政以德、礼法相依、礼法合治，管权治吏的思想和经验十分丰富，法治的强制性手段和伦理的非强制性手段即法治和德治，道德教化和法律强制的结合成为治理国家的重要方式。

（一）德治思想

中国传统文化中的德治思想内容丰富，其主要内容是：

第一，将德治与国家安危相联系，高度重视德治的作用和意义。孔子讲："为政以德，譬如北辰，居其所而众星拱之。"① 意思是统治者靠道德来治理国家，自己便像北极星一样，安定地居在一定位置，所有别的星辰都敬服它。孟子也讲："人皆有不忍人之心。先王有不忍人之心，斯有不忍人之政矣。以不忍人之心，行不忍人之政。治天下可运之掌上"。② 意思是只要有恻隐之心、同情之心，即有良心，行德政，天下就可以掌握于手掌之中。《礼记》描述"大同"天下，即"天下为公"，天下乃天下人之天下，不为一人一家所私有。统治者任人唯贤，讲求诚信，人际关系友善和睦，老有所终，壮有所用，幼有所长，鳏寡孤独残疾有所养，此为天下"大同"。汉代哲学家董仲舒说："以德为国者，甘于饴蜜，固于胶漆。"③ 西汉史学家、思想家司马迁在《史记》中总结刑德之辨和历史经验，说道"国君强大，有德者昌；弱小，饰诈者亡。太上修德，其次修政，其次修救，正下无之"④，提出威德并施，仁民爱物，礼行臣下的治国主张。

第二，公私分明，公忠是德治的核心原则。《尚书》讲"以公灭私，民其允怀。"意思是，用公心消灭私欲，人民就会归向在位的执政者。《管子·心术下》讲"私者，乱天下者也。"韩非明确提出，为政之道"必明于公私之分，明法制，去私恩。夫令必行，禁必止，人主之公义也。……私义行则乱，公义行则治，固公私有分。"⑤ 忠字有三层含义，一是忠于国家，"忠为报国"，二是忠于国君，"臣事君以忠"，三是忠于百姓，如《左传》所说"上思利民，忠也"。无论何人，皆可尽忠。《忠经》讲的"君子尽忠，则尽其心，小人尽忠，则尽其力"以及"天下尽忠，淳化行也（即淳厚的教化普遍推行）"正是这个道理。

---

① 《论语·为政》。

② 《孟子·公孙丑上》。

③ 《春秋繁露》。

④ 《史记·天官志》。

⑤ 《韩非子·饰邪》。

第三，德治即爱民和施行仁政，以德治民。我国西周时期即有“惠民”“保民”的思想，周公是第一个提出敬德思想的人。敬德，也叫明德，有两个方面的意思，首先要对民宽厚，达到惠民、保民；其次要慎罚，用刑要恰当。敬德思想的提出，反映了对人作为劳动力价值的重视。孔子的“仁”学思想就是从周公敬德思想演变而来的。孔子把“博施于民而能济众”看作是圣王的事业，提出“节用而爱人，使民以时”，“谨而信，泛爱众而亲，仁”①。统治者意识到“民为邦本”，人民与统治者犹如水与舟的关系，水可载舟，亦可覆舟。朱熹提出：“天下之务，莫大于恤民，而恤民之本，在人君正心术以立纪纲。”② 元朝思想家张养浩在《为政忠告》中也提出为政者“爱民恤民，勤本富民”的思想，“君也者，为天为祖宗保民者也”。清朝进步思想家唐甄提出“救民爱人”的思想：“国无民，岂有四政？封疆，民固之；府库，民充之；朝廷，民尊敬之；官职，民养之。奈何见政不见民也！”③ 他说：“车取其载物，舟取其涉川，贤取其救民。不可载者，不如无车；不可涉者，不如无舟；不能救民，不如无贤。”④ 官员的最高道德标准就是“救民爱人”“爱民敬民”。古人表述的民本思想，已揭示了公共权力的价值指向和本质属性。

第四，君臣政治关系等级化、伦理化，以政治秩序制导家庭关系和其他社会关系，使社会关系有序化、道德化。传统道德中的“三纲五常”，君为臣纲，臣事君为忠，规定了君臣之间的等级关系，以此推人家庭关系中，父为子纲，夫为妻纲，由此规定了社会关系中的尊卑等级关系。孟子提出：“父子有亲，君臣有义，夫妇有别，长幼有叙，朋友有信”⑤，处理人伦关系的原则已经明确。孟子还提出仁、义、理、智四德，仁义为根本，是处理伦理关系的基本原则。先秦儒家主张君仁臣忠，父慈子孝，“老吾老，以及人之老；幼吾幼，以及人之幼”，具有合理性。韩非提出：“臣事君，子事父，妻事夫”⑥。西汉时董仲舒将君臣、父子、夫妻确定为三伦，提出“三纲五常”的道德准则，即“君为臣纲，父为子纲，夫为妻纲”，五常乃仁、义、理、智、信，中国封建社会的宗法统治和君权专制秩序得到伦理总结，人伦关系的义务绝对化了，它表明君权（政权）、族权（父权）和夫权成为封建社会的王道，是封建

① 《论语·学而》。

② 中国传统道德（规范卷）. 北京：中国人民大学出版社，1995：26.

③ 《明鉴》。

④ 《有为》。

⑤ 叙：通序，秩序，《滕文公上》。

⑥ 《韩非子·忠孝》。

社会的政治原则和伦理原则。

第五，将德治与官德相联系，以榜样的力量来感化人心，突出以德治吏。五帝时期十分强调官员“九德”，即“宽而栗、柔而立、愿而恭、治而敬、扰而毅、直而温、简而廉、刚而实、强而义”①。违背“九德”的官员要处以“墨刑”。西周时期强调“六计”官德规范，即廉善、廉能、廉敬、廉正、廉法、廉辨。② 孔子提出庄重、宽厚、诚信、勤敏、慈惠等官德规范：“恭则不侮，宽则得众，信则人任焉，敏则有功，惠则足以使人。”③ 秦国在《为吏之道》中重视用“五善”道德规范约束官员：“一曰忠信敬上，二曰清廉勿谤，三曰举事审当，四曰喜为善行，五为恭敬多让。”④ 唐代官吏廉政勤政道德规范已发展到相当成熟的阶段，其突出标志是广泛推行“四善二十七最”的规范体系和考课制度，即以“四善”为本，用于考核官吏的清廉正直，以“二十七最”为用，分别考核二十七种官吏是否勤勉有为。其中，“四善”规范是：“一曰德义有闻，二曰清慎明著，三曰公平可称，四曰恪尽匪懈。”⑤ 官德重在修养，王安石在上皇帝书中说：“人之才，未尝不自人主陶冶而成之者也。”为官的道德修养要抓住“五事，貌、言、视、听、思”，“五事，人君所以修其心，治其身者也，修其心、治其身而后可以为政于天下”⑥。修身讲气节，正如元朝思想家张养浩所讲，要做一个好官，必须自律从严，做到“人所趋者不敢趋，人所乐者不敢乐，人所私者不敢私”，做到“竭忠吐诚，尽其职守”⑦。明末清初思想家王夫之认为，有志之士应有“坚贞之志，与日月争光”，“身可辱，生可损，国可亡，而志不可夺”。

古人讲为官“六正六邪”，西汉光禄大夫刘向著《说苑》三十篇，其中谈到为官之道，把官员分为十二类，列为“六正六邪”。六正：① 高瞻远瞩，防患未然，此为“圣”；② 虚心尽意，扶善锄恶，此为“良”；③ 夙兴夜寐，进贤不懈，此为“忠”；④ 明察成败，转祸为福，此为“智”；⑤ 恪尽职守，廉洁奉公，此为“贞”；⑥ 刚正不阿，敢诤敢谏，此为“真”。六邪：① 安官贪禄，不务公事，此为“庸”；② 溜须拍马，曲意逢迎，此为“谀”；③ 巧言令色，嫉贤妒能，此为“奸”；④ 巧舌如簧，挑拨离间，此为“谗”；⑤ 专权擅

---

① 《尚书·皋陶谟》。
② 《周礼·天官冢宰（卷一）》。
③ 《论语·阳货》。
④ 《睡虎地秦墓竹简》。
⑤ 《唐六典（卷二）》。
⑥ 《洪范传》。
⑦ 《为政忠告》。

势，结党营私，此为“贼”；⑥ 幕后指挥，兴风作浪，此为“险”。

（二）法治思想

中国古代社会，不但重视德治，也强调法治。中国古代的法治思想主要有以下内容：

第一，立法和守法。公元前 536 年，郑国“铸刑书于鼎”，后来晋国也“作刑书”。郑国与晋国先后采取的立法和推行法治实践，在当时有着划时代的意义。战国末期的韩非，主张以法统治国家，以权势统御属下，采取任用贤才、富国强兵的政策。他是先秦法家思想的集大成者，建立了以法治为主的“法、术、势”相结合的法家思想理论体系，提出“治民无常，唯法为治”，“抱法处势则治，背法去势则乱”，主张君主要在法律的范围内行事，必须“明法制，去私恩，夫令必行，禁必止”，去私行公，不可“释法用私”，不可“释法术任心治”；“道”是“是非之纪”，君主要“守自然之道”，“不以智累心，不以和累己；寄治乱于法术，托是非于赏罚，属轻重于权衡……守成理，因自然”①，使法律纯洁淳朴，普及万物而不遗地把“法”视为连君主都不得侵犯的东西。法家还从哲理上分析了社会发展的趋势，认为历史是发展的、进化的，“进异则事异，事异则备变”，“不期修古，不法常可”。这种顺应时代发展，适时变革的思想是有深远意义的。

第二，以法治吏。官吏的贪赃枉法直接侵蚀着统治阶级的肌体，危及国家机器的正常运转，激化社会矛盾。为维护统治阶级的整体利益，中国历代统治者都主张从严治吏，尤其注意以法治吏。在传说中国古代文明诞生的夏朝，皋陶造律，其中就有惩贪官治吏的法条。战国初期李悝制定的《法经》对惩治官吏犯罪极为重视，规定对于经济及腐败犯罪，施以刑杀、诛族、没收家产诸刑罚，即使将相亦不能免。秦朝建立之后，为保证中央集权制的有效运行，加强封建专制统治，秦始皇把对官员的管理摆到了重要地位。秦律中有很多保障吏治的内容。如规定以执法情形作为考核官吏的重要标准；玩忽职守，必须承担责任；挪用公款者与盗同罪；作奸犯科者，除了相应的惩罚外，一律撤职；任用官吏不当者，成绩考核属劣等者要受罚；此外，对司法官吏的违法行为也有诸多处罚规定。汉高祖刘邦即位后，虽奉行“约法省禁”“与民休息”的政策，但对赃吏则不予姑宽。《汉书·刑法志》“吏坐受赃枉法……皆弃市”。汉文帝下诏，坐赃者不得为吏。安帝规定，赃吏子孙三世禁锢。从严治吏，使当时“吏称其职，民安其业”，有力地维护了汉朝的统治。

第三，加强和完善法制。唐代是中国封建社会鼎盛期，也是古代法律建设

① 《韩非子》。

的重要时期。唐太宗李世民总结历代吏治经验，加强法制建设，对官吏职守作了明确具体的规定。《唐律》502条中近半数涉及职务犯罪，其中，对惩治贪赃枉法更作了十分周详的规定，注意依据不同情节量罪定刑，这显示了我国古代刑法日趋科学化。如对贿赂犯罪划分为受贿为请、受所监临财物、受旧属财物、因官挟势令索财物、坐赃致罪等，且处罚各不相同。这标志着我国刑法，尤其是惩腐治贪的法律日趋成熟。宋朝以忠厚立国，凡官吏犯罪处罚皆从轻，唯独对赃吏最严，宋太祖还规定，禁止官吏经商。

第四，严格执法。步入封建社会晚期的明清，封建专制的弊害更为昭著，吏治问题更显突出，也更为统治者所关注。起自社会下层的平民皇帝朱元璋本着“重典治吏”的精神，亲自主持制定《大明律》，其中详尽地规定了惩治贪官污吏的律条。《大明律·刑律》专设“受赃之门”，列为一卷共11条，对官吏受贿犯赃行为作了详细分类。明律打破了汉唐以来“刑不上大夫”的等级特权，废除了“官当、减赎及荫法”，对贪吏实行“重罪加重”的刑罚原则，处刑甚至比一般百姓还重。如规定对受赃枉法的各级官吏从重治罪。贪赃一贯以下杖七十，每五贯加一等处罚，到八十贯处以绞刑等。吏或被杖杀朝堂，或被斩首弃市，或被刺配流放者达数百人之多，而且限制了“请”“减”“当”“赎”等法的运用。凡有贪赃劣迹者，禁止重入仕途。明太祖朱元璋不仅对贪罪从重立法，而且整治也雷厉风行，毫不手软。执法上不偏袒显贵和宠臣，从建隆三年至天宝六年，太祖先后处死十多名贪赃的高级将领以及深得自己信任的光禄少卿郭汜。洪武十八年（公元1385年）查清户部侍郎郭桓集团贪污案，立即下令将郭桓以及涉案的数百名贪官处死，并将数万涉案的各省官吏治罪下狱。开国元勋永嘉侯朱亮祖受贿枉法，遭鞭死；丞相胡惟庸广收贿赂，被处死刑；驸马欧阳伦违禁倒卖茶叶，尽管马皇后和公主苦苦求情，也难逃一死。清朝开国初期数位皇帝对吏治都十分重视，除了重视立法治吏外，也一向严格执法。顺治帝曾在三天之中发出四道圣旨，革职严审漕运总督吴淮华、江宁巡抚士国、宝潮州太守樊光华等贪官。康熙在位60年，先后将贪赃枉法的湖广巡抚张针、刑部尚书齐性武、兵部尚书耿额送上统刑架，撤销内阁大学士明珠、余国往、李之芳、勒德洪、吏部尚书科尔坤、户部尚书绋伦、工部尚书熊一肖等的职务。雍正、乾隆二帝也大体能够秉承祖法，严厉治吏。

中国传统文化中的治国思想无疑具有积极和消极的内容，应该加以扬弃。《说文解字》解释“法，刑也”，“刑，法也”，刑、法二字互用。中国古代“法自君出”，法律以君主意志为转移，君主始终掌握国家最高立法权。司法从属于行政皇帝“口含天宪”，皇帝握有国家最高司法权。传统的法观念，以义务为本位，重刑轻民，忽视人的权利，强调法的意志性，忽视法的正义性和道德基础，使法成为镇压工具，具有重刑主义特征。法律以礼教为指导原则和理论基础，其理论上的失误之处大多是以人性善恶论证德治和法治的必要性，不可能深入社会经济关系和政治制度的性质来揭示德治和法治的依据。诸如此类的内容使封建“法治”具有显著的阶级属性和历史局限性，与现代法治有着本质的区别。

二、中国当代公共权力伦理思想

（一）改革开放前的公共权力伦理思想

毛泽东在新中国建立之前就考虑到了执政党的执政规律、执政监督问题。毛泽东在回答民主人士黄炎培先生关于历史发展的周期律问题时明确指出，要通过实行民主，让人民来监督政府，使政府不敢松懈，就不会政息人亡，就能跳出历史周期律。在新中国建立之初，毛泽东清醒地认识到执政党的权力存在异化的可能。他提出了“两个务必”，即“务必使同志们继续地保持谦虚、谨慎、不骄、不躁的作风，务必使同志们继续地保持艰苦奋斗的作风”。由于党和政府清醒地认识到执政党反腐倡廉的重要性，也采取了一些有效的措施，当时各级政府中的大多数干部继续保持了艰苦朴素的优良传统，为政清廉，自觉遵守公共伦理。但由于法制不健全，规章制度不完备，有部分干部违反了公共伦理的要求，贪污受贿，损公肥私。为了解决这些问题，党在 1950 年开展了整风运动，1951—1952 年开展了党政机关工作人员中的反贪污、反浪费、反官僚主义“三反”和私营工商业中的反行贿、反偷税漏税、反盗骗国家财产、反偷工减料、反盗窃国家经济情报“五反”运动，1951—1954 年开展了整党运动。这几次运动处理了大量的违纪人员，严厉打击了干部中的违法违纪现象，取得了反腐败斗争和公共伦理建设的重大胜利。

这一时期的以反对腐败为主要内容、以运动和文件宣传为主要方式开展的公共伦理建设，方法简单，但力度和范围较大，也取得了较好的效果。由于当时我们对公共伦理建设的重要性、必要性、艰巨性缺少理论的认识，因此采取的是治标不治本的办法，缺乏长效机制和理论建设。

（二）改革开放初期的公共权力伦理思想建设

党的十一届三中全会以后，党中央在改革开放的同时，对建设新时期的公共伦理的重要性、必要性在思想上有了新的认识，并且在实践中不断提高和完善。为此，党中央采取了一系列有效措施。

党的十二届六中全会通过了《中共中央关于社会主义精神文明建设指导方针的决议》（以下简称《决议》），强调要加强职业道德建设，要求党和政府的各级官员做职业道德建设的楷模，并对干部提出明确的伦理要求："在我们社会的各个行业，都要大力加强职业道德建设。首先是党和国家机关的干部，要公正廉洁，忠诚积极，全心全意为人民服务，反对官僚主义、弄虚作假、利用职权谋取私利。"《决议》对物质文明和精神文明的关系，提高全民族道德素质和提高党员干部特别是党的领导干部道德素质的关系提出了新的要求；强调从严治党、搞好党风廉政建设是加强精神文明建设的前提；认为要提高全民族的道德素质，首先要提高党员干部的道德素质，而要提高党员干部的道德素质，首先要提高党的领导干部的道德素质。《决议》要求党员干部在改革开放的形势下，更要坚定共产主义信念，身体力行共产主义道德，大公无私，清正廉洁，服从大局，艰苦奋斗，全心全意为人民服务。

这一时期邓小平深刻总结了社会主义建设的历史经验，在公共伦理建设方面提出一些新的思想。第一，厘清关于社会主义本质的认识误区，提出解放思想，解放生产力，发展生产力，实现人民共同富裕的任务和目标。第二，以监督来保障权力运用的正当性。邓小平认为，执掌行政权力容易滋长官僚主义、主观主义和宗派主义，必须通过接受党的监督、群众监督、民主党派和无党派人士的广泛而全面的监督，才能保证执政为民。第三，领导就是服务。邓小平明确提出，领导就是服务。他认为要反对官僚主义，就要树立和强化服务观念，树立了这种观念才能把自己作为人民的公仆，在工作中全心全意为人民服务。第四，以身作则，率先垂范。邓小平认为，领导干部要多干实事，必须转变靠发指示、说空话来管理国家的坏作风。他强调要搞好社会主义精神文明建设，加强和改善执政党建设，关键是各级领导干部以身作则。第五，加强民主和法制建设，他认为，要建设社会主义，必须大力发展民主和法治，这是我们党坚定不移的方针。

（三）市场经济体制下的公共权力伦理思想建设

20世纪90年代以来，随着社会主义市场经济体制的确立和完善，为适应市场经济体制的要求，党的十五大报告提出"依法治国"的思想，并将此写入了宪法。到2010年，以宪法为核心，以法律为主干，包括行政法规、地方性法规等规范性文件在内，由宪法及宪法相关法、民商法、行政法、经济法、社会法、刑法、诉讼及非诉讼程序法七个法律部门、三个层次法律规范（宪法、法律、行政法规、地方性法规等规范性文件）构成的中国特色社会主义法律体系已经基本形成，国家经济、政治、文化、社会生活的各个方面基本做到有法可依，为依法治国、建设社会主义法治国家、实现国家的长治久安提供了有力的法治保障。党的十八届四中全会吹响了全面推进依法治国的号角，强调中国特色社会主义法治道路，是社会主义法治建设成就和经验的集中体现，是建设社会主义法治国家的唯一正确道路。其核心要义就是坚持党的领导，坚持中国特色社会主义制度和贯彻中国特色社会主义法治理论。要坚定不移地走中国特色社会主义法治道路，推进国家治理体系和治理能力现代化，为实现“两个一百年”奋斗目标、实现中华民族伟大复兴的中国梦提供有力法治保障。

国家和社会治理需要法律和道德共同发挥作用。走中国特色社会主义法治道路，坚持法律面前人人平等，重点在于依法治权、依法治官、消除特权。同时，必须坚持依法治国和以德治国相结合。在 2000 年 6 月召开的中央思想政治工作会议上的讲话中，江泽民明确提出以德治国的要求。在 2001 年年初召开的全国宣传部长会议上，江泽民明确指出：“对一个国家的治理来说，法治与德治，从来都是相辅相成、相互促进的，二者缺一不可，也不可偏废。法治属于政治建设、属于政治文明，德治属于思想建设、属于精神文明。二者范畴不同，但其地位和功能都是非常重要的。”依法治国和以德治国相结合的治国思想，不但是建设有中国特色社会主义理论的新发展，也对加强我国的公共伦理建设具有重要的指导意义。

2000 年，江泽民在广州市党建工作座谈会上完整阐述了“三个代表”重要思想，明确指出，总结我们党 70 多年的历史，可以得出一个重要的结论，这就是：我们党所以赢得人民的拥护，是因为我们党在革命、建设、改革的各个历史时期，总是代表着中国先进社会生产力的发展要求，代表着中国先进文化的前进方向，代表着中国最广大人民的根本利益，并通过制定正确的路线方针和政策，为实现国家和人民的根本利益而不懈奋斗。中国共产党是领导人民掌握政权并长期执政的党，始终做到“三个代表”是我们党的立党之本、执政之基、力量之源。贯彻“三个代表”重要思想，本质在坚持执政为民，这就极大地丰富了我国当代公共伦理建设的内容。

2002 年，党的十六大提出了全面建设小康社会的宏伟目标。十六届四中全会提出了构建社会主义和谐社会的重大任务，我们要建设的社会主义和谐社会，应该是民主法治、公平正义、诚信友爱、充满活力、安定有序、人与自然和谐相处的社会，是民主与法治的统一、公平与效率的统一、活力与秩序的统一、科学与人文的统一、人与自然的统一的社会。建设小康社会和构建社会主义和谐社会，必须树立和实践以人为本，全面、协调和可持续发展的科学发展观——这回答了我国“为谁发展、发展什么、如何发展”的根本问题，为我国的发展提供了重大战略思想和指导方针。这就要求党和政府以及领导干部提高激发社会创造活力的本领、管理社会事务的本领、协调利益关系的本领、处理人民内部矛盾的本领、开展群众工作的本领、维护社会稳定的本领，即全面提高党的执政能力。

2004 年 8 月 22 日，胡锦涛在邓小平同志诞辰 100 周年纪念大会上的讲话中指出，我们党要“把马克思主义执政理论与党执政新的实践紧密结合起来，以党的执政能力建设为重点，从党的执政理念、执政基础、执政方略、执政体制、执政方式、执政资源和执政环境等方面进行努力，全面加强和改进党的思想、组织、作风和制度建设。”这就深刻阐明了执政伦理各个方面的关系。我们党要执好政、掌好权，必须始终坚持立党为公、执政为民的宗旨，践行权为民所用、情为民所系、利为民所谋的执政要求，坚持把实现好、维护好、发展好最广大人民群众的根本利益，作为我们党执政的根本目的。

党的十八大以来，以习近平同志为核心的党中央，逐步形成并积极推进全面建成小康社会、全面深化改革、全面依法治国、全面从严治党的“四个全面”战略布局。党的十八届五中全会首次提出以人民为中心的发展思想，鲜明提出创新、协调、绿色、开放、共享的“五大”发展理念，是经济建设、政治建设、文化建设、社会建设和生态文明建设即“五位一体”建设管全局、管根本、管长远的导向和战略性、纲领性指南。在全面从严治党方面，要求共产党人坚定理想信念，补足精神上的“钙”，同时用制度治党、管权、治吏，把权力关进制度的笼子里，用铁的纪律维护党的团结统一，坚持以零容忍态度惩治腐败。在 2016 年 12 月 5 日中央全面深化改革领导小组第三十次会议上，习近平提出“四个有利于”为今后的改革导航：“多推有利于增添经济发展动力的改革，多推有利于促进社会公平正义的改革，多推有利于增强人民群众获得感的改革，多推有利于调动广大干部群众积极性的改革。”“四个有利于”的提出坚持了以人民为中心的发展思想。中国共产党与时俱进，坚持创新，践行正确的公共权力观，为我国公共伦理建设提出了系统、完整的指导思想。

本章小结

权力具有结构性含义，作为一个结构系统，权力是社会生活领域中客观存在的现象。在阶级社会中其实质是统治阶级意志和利益的体现，是社会活动的统治力量和实施社会管理的工具性手段。权力具有价值性含义，公共权力的价值观是对公共权力价值进行评价、判断、选择的伦理观念和尺度。明确权力与权利的严格区别，是树立正确的权力价值观的必要条件。

权力是谁赋予的，权力应该为谁服务，权力应该怎样实践与运行，这是深刻的公共伦理问题，属于公共伦理学重点研究的范畴。公共权力是人民赋予的，行政主体行使管理职能的权力。要保证权力的正确行使，除了深化政府体制改革、科学设置权力机构、转变政府职能之外，还必须明确执政主体作为权力主体和道德主体保持一致性的重大意义。

公共权力价值观反映了公共权力主体和对象客体之间的价值关系，正确的权力价值观的确立，应该正确分析和把握政府本位与公民本位的关系、公共权力运作过程中经济价值与伦理价值的关系以及源于伦理型政治和法理型政治关系模式中的“人情”与“法理”的关系，以价值的优先性作为权力伦理的灵魂，正确处理好权力的价值性和工具性关系。

正确的公共权力价值观的树立，应当借鉴历史上有益的经验。我国的公共管理有悠久的历史，历史上的德法和法治的经验值得我们借鉴和参考。在加强公共伦理建设的进程中，确保公共权力真正用于维护和增进公共利益。

案例与阅读材料

让权力在阳光下运行

党的十八大以来，党中央查处了 200 多名高级干部，以零容忍的态度重拳反腐，坚持“老虎”“苍蝇”一起打，下大力气拔“烂树”、治“病树”、正“歪树”，有腐必反、除恶务尽，海外追逃追赃全面推进，在减少腐败存量的同时，坚决遏制腐败增量，使不敢腐的震慑作用充分发挥，不能腐、不想腐的效应初步显现，反腐败斗争压倒性态势正在形成，广大群众感受到了全面从严治党的实际成效。据中央纪委官网统计，仅 2015 年 1 月 1 日至 2015 年 12 月 20 日期间，全国查处群众身边的“四风”和腐败问题就有 80 516 起，共查处人数达 91 550 人。对那些官职不高、案值不菲的“小官巨贪”，严加查处。

国家之权乃“神器”，权力是个神圣的东西，为官用权务必牢记权力姓“公”不姓“私”，务必珍惜权力、慎用权力，管好权力，保证权力健康，不发生“霉变”。权力应当成为一种负担，更是一种责任。事实证明，建立科学有效的权力监督体系更是保证权力造福人民的重要途径。习近平在关于党风廉政建设和反腐败斗争的多次讲话中强调，各级领导干部都要牢记，任何人都没有法律之外的绝对权力，任何人行使权力都必须为人民服务、对人民负责并自觉接受人民监督。要加强对一把手的监督，认真执行民主集中制，健全施政行为公开制度，保证领导干部做到位高不擅权、权重不谋私。对违规违纪、破坏法规制度踩“红线”、越“底线”、闯“雷区”的，要坚决严肃查处，不以权势大而破规，不以问题小而姑息，不以违者众而放任，不留“暗门”、不开“天窗”，坚决防止“破窗效应”，反腐高压不放松。

中国共产党十八届六中全会通过的《关于新形势下党内政治生活的若干准则》指出：“监督是权力正确运行的根本保证，是加强和规范党内政治生活的重要举措。必须加强对领导干部的监督，党内不允许有不受制约的权力，也不允许有不受监督的特殊党员。

完善权力运行制约和监督机制，形成有权必有责、用权必担责、滥权必追责的制度安排。实行权力清单制度，公开权力运行过程和结果，健全不当用权问责机制，把权力关进制度笼子，让权力在阳光下运行。

党的各级组织和领导干部必须在宪法法律范围内活动，增强法治意识、弘扬法治精神，自觉按法定权限、规则、程序办事，决不能以言代法、以权压法、徇私枉法，决不能违规干预司法。”

思考与讨论

针对上述材料，结合权力价值观，对于反腐败斗争中如何加强制度建设、廉政文化教育、行为自律以及权力监督体系建设进行思考和讨论。

复习思考题

1. 什么是公共权力？
2. 公共权力的实质是什么？
3. 公共权力为什么会产生分化？分化的表现是什么？
4. 如何理解执政主体的双重性关系？
5. 怎样才能树立正确的权力价值观？
6. 中国历史上的德治和法治的内容有哪些？
7. 我国当代公共伦理建设中值得总结的经验和教训是什么？
8. 为什么要建立科学有效的权力监督体系？

第六章
政府行为与公共责任

政府行为与公共责任之间具有内在的联系，政府行为体现着公共管理的活动内容、过程和职责，并通过有关国家公共事务、公共项目的管理活动过程体现公共管理主体的公共责任。研究和揭示政府组织在针对公共事务进行管理的过程中如何承担公共责任，以及公共责任实现过程中所承载的伦理选择和伦理意义，是公共伦理学的重要内容之一。

第一节　行为概述

一、行为的含义和类型

人的行为是一个复杂的结构过程，包含生理、心理、理性、信念和意志等心理要素和社会要素。从心理活动角度来看，行为是人在一定欲望、动机和理智、意志支配下的活动，具有生理、心理基础。从社会关系角度来看，人的行为体现着活动的自主性、目的性。人以自己的行为来适应环境和改造环境，具有社会意义。人的行为是在社会交往中受意识、理想、信念指导并在意志支配下，人们自觉意识到的，受社会条件制约的，具有社会倾向性的社会活动。人的行为本质上是社会性的，是一种社会行为。

人的行为是一个复杂的类型体系。社会行为具有多种类型：从主体角度看有个人行为和群体行为；从组织角度看有企业行为和政府行为；从内容上看有政治行为、经济行为、道德行为、法律行为、宗教行为和审美行为等；从道德角度看有道德行为和非道德行为；从理性水平来看有理性行为和非理性行为；从意志角度看有主动行为和被动行为；从规范角度看有悖俗行为、悖德行为、越轨行为等。各种行为之间是相互关联，相对而言的。

从德性的角度看，人类行为可以分为有道德行为、不道德行为和非道德行为。有道德行为是在一定正向道德意识支配下发生的，具有正向道德的形式、内容和意义，表现出“善”倾向的行为。反之，即是“恶”倾向的不道德行为。因为社会对人的行为确定了正向道德取向，因而在日常语言中用“道德行为”来指称学术分类意义上的“有道德行为”。不以道德标准来进行评价，且行为没有明确的道德含义的行为属于非道德行为。根据非道德行为的社会接纳程度分为可容性行为和排斥性行为。可容性行为是在善恶之间，既达不到高尚又未堕落到邪恶的行为，是评判其为善行标准过高、评判其为恶行又不恰当的行为。道德行为和非道德行为之间没有绝对的界限，二者会相互转化。行为类型的区别是相对而言的，各种行为相互联系，在一定条件下，其内容相互融合，性质相互转化。

二、政府行为及其伦理属性

在公共伦理学看来，政府行为就是政府组织运用公共权力实施公共管理，提供公共产品和公共服务的活动与过程，也称之为行政行为。行政决策、决策执行、行政效能以及责任监督和责任追究等构成了政府行为的整个过程，体现着政府职能和政府能力的基本状况。行政行为的主体是政府组织及其所属部门，因此行政行为本质上就是政府行为。在公共管理活动中，公务员个体行为具有双重性，其履职活动代表着政府组织，是政府行为的个体化，在非履职活动中的行为则具有个人行为的属性。

建成职能科学、权责法定、执法严明、公开公正、廉洁高效、守法诚信的法治政府，需要明确政府行为的合法性，其中包括行政行为主体合法、权限合法、内容合法适当、符合法定程序。按照行政法的要求，行政行为的主体要件是拥有行政职权或法律法规授权的组织和个人，其主观要件是凭借国家行政权力产生、变更或消灭某种法律关系的意图及其效果表示，其客观行为是在客观上行使了行政职权的行为，其功能要件是行政行为能直接或间接导致行政法律关系的产生、变更或消灭。

从行政法的角度看，行政行为是行为主体作出的能够产生行政法律效果的行为，主要类型包括抽象行政行为和具体行政行为。所谓抽象行政行为，是指国家行政机关针对不特定管理对象实施的制定法规、规章和有普遍约束力的决定、命令等行政规则的行为，其行为形式体现为行政法律文件，包括规范文件和非规范文件。抽象行政行为包括执行性抽象行政行为、补充性抽象行政行为和自主性抽象行政行为。执行性抽象行政行为是指为执行法律或者上位规则制定具体实施细则的行政行为，其特征是不创设新的权利义务；补充性抽象行政行为是指根据法律或者上位规则规定的基本原则和基本制度，对原法律或者上位规则需要补充完善的事项做出规定的行为，其特征是在基本原则和基本制度约束下创设一部分补充性的新的权利义务；自主性抽象行政行为是指行政机关直接对法律或者上位规则尚未规定的事项，在根据宪法和组织法规定的管理权限内，根据行政管理的实际需要自主创设权利义务的行政行为。

具体行政行为是指行政机关基于法律、法规的授权，针对特定的人或事做出的具体处理决定，即行政机关行使行政权力，对特定的公民、法人和其他组织规定有关其权利义务的单方行为，包括设定权利或者义务的行为，剥夺、限制权利或撤销义务的行为，变更权利或义务的行为以及不行为（也称不作为），即不做出决定或不予答复的行为。具体行政行为包括行政许可、行政处罚、行政强制、行政征收、行政给付、行政裁决、行政确认、行政监督检查等。

政府行为的伦理属性是由其公共性所决定的，在其政治关系、管理关系和社会治理关系中，政府为人民服务的根本宗旨，人民利益至高无上，就决定和体现了政府行为鲜明的价值含义。公开公正、廉洁高效、守法诚信是政府一切行为的道德要求。由于决策失误、政策执行走样、政府行为失范变异、政府信息失真以及知情不报、辟谣不当、朝令夕改、拖欠债务、空头支票等具体表现所导致的政府失信行为，损害政府形象和公信力，销蚀着政府行为的伦理属性。因此，加强法治政府建设，坚守政府行为的伦理属性，对于巩固执政基础，推进国家治理体系和治理能力现代化就具有重要的意义。

三、行为冲突与价值选择

行为是一个过程，是一个活动体系，有相应的依据和标准。不同行为之间不可避免地要做出选择。行为选择包括对行为动机、意图、目的和标准的选择，也包括对行为方案、过程、结果的选择。人们面临着几种行为可能，并根据自己的道德认识和信念做出符合一定道德原则的行为决定，以实现自己的道德意图，这就是行为选择。

人们在不同标准和行为方案之间必须做出选择，由此所发生的冲突，就是行为冲突。行为选择受到主观条件和客观因素的制约。认识上的局限性和客观条件的制约，制度法规的不完善，权力层级上下关系的相互影响，公共利益和个人利益、整体利益和局部利益之间的复杂性以及决策者的角色矛盾导致行为冲突有不同表现形式及类型。在有些情况下人们可以在亦此亦彼之间进行选择，在有些情况下则必须在非此即彼之间做出选择。选择的内容和尺度就是在善与善之间、恶与恶之间、善与恶的大小之间以及方案实施的可能性和不可能性之间进行选择。

行为选择中时常发生“捡了芝麻丢西瓜”这种得不偿失的现象，决策者在左右为难中会陷入优柔寡断的境地。道德困境就是行为选择中面临道德冲突难以解决而必须加以解决的一种特殊境遇。公共决策的滞后性、政策设计的矛盾性，反映了决策过程中的义利取舍和价值选择的状况。公共政策冲突从表面上看是政策系统中由各级政府及其相关职能部门所制定的政策之间相互矛盾、相互抵触的一种现象，在技术层面上是因信息不对称所导致的矛盾，实质上是政策设计者在权力、道义、价值、管理目标、手段和利益之间进行选择的结果。“政出多门”“文件打架”，丧失的是政府的公信力，受损的是公共利益。决策的科学化、民主化、法治化是解决公共政策冲突的基本方式，表6-1所列的行为冲突、行为境遇以及条件和抉择标准可为化解公共政策冲突做参考。

表6-1 化解公共政策冲突的方式

行为冲突类型	条件和抉择标准	
	亦此亦彼	非此即彼
善—恶	择其善而从之	择其善而从之
大善—小善	两善相权取其大	两善相权取其大
大恶—小恶	两害相权取其轻	两害相权取其轻
大善—小恶	从善去恶，莫因恶小而为之	从善去恶
大恶—小善	惩恶扬善，莫因善小而不为	除恶扬善

第二节 公共事务与公共项目

一、公共事务

（一）公共事务的含义

所谓事务，即事情、任务，是管理的目标和过程的体系。所谓公共事务，就是政府或其他公共部门为保护社会和市场的正常秩序，维持公共环境的可持续能力而实施公共管理的目标和过程的体系，其内涵是指涉及全体社会成员的共同利益、满足其共同需求、关系其整体生活质量的一系列活动，以及这些活动的最终成果。公共事务大致可划分为政府内部的行政事务和服务社会的公共事务。公共事务与私人事务相对应，具有社会性、公益性、非营利性和规模性等特征，它是人类经济和社会生活所必不可少的，包含着全体社会成员的长远利益和全局利益，以及个人和家庭不能做、做不了的那些事务。它是涉及人们共同利益和国家主权、合法性、普遍性并体现为公共物品和公共利益的有机系统。它既不是谋求私人利益最大化，通过个人努力可以实现的私人事务，也不是以营利为目的按照市场运营来实现的商业行为。

在政治与行政学研究中，常把事务与政务相对应，如事务官、事务内阁等。在资本主义的政府体系中，事务主要指与政治、决策相对的行政、执行的领域，相当于政府的内部事务。如“事务官”与“政务官”对称，是指负责执行政策、承担政府的日常事务性工作、不随政府的更迭而进退的一般官员，他们在政治上须保持中立。政府作为国家（主权者）和公民之间的中介，它享有其他公共服务部门、市场微观主体或公民社团所无法比拟的公共权力，政府成为解决公共事务的管理主体。为保护社会和市场的正常秩序、维持公共环境的可持续能力而实施的组织、决策、协调、计划、控制、评估等活动，就是政府负责的公共事务。因此，公共事务的范畴包括政治类的国家安全、政治发展、政权稳定、军事、外交、司法等事务，经济性类财政、农业、工商业、交通、邮政、生态等事务，社会类的科技、教育、文化、医疗、社会保障等具体事务。

就公共事务与公共产品的关系而言，可以把政府及公共部门所担负的解决公共事务的责任概括为生产公共产品和提供公共服务。在公共经济学中，公共产品是指具有消费的非竞争性、非排他性以及收费困难等特征的产品。因为富有竞争性的市场和利己或利他的功利性社会不可能自发地提供公共产品，而公共产品又是增进公共利益所不可或缺的，故而必须由政府及公共部门介入其中来承担这一责任与义务。在现实的社会中，纯粹的公共产品是非常少的，即使是政府提供的产品也只是在不同程度上具有公共产品的特征，如有不同程度的非竞争性和非排他性等，所以可以把公共产品分为公共产品和准公共产品。较严格意义上的公共产品有国家安全、公共安全、政策法规、基础研究、义务教育、环境保护等。准公共产品有社会信息网络、城乡公共交通、市政基础设施、高等教育、社会保障等。如果按公共产品的受益范围来划分，可把公共产品分为全国性公共产品和地方性公共产品，全国性公共产品如国防、行政法规等，地方性公共产品如地方基础设施、地方行政规章等。政府行政事务和社会公共事务的繁杂性、多样化，正是由社会关系系统要素和领域的复杂性所决定的。

在公共管理过程中，公共事务体现为各类公共项目和公共服务的活动。公共项目的组织、落实和监督评估包括政府提供的公共产品和公共服务在内，都是公共事务的处理过程。公共服务是21世纪公共行政和政府改革的核心理念，是不宜由市场提供而应由政府承担的，如加强城乡公共设施建设，发布公共信息，发展教育、科技、文化、卫生、体育等公共事业，为社会公众参与社会经济、政治、文化活动等提供保障和创造条件。公共服务包括基础公共服务、经济公共服务、社会公共服务、公共安全服务等类别。公共服务以合作为基础，强调政府的服务性和公民的权利，以满足公民生活、生存与发展的某种直接需求，从而使公民受益或享受。公共事务、公共项目、公共产品和公共服务成为公共管理系统的基本内容。

（二）公共事务的起源与发展

公共事务是伴随着人类实践活动的扩展、社会分工的需要而起源和发展的。随着人类社会的诞生，社会分工的出现，公共事务就产生了。原始社会时期，人类共同体以氏族、部落和部落联盟的形式存在，氏族部落内部产生了一定的社会分工，管理诸如防务、水资源、占星、祭祀、道路、桥梁、文字研究、历法研究等公共事务。原始社会人类共同体是以血缘关系为基础的，公共墓地、生活资料分配和族际复仇等公共事务不具有国家的形态和意义。此后，民族和国家脱离血缘家庭，而成为人类社会共同体的两种基本存在方式。随着生产力的发展，社会分工和社会关系的演变，伴随着阶级和国家的产生，以及文字的出现和城市的形成，公共事务的范围在不断扩大，并成为政府的主要职能和责任。

奴隶社会和封建社会时期，作为典型的阶级特权性社会，国家公共事务和公共责任的治理、统治及安全这三大领域是紧密关联的。奴隶社会的国家公共事务和公共责任与奴隶阶级无关，他们只是被任意驱使的劳动工具。西周时期周天子在全国范围内享有主祭、册封、统率军队、任免官吏、授予爵禄和赏罚六种权力。周天子下设太师、太傅、太保三大最高辅弼大臣，其下设有掌管农业生产的司徒、掌管军事的司马、掌管工程营造的司空、掌管司法的司寇等。

此外，还设带有浓厚神职色彩的大史、大祝、大卜等类型的官员负责宗教、文书、册命等事务。

封建社会时期，中央政府形成了庞大的官僚队伍，而且地方政府机构也不断得以加强和完善，这是国家公共事务和公共责任领域扩张的表现。隋唐时中央政府形成了三省、六部二十四司、九寺五监的官僚机构。唐朝时的地方政府州设有刺史，下设分管州行政事务的六曹，依次为功、兵、仓、法、户、士，六曹分工与中央六部对口。封建社会统治阶级和被统治阶级之间的关系发生了变化，君、臣、民之间形成了新的统治关系，君臣之间开始讨论“水能载舟，亦能覆舟”的道理。官吏之间有了清浊之分，不但思考忠君，而且思考爱民的问题，是谓“当官不为民做主，不如回家种红薯”“衙斋卧听萧萧竹，疑是民间疾苦声。些小吾曹州县吏，一枝一叶总关情”“苟利国家生死以，岂因祸福避趋之”。无论作为一方父母官的郑板桥，还是先赴广州禁烟、后继伊犁治边的林则徐，他们的言语中体现了一种可贵的传统民本思想和国家观。

总之，历史上国家的公共事务和公共责任主要包括治理、统治和安全三大基本领域。随着人类经济和社会的发展，公共事务的范围不断扩大，就其内容而言，包括国家公共事务、政治性公共事务和社会公共事务等，如国家安全事务、对外关系事务、经济管理事务、文化管理事务等。从社会劳动力、人力资源的管理到国防、行政、治安等国家事务和法律事务，从艺术、教育到科学等事务的管理，均属于公共事务的范畴。现代意义上的公共事务和公共责任领域是随着现代国家的诞生、现代政府职能的讨论而形成的，它萌芽于封建社会后期市民社会和政治国家的分离，成熟于宪政制度的规范化过程中。

（三）宪政时代的政府与公共事务

一般认为，市民社会至少经历了两次意义上的演变，一次是与人类自然状态相区别的市民社会，一次是与国家相区别的市民社会。这两次意义上的演变得出了不同的关于国家和市民社会之间关系的争论，包括洛克自由主义式的“市民社会先于国家”观，黑格尔精神式的“国家高于市民社会”观，马克思批判式的“市民社会决定国家”观，等等。这些争论的焦点在于两个基本方面：一是国家对于市民社会的价值性或工具性问题，一是国家与市民社会的相互边界问题。前者涉及作为国家的组织表现形式和价值实现工具以及建立一个什么样的政府，后者涉及市民社会的主体与国家表现形式的政府间的契约关系。西方法治传统为解决上述问题提供了经验，立宪政府正是在资本主义现实与法治理想国传统的对话中形成的。

个体的存在和共同体的存在是人之为人不可回避的两种基本存在方式。亚里士多德认为，人是政治动物，天生要过城邦生活。在资产阶级启蒙思想家那里，个体自然权利被认为是天赋的人权，理性地获得人权才使人们过上共同体的政治生活。个体权利是天赋不可侵犯的，只是因为个体无力单独满足利益、安全、秩序等需要，所以必须让渡个体的某些天赋自然权利而结成共同体的公共权力，使公共权力能够工具性地促进共同体满足那些个体的基本需要，因而公共权力对于人类共同体来说是必要的。但是，基于对人性幽暗意识和公共权力异化的担忧，人类共同体必须建立一种外部的约束机制，控制本身具有内在扩张性和相对独立性的公共权力对个体权利的侵害。公共权力只是一种"必要的恶""避免不了的祸害"。公民权利是目的性的、脆弱性的，公共权力是手段性的、扩张性的。所以，公民权利与国家权力之间的制度化规范是宪政精神的出发点和归宿。现代政府是理性的、制度化立宪努力的结果。现代政府作为公意达成和公意授权的公共组织，其功能在于运用其强制性的公共权威，承担起必要的、不可规避的公共事务和公共责任。

首先，公民权利的宪政表达规定了国家公共事务和公共责任的基本内容。这些公民权利一般包括生存和发展权、人身自由权、平等权、表达自由权、知情参政权、精神自由权等。其次，公共事务和公共责任的政府行政领域是通过宪法规范下的法律体系所明确的，即所谓法无授权不得行政。再次，基于前面两条理由，立宪政府的职能是有限的、可以诉及的。例如，密尔在论述代议制政府时认为，判断政府好坏的第一条标准是，政府能否吸收具有美德和智慧的人来进行政府管理，能否动员社会中每一成员的智慧和美德对政府施加影响；第二条标准是，政府能否促进人民的智慧和美德的发展。只有专制的政府才会用愚民政策来实现统治秩序。许多国家把公民平等的受教育权写入宪法，承担开启民智功能的国家教育制度成为现代政府的重要公共事务和公共责任之一。

从 20 世纪初期开始，现代政府的公共事务领域随着国家（政府）、社会（公民及其结社组织）和市场（企业）的关系的演变以及国际环境的变迁，在强化规制和放松规制、国有化和民营化、全球化和民族主义等多重变奏中发生演变。无论如何，国家权力和公民权利总是力图在宪政框架下相互调适。作为公共权力组织行政分支的狭义政府，其公共事务领域可以分为三大基本管理领域。一是政治管理职能，包括国防、外交、内政、司法、治安等职能部门。二是社会管理职能，包括教育、社保、环保等职能部门。三是经济管理职能，包括财政、农业、工商业、交通、邮政等职能部门。作为公共权力组织实现形式的广义政府，公共事务的领域甚至包括了立法、司法，甚至行政申诉等方面。特别是在公民结社权利和地方自治制度的实现过程中，政府的公共事务领域有了更广阔的讨论空间，包括非政府组织在公共治理中的地位和作用，地方政府在地方治理中的地位和作用等。

二、公共项目

（一）公共项目概述

美国学者罗伯特·J. 格雷厄姆认为，“因为项目是适应环境变化的普遍方式，故而一个组织的成功与否将取决于其项目管理的水平”。他认为项目是为了实现特定目标而调集到一起的资源组合。它与常规任务之间的区别是：项目通常只做一次；项目是一次独特的工作努力，即按某种规范及应用标准导入或生产某种新产品或某项新服务；这种工作努力应当在限定的时间、成本费用、人力资源及资财等项目参数内完成。美国的项目管理权威机构——项目管理协会（Project Management Institute，PMI）认为，项目是一种被承办的旨在创造某种独特产品或服务的临时性努力。项目管理作为一种特定的管理方法，已被认为是独立的专业知识。所谓项目管理，就是通过项目经理和项目组织的努力，运用系统理论和方法对项目资源进行计划、组织、协调、控制的管理方法。项目管理作为一种管理方法在 20 世纪 60 年代初形成于美国，我国从 20 世纪 80 年代初开始借鉴这种管理方法，并在工程建设上为其找到了广泛的应用空间。

在 20 世纪，政府的行政管理从企业管理中汲取了一些管理方法，如人事行政中的职位分类制度即源自泰罗的工商业分析方法。随着公共管理学的发展，项目管理方法也被政府广泛接受，形成较完善的公共项目管理理论和方法。在公共管理过程中，不但要求政府制定可行的公共政策，而且可行的公共政策需要得到有效的执行，项目管理方法使公共政策的有效执行有了可行的选择。所谓公共项目是指政府及公共部门为解决社会公共问题，完成社会公共事务而实施的项目。从 20 世纪 70 年代末掀起的行政改革的浪潮改变了以前政府职能扩张和规模膨胀的行政改革方向，体现了政府职能转变和市场价值回归的思想，在公共项目的实践过程中，大量形成的项目组织成了工商界、政府及公共部门的共享资源。

公共项目是政府公共政策的具体化。公共项目的产出表现为公共产品和公共服务。如我国的“三北”防护林工程，它的总项目将历时 73 年、分三个阶段八期工程。“三北”防护林工程是我国在西北、华北、东北地区实施的一项生态工程，工程几乎覆盖了我国植被最少、生态环境最恶劣、建设条件最艰苦的经济欠发达地区，总范围涉及 13 个省（区、市），总面积 405 万平方千米，占国土面积的 42.2%。规划总造林面积 3 508.3 万公顷①。“三北”防护林工程自 1978 年上马，计划到 2050 年结束。到时建设区内的森林覆盖率将由

---

① 1 公顷＝0.01 平方千米。

5.05%提高到14.94%。目前，已完成前三期工程，历时23年，共完成造林面积2 200多万公顷。2001年11月启动的第四期工程到2010年完成，用10年的时间，使三北地区40%的沙化土地得到初步治理，基本遏制沙化趋势，使风沙危害程度和沙尘暴发生频率有效降低，使毛乌素、科尔沁、呼伦贝尔三大沙地基本得到治理。

需要注意的是，上述“三北”防护林工程可以被称为公共项目，但是它不一定就采用项目管理的方法。我国政府的公共项目大都冠以“工程”字样，其实这种政府的“工程管理”的方式本身就是源自企业管理的方法。很多管理方法虽然运用于项目之中，但它并非项目管理方式。项目管理方法因在理论上的日益成熟而成为一种重要的技术性知识，它自身具有一些基本特征：第一，项目管理是一项系统的工作，它一般由多个单元组成。由于项目本身的复杂性，因此需要运用多学科知识和多种技能，且由来自不同组织的人员临时组成项目组织，并在技术、成本、进度等极为严格的约束条件下实现项目目标。第二，因为项目的一次性特点，就需要项目管理针对独特的项目目标，并在项目过程中具有创造性。这是它与一般重复性管理的主要区别。第三，项目管理需要集权领导和建立专门的项目组织。因为传统的和现成的组织很难满足项目的复杂性和横向协调的要求。第四，项目负责人在项目管理中起着非常重要的作用。因为项目的复杂性、约束性以及项目的管理技术因素，项目负责人一般都需要经过专业的项目管理方法培训，使其有这方面的能力组织一个合作的、积极的、有责任心的高效率群体。

（二）公共项目评估

公共项目评估是从项目管理过程中的项目评估和项目审查的基础上发展起来的，又因公共项目是公共政策的具体化，公共项目的评估就与公共政策评估有着必然的联系。所谓公共项目评估，是指评估主体依据评估指标体系所设定的数量和质量，对公共项目满足公共需要的价值和作用进行评价、判断和预测的规范性过程。公共项目评估是政府公共项目管理过程中的一个重要环节，它在公共管理过程中起着重要的作用。在公共管理的过程中，不但要求政府制定有效的公共政策和可行的公共项目，而且需要对公共政策和公共项目进行科学的评估。公共项目评估的理论和方法兼容了公共政策评估和企业项目管理评估两者的特点。

公共政策评估可包含三方面内容：一是公共政策方案评估，即通过评估选择备选方案中的最优者，其目的是为决策者提供决策依据。二是公共政策过程评估，即通过评估使公共政策执行有一个可控制的过程，其目的是对公共政策执行中可能出现的偏差进行必要的纠正。三是公共政策效果评估，即通过评估对公共政策的效果进行分析和判定，其目的是对公共政策的效果做出与预期目的相对照的整体评价。

企业项目管理评估则包括与项目相关的目标评价、经济评价、环境评价、社会评价、项目后评价等，从而组成一个完整的项目评价体系。如就项目的目标评价来说，资金、时间和质量被认为是项目评价的三大目标。

综上所述，公共项目的评估过程，是针对公共政策执行中的公共项目，就其项目的立项基础、执行过程、效果等方面进行督促和总结，以实现公共政策的预期目标，提高政府及公共部门的公共管理水平。

公共项目评估的具体内容有：一是公共项目立项评估，包括公共项目的立项背景、立项理由、立项目标和立项意义等，它们是公共项目决策的基本前提。二是公共项目运行过程评估，包括公共项目运行过程中的运行程序、运行状况、运行机制、运行效果以及预期目标与结果之间的符合程度等。三是公共项目经济效益评估，主要为公共项目实施的财务分析，即从公共项目本身出发，分析公共项目的投入力度、投入方式以及公共项目的产出能力。公共项目的产出能力表现为能提供多少公共产品和公共服务。四是公共项目综合影响评估，包括经济影响评估、环境影响评估和社会影响评估。经济影响评估主要是评价公共项目对国家、地区、部门经济发展所产生的作用和影响，如区域经济平衡、社会保障体系的完善等方面。环境影响评估主要是评价公共项目对自然资源、生态环境的作用和影响，如城市环境质量的改善、水污染的控制、自然资源的可持续开发等方面。社会影响评估主要是评价公共项目对社会治安、科技进步、文化整合、合法性等方面的作用和影响。

公共项目的评估是一项复杂而具体的工作，在国家经济建设发展规划中，无论中央政府还是地方政府推进工程项目建设，都存在工程风险的伦理评估和工程正义性问题。所在地区的工程项目建设涉及政府、企业和社区三方利益关系。国外将基础设施工程项目落地在社区周边且具有负外部性效应而引发的群体排斥及利益抗争现象称之为邻避冲突或邻避效应。我国自改革开放以来，经济建设的快速推进，垃圾焚烧厂、污泥（水）处理厂、变电所、火葬场、炼油厂等公共项目在满足公众需求、提升了城市生活质量的同时也给邻近民众的生活环境、生命财产和公共安全带来了危险，如近年来各地爆发的反 PX 项目事件，2015 年初天津滨海新区瑞海国际高危化学品爆炸等，成为邻避效应的典型案例。为此，需要在工程的立项、实施过程中，对工程行为的项目合法性与伦理正当性的冲突、工程技术风险与社会风险的矛盾、工程项目的企业利益追求与承担社会责任的关系诸多方面进行认真考量。政府需要担当起建立和完善相关法规制度和政策的责任，落实项目审批中的工程风险、社会维稳等方面的综合评估审核。在保障程序正义方面，完善多元主体平等参与协商机制，扩大社区居民对项目选址与工程运行的参与和监督。在矫正公正及实体正义方面，落实多样化的工程利益补偿，使利益受损或最少受益者的工程利益得到有效矫正补偿。

公共项目的评估是政府及公共部门进行公共管理的必要手段，其主要作用有：其一，有利于政府通过宏观调控合理配置社会资源；其二，有利于在定性、定量的基础上评价公共管理部门的业绩；其三，有利于监督政府及公共部门的公共管理行为。只有通过公共项目的评估，收集解决公共事务所需的真实资料，分析实施公共项目的预期目标和结果之间的差距，才能找到差距存在的原因，及时总结，把评估结果反馈给公共管理部门，完善公共项目决策，以便对公共管理过程做出必要的调整，提高公共管理水平。

公共项目评估在公共管理过程中占有重要的地位，客观、公正、公开、系统、全面的评估工作是公共管理过程中不可或缺的基本环节。然而在实践过程中，因为公共项目的评估很难像企业项目管理一样用较为单纯的经济指标来规范项目评估，使评估过程遇到了很多麻烦，表现为：一是公共项目的评估目标缺乏像企业项目管理的项目目标一样的准确性，使公共项目的目标显得模糊而不具体，如对公民素质的提高、社会沟通的改善等方面的评估。二是公共项目评估因其项目过程因素的复杂性而很难确定手段与效果之间的因果逻辑关系，如农民生活水平的提高就可能是很多种因素共同作用的结果，包括新的农业政策或农村政策的实施、某项农业科技的推广、农产品市场的变化、突出的气候条件等。三是公共项目的评估结果会因存在对政府部门的不利因素而遭到被评估部门的抵制，甚至因无专门的评估经费、人员等物质条件而使评估流于形式。有的公共管理部门为了表明公共项目的积极效果而模糊其负面评估结果，从而使公共项目评估丧失了批评、建议和改革的意义。上述情况在行政文化倾向于“政府总是正确的”社会中就更明显。四是公共项目评估作为对政府及公共部门进行行政监督的手段，还未形成规范的评估体系和成熟的评估技术，缺乏基本的制度上的保证和理论上的支持。

第三节 公共责任

一、公共事务的伦理属性

政府和公共部门所提供的公共产品和公共服务以及所解决的公共事务，关系到居民生活质量、社会福利和公共利益，必然会引起相关的价值评价和表现出相应的道德责任，因此就形成了公共事务的伦理属性。政府及公共部门是公共事务的承担者，其中政府作为最主要的公共事务主体，其解决公共事务的过程不但具有执行的、技术上的行政意义，而且必然具有决策的、利益归属的政治意义和价值评判，所以，公共事务的伦理属性就是回答“为谁的公共事务”以及“是什么政府的公共事务”的责任主体和对象的关系问题。公共事务的伦理属性体现在以下三个方面。

1. 公共事务的制度伦理

公共事务的伦理属性取决于国家（政府）的政治本质及其伦理意识，在我国，立党为公、执政为民、公平正义、民主和谐等价值要求，均可通过政府及公共部门的制度安排贯彻到公共管理过程中。基于政治与行政二分的原则，行政管理问题并不完全属于政治问题，但是实际上行政管理的任务是由政治原则加以确定的，特别在政治泛化的现代社会，在政府的行政程序和行政行为中不可能不贯穿着政治精神。诸如全国性公共产品和地方性公共产品就涉及一个国家的结构形式，即整体与部分、中央政府与地方政府的关系，由此会体现出国家的集权与分权的政治方式和行政取向。

公共事务的解决过程总是在一定的制度安排下进行的，制度提供了一系列的价值规则，以约束主体可选择的行为空间和限度。公共管理的伦理内涵和活动过程是以制度伦理得到保障的，无论是制度的正式约束还是非正式约束，处理公共事务的过程体现和实现着制度的价值要求。没有制度保障和价值引导，管理必将无法进行。因此，处理公共事务必须有法律规章作保证，有公共伦理作规范。

2. 公共事务的管理伦理

公共管理的过程和内容就是处理大量的公共事务，其目的是要实现市场和社会的秩序化以及公共环境的可持续性。达到该目的的手段就是科学化和伦理化的管理，因此公共管理的技术化手段和管理伦理是相统一的。政府及公共部门为达到公共管理的目的而做出抽象行政行为或具体行政行为，以对相关方面进行利益的调整，这种调整的有效程度将取决于行政行为与社会道德评价的相容性。如果行政行为与社会道德不相容，就会被行政相对方所藐视，公共管理的有效性将会被削弱。在工作中，我们提倡“管理育人”和“服务育人”，就是要实现管理过程与服务过程、管理目标与具体过程、行政责任与伦理道德的统一，使公共管理过程真正成为人的自我实现过程。

公共事务作为公共管理的目标和过程的体系，它既有属于一般管理伦理的范畴，又具有其自身的特点。一般管理伦理是调整各种特定组织内外利益实现的伦理规范，公共事务的管理伦理则因其基于公共环境和社会大众的利益而带有明显的社会性、公共性等特征。因公共管理的主体是政府及公共部门，公共事务的管理伦理就负有其他组织不一定要负有的公共责任。在公共政策的选择中，要求公共政策的供给不但要给市场主体、公民社会以积极的帮助，而且这种帮助不能以损害公共利益为代价。正是这种公共事务所获得的公共性价值评价，赋予了公共事务独特的管理伦理内涵。

3. 公共事务的部门伦理

人类社会生活的需求是多样化、多类型的，社会生活的公共性需求促成了公共事务的产生，人类社会关系中也相应地形成了社会分工。政府组织是一个纵横交织的权责体系，一般来说，政府及公共部门承担公共事务的分设部门主要有行政立法、行政执法、财务行政、教科文卫管理、环境保护、社会保障等。由于组织的职能和目标不同，服务的对象领域不同，每一部门涉及的具体公共事务都有特定的领域，每一领域都有相对特殊的伦理要求，这样就形成了公共事务的部门伦理。部门伦理是公共伦理的组成部分，与公共伦理本质上是一致的，在基本原则和权力价值观方面，二者具有同一的要求。但在具体要求方面，部门伦理则具有相对的独立性和特殊性，是公共伦理的具体化，是公共伦理在公共事务处理过程中的独特表现，是政府部门与其活动相一致的具体化的公共伦理。部门伦理的建设有助于实现组织目标，对于明确工作职责、行政效率和服务质量具有重要的意义。下面就几个公共事务的例证来说明公共事务部门伦理的内涵。

（1）教育部门的伦理精神。在任何社会中，教育都是生产力再生的重要手段，但是在不同的社会历史条件下，教育部门所承载的伦理精神却不一样。我国封建社会皇权专制下的科举制度，教育的主要目的是使天下士人“学成文武艺，卖与帝王家”，教育伦理中强调“三纲五常”为重。我国近现代教育的伦理精神是在“西学东渐”的背景下，既传承了我国传统教育中的优秀因子，又汲取了新的教育理念而逐渐形成的。科学的教育理念对一个国家教育发展的影响是非常巨大的，如德国的海德堡论大学教育时曾提出“学术自由、学习自由和教学自由”的原则。邓小平在 1983 年 9 月为北京景山学校作的“教育要面向现代化、面向世界、面向未来”题词，我国教育所推行的“双为”（为人民服务、为社会主义服务）、“双百”（百花齐放、百家争鸣）方针等。进入新时期，我国政府在学校教育中加大改革和发展力度，推进素质教育，提高教育质量，坚决查处教育乱收费行为，办人民群众满意的教育，坚持以学生为本，确立科学的人才观，推进人的全面发展，既体现着政府在教育管理中为人民服务的责任意识，也使教育这一事关社会公平问题的伦理底蕴得以彰显。

（2）人口管理的伦理精神。人口是一个国家的基本构成要素之一，人口政策成为政府公共政策的重要组成部分。基于不同的国家、不同的社会发展阶段，就会有不同的人口政策。如有的国家采取鼓励人口增长的人口政策，有的国家则采取限制人口增长的人口政策。我国封建社会大都采取“休养生息”的政策，甚至把人丁的增加与否作为评定官吏政绩的一项标准，如宋代对监司官的考核标准“七事”（即举官当否、劝课农桑、增垦田畴、户口增损、兴利除害、事失案察、校正刑狱、盗贼多寡）中就有“户口增损”一项。与那个时代的人口政策相适应的伦理观念是“儿孙满堂”“多子多福”。现在，国家实施可持续发展战略，强调人口、自然、社会、经济的协调发展，政府针对我国的人口实际状况而实行计划生育政策。在计划生育政策的实施初期，就遇到了传统伦理观念的阻碍，但是随着政府的国情教育、政策宣传等的开展，传统的人口伦理精神就发生了变迁，逐步形成了“只生一个好”的计划生育观念。这里我们可以看到公共政策和伦理精神互动的例证，公共政策为伦理变迁提供了公共权威的支持，变迁的伦理为行政执行打下了社会舆论认同的基础。

（3）环境保护部门的环保公共政策，亦面对生态伦理的选择。中国生态道德意识的萌发以及对生态环境保护的行为发端较早。据《周礼·地官司徒》记载，公元前11世纪周代统治者制定了严格的生态保护法令《伐崇令》，其中明令“毋伐树木，毋动六畜，有不如令者，死无赦”，并在六卿之一的大司徒下设置了专门的生态保护机构“虞”。其下依各自职权范围的不同分设山虞、泽虞及林衡、川衡等专职人员，负责监督生态保护法规的执行，引导合理开发山林川泽以保护生物资源。北宋统治者重视环境保护，据《续资治通鉴》等文献记载宋太宗即位后，为保持环保号令的连续性重申赵匡胤建隆二年的禁令：“令民二月至九月无得采捕虫鱼，弹射飞鸟，违者重置其罪。”他还废止了捕捉珍禽异兽作为嘉祥祯瑞之物贡献皇帝的陋俗（古称献瑞）。儒学道家提出了生物协调、资源节约以及天人合一的生态伦理思想。生态道德的利益基础在于如何处理人与自然之间关系时表现出来的人与人之间、人与社会之间乃至国家与国家之间的利益关系和利益冲突。生态道德的基本问题就是人对自然的权利和义务之间的关系问题。人类享有在适宜的自然环境中生存、发展和利用自然资源的权利，应该也必须履行对自然的相应义务，负有保护和改善自然环境、保障自然资源合理开发与利用的职责。

当代中国经济飞速发展，改革开放取得了西方工业革命100年取得的经济成果，但也在二三十年间创下了能源消耗、二氧化碳等各种排放量的世界第一。执政主体必须确立生态危机意识、政府生态责任意识和环境保护的国际意识，确立科学合理的政绩考核指标体系，将公民生态道德教育、生态经济建设和环境问责制度落实到政府工作中。自20世纪90年代以来，中国政府高度重视生态环境保护，颁布了一系列环境保护法律法规，实行环境保护一票否决的问责制，在参加历届联合国环境保护与发展会议上，主动承担责任。为了建设资源节约型、环境友好型社会，形成节约资源和保护环境的空间格局、产业结构、生产方式、生活方式，国家将生态文明建设提到战略高度，不断完善法规、政策和具体措施，以实现中华民族永续发展。

二、公共项目的伦理效益

公共项目的设施和评估由于独具"公共性"，因而含有更明确的导向作用。就项目评估来说，如果说企业项目管理评估体系中的导向因素主要是为了企业实现"内求企业凝聚力，外求市场竞争力"，那么公共项目评估中的导向作用则是为了政府及公共部门能在公共管理过程中实现其所承载的公共责任及义务。所谓公共项目评估的导向作用就是把公共伦理的价值原则贯彻到公共项目评估过程中，以实现公共项目评估中伦理因素的引导、规范、维系、选择等功能。例如政府作为公共管理的重要主体，在宏观调控领域发挥着主要的作用，这就要求把社会正义的原则在公共项目评估中体现出来，重视制度安排、政策选择上的先进性，通过培育合理的社会结构、设计公正的分配制度等来规范公共领域，引导市场领域的行为方式等。

公共项目评估的导向作用表现为：

1. 整合行政文化

公共项目评估的导向作用首先表现为能够整合行政文化。自政治和行政二分以来，逐渐形成政治文化和行政文化的理论。一般来说，行政文化是行政人员在组织内部逐渐形成的关于行政活动及行政体系的态度、观念、习惯、模式等，它可以被行政主体习得并传承，进而成为一种象征性的、具有社会标志功能的组织氛围，本书第八章所论的作风建设就具有这样的含义。公共项目评估中正确的评估导向能够推动良性的行政文化变迁：一方面可以把我国传统行政文化中的优秀因子通过评估导向加以鼓励、沉积和革新；另一方面，在评估过程中通过"比较行政"的借鉴，可以借鉴、整合国外有价值的行政观念、行政技术、行政原则因子，如英美行政文化中的开放性的人才观、具有实证精神的行政过程、富有效率的行政活动等，又如日本行政文化中的民族精神、团队精神等从而形成我国可持续的行政文化。

2. 形成“善治”的治理机制

1989 年，世界银行在概括非洲的社会发展情形时提出了“治理危机”（crisis in governance）的问题，后来“治理”被广泛地用来描述发展中国家的政治发展状况。治理理论的代表人物詹姆斯·N. 罗森瑙把治理定义为：一系列活动领域里的管理机制，它们虽未得到正式的授权，却能有效发挥作用。随着治理问题研究的发展，治理理论有了这样一些基本内涵：① 作为国家（政府）的管理活动的治理，它以最小的成本取得最大的效益。② 作为新公共管理的治理，它指的是将市场的激励机制和私人部门的管理手段引入政府的公共服务。③ 作为善治（good governance）的治理，它指的是强调效率、法治、责任的公共服务体系。④ 作为社会控制体系的治理，它指的是政府与民间、公共部门与私人部门之间的合作和互动。⑤ 作为自组织网络的治理，它指的是建立在信任与互利基础上的社会协调网络。

治理理论的研究者普遍认为，应该很好地区分治理（governance）与统治（government）的概念。治理意味着一系列来自政府、又不仅限于政府的社会公共机构和行为者，它们主要是通过合作、协商、伙伴关系及认同的共同目标等方式实施对公共事务的管理。治理问题研究中影响较大的“善治”理论认为，“善治”就是使公共利益最大化的社会管理过程，它包括这样一些基本要素：① 合法性（legitimacy），即要求公共管理活动取得公民最大限度的同意和认可，以尽可能增加公民的共识和政治认同感。② 透明性（transparency），即政治信息的公开性，包括政策制定、政策实施、公共开支等。③ 责任性（accountability）即公共管理过程中，公共管理机构及人员所需履行的职责和义务。④ 法治（rule of law），即在公共管理过程中，应遵循依法行政的原则。⑤ 回应（responsiveness），即公共管理机构及人员必须对管理对象的要求做出及时的和负责的反应。⑥ 有效性（effectiveness），即公共管理机构及人员应设置合理、管理科学，且最大限度地降低管理成本。

上述的“善治”理论的基本要素的内涵，正是希望通过公共项目评估来实现的公共管理价值目标。公共项目管理体系即是这种合作和互动的实现方式之一，因为政府及公共部门实施的公共项目需要“善治”的精神，在公共项目评估的评估体系中应通过评估设计来建构一种国家（政府）、市场（企业）和公民社会（公民和社团）之间的新型关系。这里需要指出的是，治理理论远未成熟，而且每个国家有各自的行政传统，行政变迁需要一个渐进的过程，理论借鉴仍需坚持“扬弃”，对治理理论中的“无政府主义”、淡化“主权”等倾向应保持警惕。

3. 引导主体的伦理道德

公共项目评估需要制定一系列的评估原则及评估体系，这些公共管理主体制定的评估体系必然体现着主体的价值观，如善的或恶的、利他或利己、集体主义或个人主义等。公共项目评估可以通过评估行为所蕴含的道德价值来引导主体的伦理变迁，形成自由、公正、节制等“善”的价值观。我国目前仍是一个“政府主导型”的社会，所以公共项目评估中的伦理导向作用对其他社会主体的伦理倾向有着不可替代的影响，通过公共政策及公共项目的实施来“塑造人”是一种极为有效的方式。

就公共项目的实施来说，可以从社会公正方面来考察公共政策及公共项目对主体道德的影响。社会公正是社会治理的重要的道德原则，而平等原则是最重要的公正，平等原则中的机会平等又是竞争机制的前提。政府公共政策要提供的内容包括平等的就业机会、国民接受教育的均等机会、公共卫生与医疗保障以及住房、养老保障制度的公平正义等。学有所教、病有所医、老有所养，人们在一个公平正义的社会环境中生存，有着平等发展的机会，社会氛围和谐，对于化育人性、激发积极性和社会责任感，无疑具有重大的意义。

总之，政府及公共部门提供公共产品和公共服务，处理公共事务，必须制定相应的公共政策及实施相应的公共项目，从而实现以人为本、治国理政的伦理选择。公共项目的制定、实施及其效果，体现出社会和公众的需要，直接涉及公共利益实现的程度和水平，关系到公共管理主体提供公共服务的整体形象。公共项目的实施，既反映着公共政策的伦理价值内涵，又切实地惠及民生，造福于全体人民和社会。因此，为了使公共项目产生积极的社会效果和伦理效益，公共管理主体必须立足于公共伦理和公共责任的高度，认真做好公共项目评估工作。

三、公共责任的伦理阐释

（一）公共责任的含义

责任，即职责、任务。“责”有索取、负责、责罚之意，“任”有任务、担负、任职之意。人在社会中生活，处在各种社会关系中，人与人之间、个人与社会之间具有联系互动，只要是社会主体，就应负有一般意义上的责任。人具有行为的意志自由，正常人具有行为选择的能力，具有在多种行为方案中把握现实做出抉择的可能性，并对自己的行为负有责任。行为选择的动机及其行为后果，不具有纯粹个体的意义，它直接或间接、积极或消极地对他人、对社会产生一定的影响和意义，行为的社会属性决定了人具有责任。就一般的个人而言，在环境、教育和文化的影响下，若形成具有道德属性的人，那么责任心、使命感就成为人的社会属性的基本内涵。在公共管理领域中论及的政府及公共部门的公共责任，在个体方面具有了职业化的特征，责任心、职责感是个体和组织实现组织行为的基础。作为职业化了的个人，具有职业角色所要求的职责和义务，从而具有献身于公共利益的职责和高尚使命。问题在于，公共管理者面临个人利益和公共利益的关系和矛盾，必须具有正确处理矛盾冲突的能力和境界，在制度和责任机制层面上也必须具有较为完善的公共责任制度和体系，以保证利益冲突的解决和对管理者行为的有效监督，惩戒回避责任、逃避责任的行为。

个人具有对他人、家庭、组织和社会的责任，是个人责任的主体。政府及公共部门负责提供公共政策和公共产品，是公共责任的主体。广义的公共责任是指公共组织在解决社会公共事务的过程中，对其实施公共管理的行为过程、活动目标及其结果所负有的责任，实质是公共管理主体对社会公共利益所承担的义务和职责。这种公共组织或管理主体如果是政府，那么在政治体系中，对公共利益的负责表现为对国家权力机关负责。如果是其他社会组织，则表现为对组织章程所规定领域的公共利益负责。狭义的公共责任是指公共组织在解决社会公共事务的过程中，因其实施公共管理行为引起的必然结果，表现为违反法律法规所规定的职责和义务时必须承担的责任。法律法规所确定的权利和义务在伦理选择和道德责任上必须以社会公共利益为标尺，所以负有狭义的公共责任必须以负有广义的公共责任为前提。

公共责任来自于国家、市场和公民社会三者之间义务与权利的配置关系。关于公民社会的研究中，认为人类社会经历着的国家领域、市场领域和公民社会领域之间正发生着两个反向的趋势。一方面，这三个领域之间的分化日益明晰，各自有着不同的内涵及规则；另一方面，这三个领域之间的界限却日益模糊、联系在不断加强。在不同的国家，因社会发展的程度不同，这两个反向的趋势有不同的表现。在发展中国家大多表现为三个领域之间的分化趋势，如市场领域正从国家领域中分化且成熟起来。在发达国家则表现为界限模糊的趋势，如“企业化”政府、三个领域出现共享的组织资源等。就公民社会（civil society）来说，一般认为经过了这样三次分离，即公民社会和野蛮社会的分离、公民社会和市场领域的分离、公民社会和国家领域的分离。人类共同体的自我管理在国家、市场、公民社会这三个领域里表现出不同的特点。

国家领域的自我管理是依靠政府主体来实现的，政府管理的主体资格源自契约社会的公共权力赋予。市场领域的自我管理是通过企业主体来实现的，管理依赖企业制度的健全和利润原动力。公民社会的自我管理是通过社团主体来实现的，管理依赖合作的社会机制和认同的社团价值。就三个领域的关系而言（如图6-1所示），国家领域是公共权力的享有者，处于三角稳定关系的顶端。政府的运转必须依靠市场领域提供财源，必须获得公民社会让渡的公共权力。市场领域通过企业这种组织形式，实现人类生产过程中生产者、生产资料和资本等诸要素的结合。企业的发展和防止“市场失灵”需要国家（政府）提供公共产品，公民社会则为此提供社会化的劳动者及舆论批评。

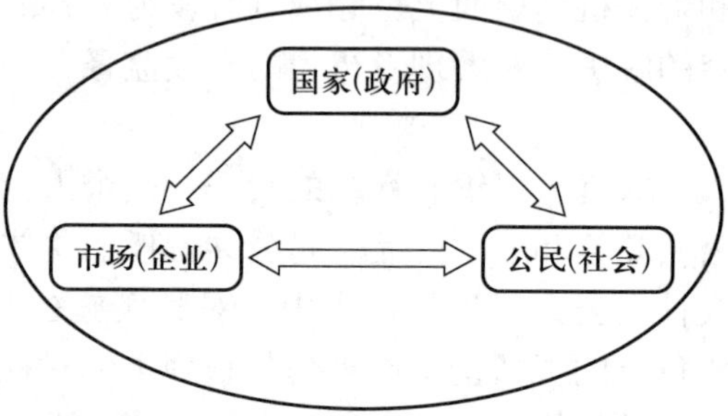

图6-1　公共责任的三个主体

公民社会则需要市场提供交换场所和交换机制，需要国家这个主权者提供公共安全及财产保护等。现代社会中，随着“公共权力的回归”，公共管理成了政府实现政治使命和完成行政职能的制度选择，它使国家（政府）、市场（企业）和公民社会（公民与社团）三者之间既能相互独立又能实现良性互动。基于上述分析可看出，国家（政府）因其独特的公共权力获得应负有对公共环境、市场（企业）和公民社会（公民与社团）的公共责任，而市场（企业）和公民社会（公民与社团）则应负有对国家（政府）的忠诚或对公共环境的一般责任义务。公共管理组织成为公共责任主体，公共责任客体则是相对公共责任主体及其所服务的对象或受益于公共事务的对象。公共责任主体与客体构成特定的责任关系。

从政府职能来看，我国政府的公共责任包括所担当的经济建设、政治建设、文化建设、社会建设、生态文明建设的重任。“五位一体”的建设重任中包括为市场交换和社会交往提供公正的制度、规则和安排，提供市场和社会必须却又无法完全由私人部门生产和提供的公共产品及公共服务，协调和解决社会矛盾冲突，维护市场繁荣必须具有的竞争状态，保护自然资源和自然环境，保护弱势群体，增加政府财政收入等具体内容。执政党在当今面临的执政考验、改革开放考验、市场经济考验、外部环境考验是长期的、复杂的、严峻的，精神懈怠的危险、能力不足的危险、脱离群众的危险、消极腐败的危险等更加尖锐地摆在全党面前。强化公共责任意识，提高执政能力和水平，对执政党来说极为迫切和重要。按照推动社会主义物质文明、政治文明、精神文明协调发展的要求，执政党需要不断提高驾驭市场经济的能力，发展民主政治的能力，建设社会主义先进文化的能力，构建和谐社会的能力，以及应对国际局势和处理国际事务的能力——这五种能力的建设，就是实现公共责任的基础。

（二）公共责任的特征和类型

公共责任的基本特征可以归纳为以下几点：① 公共责任是普遍的义务。公共责任在法律、法规和伦理道德的约束下，表现为与普遍的伦理价值相一致的义务。公共组织必须对公民、对人民负责，其行为必须符合公民的意志和人民大众的利益。② 公共责任是公共组织及其内部成员的职责。现代政府及公共部门的人事制度多以职位分类为主，每一职位是职务、职权和责任的集合体，其中责任即规定担任一定职务的人员必须做什么和不能做什么。政府及公共部门的管理制度、章程等都是与其相应的公共事务解决相一致的责任规定。③ 公共责任是可以以外在力量为支持的约束方式，具有强制性。相对伦理道德对公共组织及其成员的内化作用来说，公共责任是可以以外力甚至国家强制力为支持的约束方式。如用法律制度来制止政府及其成员的权力寻租行为或非政府组织及其成员的腐败问题等。

公共责任是一种责任关系体系，表现为责任主体和责任客体之间在内容、性质和层次方面的有机联系整体。政府责任是责任理念、责任行为、责任监督和责任追究四位一体的系统。按照公共责任的压力来源不同，可以把公共责任分为主观责任和客观责任。主观责任根植于公共责任主体对忠诚、良心以及所认同的信仰，是公共责任主体自己本身对责任的感受，强调公共责任主体之所以去承担责任，乃是源于内趋力，即公共责任主体的责任意识、责任理念的伦理自主性。客观责任则源于公共责任主体基于法律规章、社会期待或上级交付的义务责任，强调公共责任主体之所以去承担责任，乃是源于外趋力，即公共责任的规则体系。

按内容类型划分，可以把公共责任分为政治责任、行政责任、法律责任和道德责任等。

（1）政治责任是指政府的政治决定和政治行动必须以民意为基础，增进民众的福祉为目的，为人民负责。一般意义上，政治责任以国家整体利益为基础来评价，即指政府及其人员的决策和执行必须具有合法性。在西方的责任政府概念中，政治责任被普遍认为是与代议制度紧密地联系在一起的。在代议制国家，政治责任表现为政府对议会的责任机制，如质询、调查、弹劾、倒阁等。代议制度使符合民意的政府支持力量可持续，使背离民意的政府得以被程序地、和平地更替。在内阁制体制下，责任政府是一种通过其赖以存在的立法机关向全体选民解释其所做出的决定和行动，并证明这些决定和行动是正确合理的行政机构。在一些党政关系密切的国家，政治纪律的执行则是进行和实现政治责任约束的有效途径，纪律处分成为政治责任的保证。从组织存在的政治合法性意义上，无论对政府组织或非政府组织，“公共”责任就是一种“政治”责任。在现代政治社会中，行政责任、法律责任和道德责任应是政治责任的演绎。

（2）行政责任是指政府的行政分支秉承法的授权而做出决定和行动，并对此决定和行动负有法定的或纪律的责任。因为现代行政权力具有广泛性、能动性、强制性和自由裁量权等特点，政府的行政责任往往强调责任法定化。与政治责任相比，行政责任是由于违反行政法规，但尚未构成犯罪，依法应当承担的法律后果，责任形式分为行政处分和行政处罚。行政责任以某一特定行政行为为基础来评价，即政府为其组织的维持基于法律和规章而建立的内部控制机制和外部控制机制。行政责任的内部控制机制如行政监察、审计监督、绩效评估等，外部控制机制如行政诉讼、行政复议等。

（3）法律责任是指经由司法过程对政府的政治行为和行政行为所做的责任追究和责任判定，包括司法审查、刑事诉讼、行政诉讼、侵权赔偿等。超出政治、行政所能担负的责任程度，则必须接受法律责任判定。法律责任在积极意义上是责任主体依法行政、维护公共利益所体现的职责，在消极意义上是行为主体的行为具有违法性质所应承担的法律后果，其责任追究主体不是行政组织本身，而是国家司法机关或其他授权机关。

（4）道德责任是指政府的决定和行动必须符合民众对政府角色伦理的认同。道德责任不是独立存在于公共责任之外的一种责任，而是一切公共责任的精神与灵魂，可以分为两种类型：其一是主观责任，即责任主体的良心自律，对行为后果的反省、歉疚以及勇于接受舆论监督与批评的勇气和担当。其二是法定责任。道德责任是依据道德规范形成的责任，但在道德义务转化为法定责任的条件下，道德问责就可以确定为责任主体因违反法定道德义务，应依法追究其法律责任的活动。政府的公共责任不但要强调依法而治，还要强调应德而治。政府不但要正确地做事情，即做法律授权的事情，而且要做正确的事情，即符合民意对政府角色的伦理期待。政府的道德责任是通过公共论坛的舆情来进行约束的，区别于通过议会论坛对政府政治责任或行政责任的追诉。此外，西方许多国家制定了关于政府及其工作人员必须遵守的道德标准和规范的道德责任法典，如美国的《政府道德法》等，可以看出西方法治精神对道德责任有效追诉方式的浸润。

对公共责任追究进行政治责任、行政责任、法律责任和道德责任的区分是基于政治学、行政学、公共行政学和公共管理学的理论发展脉络和行政实践进程而进行的。在我国的行政实践中，行政责任是从属于政治责任的。中国共产党领导人民发展社会主义民主政治，建设社会主义政治文明，坚持中国共产党的领导，坚持人民代表大会制度，公共责任就具有了重大的政治意义。在责任政府的建设中，我国不断完善责任体系和责任类型。在党风廉政建设中，各级党委担负着主体责任和领导责任，纪委担负着监督责任，为落实党章赋予各级党委和纪委党风廉政建设的“两个责任”，必须做到守土有责，领导干部认真履行“一岗双责”，既要抓好分管的业务工作，又要抓好分管部门的党风廉政建设，真正做到“两手抓、两手硬”，使党风廉政建设和反腐败工作始终保持应有的力度。

（三）塑造责任政府——实现公共责任的途径

在公共管理的实践中，建设阳光政府、诚信政府、有限政府、服务政府、廉洁政府、效能政府、法治政府和责任政府，意味着公共管理主体必须尊重和实现公民政治参与权、知情权、表达权和监督权，提高政府公信力，优化公共服务体系和提供优质的公共服务，反腐倡廉，依法行政，实现政府责任，这都属于政府组织伦理的基本内容。其中，塑造责任政府是政府建设的起点和落脚点，是公共伦理建设的核心内容。

责任政府及其制度建构起源于西方国家的政府实践，最早为英国早期的议会弹劾程序，并逐步成为内阁对议会负政治责任的制度。1832—1867 年，有 10 届英国政府因议会在表决中遭遇失败而结束执政，其中有八次首相辞职，有两次提请解散议会。英、美、法等国责任政府的传统模式各有不同特性，但已受到现代政府实践的挑战，因此探索中国特色社会主义国家责任政府模式及其实现途径具有重要的意义。

学术界对责任政府这一含义所达成的基本共识为，在责任政府体制里，政府必须在宪法制度下对其公共政策和国家行为以及人民利益负责并对其后果接受问责或辞职。责任政府的主体在狭义上特指行政机关，广义上包括一级政权的各个机关，甚至还包括一个国家的各级政权机关。就责任政府的客体来说，在我国实行人民代表大会制度，人民通过人民代表大会这一代议制机构实现间接管理，向人大负责以及最终实现对人民负责，这是中国各级政府的责任。责任政府是一种政治制度，也是一种宪法法律制度，体现着价值追求，因此，就有行政制度意义上的责任政府和宪法制度意义上的责任政府之分。就行政制度意义上的责任政府而言，行政机关内部决策权的配置及行政首长负责制或合议制，权责匹配是否一致以及问责制是其基本构成。从行为意义上看，政府责任体现为主动责任和被动责任。各级政府及其官员积极主动履行职责，承担相应的法定责任，这就是政府的主动责任。如果政府组织及其官员应对公民正当诉求无力，甚至不能做出及时回应，无所作为，这就是被动责任。对此失职行为的问责尤为重要。作为行政制度意义的责任政府和作为宪法制度意义的责任政府，二者是相互关联、缺一不可的，在实践中最终都必须为人民负责。

健全政府职责体系，塑造责任政府，实现公共责任，其基本的途径首先在于强化责任主体意识，牢固树立责任观念。伦理道德在社会意识结构的要素中是最具实践性的。伦理道德规范存在于社会意识层面，是文化规则的一部分，当它影响社会个体或组织的行为发生时，就具有明确的实践性。公共伦理可以通过教育和文化传承等方式形成约束公共管理主体的外在的伦理批判和内在的道德自律，所以，强化责任主体意识，树立正确的权力观和价值观，对公共管理主体的约束具有事前性的特点，能有效激发主体的责任感，成为行为的责任动力。

其次，加大责任监督力度，广开责任监督渠道。按照法治政府建设要求，大力推行权力清单、责任清单、负面清单制度并实行动态管理。在全面梳理、清理调整、审核确认、优化流程的基础上，将政府职能、法律依据、实施主体、职责权限、管理流程、监督方式等事项以权力清单的形式向社会公开，逐一厘清与行政权力相对应的责任事项、责任主体、责任方式。公共伦理以或善或恶等伦理范畴作为对公共管理主体进行评价的尺度，公共责任使得公共伦理的道德原则和伦理范畴具体化，成为对公共管理主体的权利与义务的约束，除了责任主体必须牢固树立责任意识外，外部的公共舆论监督以及监督机制的建构和完善就成为公共伦理重要的维系手段。各级政府要自觉接受党内监督、人大监督、民主监督、司法监督，加强行政监督和审计监督，完善社会监督和舆论监督机制，使各种监督形成合力，产生实效。

再次，完善责任制度和责任机制，行为应有责任依据，后果应有处罚尺度。公共责任是公共伦理的制度化、契约化，明确的责任制度、顺畅的责任机制是公共管理的基础。为了有效解决公共事务，实现公共管理目标，既要明确责任分工、工作目标进程，使主体明确责任内容，又要健全质询、问责、经济责任审计、引咎辞职、罢免等制度，完善纠错问责机制，才能有效发挥公共责任的约束力。为确保生态文明建设，国家下发的《关于加强环境监管执法的通知》《党政领导干部生态环境损害责任追究办法（试行）》等，坚持“生态环境损害责任”将终身追究原则，首次对追究党政领导干部生态环境损害责任作出制度性安排，建立了党政领导干部生态环境保护问责制。

最后，责任追究惩处应规范科学，惩处力度避免因人而异。公共责任追究是根据已发生事实的公共管理行为及后果，依据事先的责任契约来追究公共管理主体责任的方式，它相对公共伦理选择和过程来说具有事后性的特点。若要监督有力，产生实效，责任追究处罚的规范科学便是关键环节。如果罚小（官）不罚大（官），避重就轻，因人而异，处罚个人不罚组织，那么责任追究就失去公信力，责任监督和公共责任也就失去了意义。因此，责任追究的规范性、科学化，实事求是的工作作风，以及依法行政、按章办事，就显得十分重要。

总之，符合伦理道德规范的责任行为是不可能在孤立的情况下形成并得以有效维持的。如果要使负责任的行为实现，那么由个人的道德品质所表现出来的内部控制与组织结构、组织文化、社会期待等环境支持在总体上应相一致。当然，个人的责任行为、组织支持和社会期待之间有时会互相冲突，这时就要视三者分别对责任行为的引力对比关系，从而决定责任行为是从个人角度，还是组织角度，抑或是社会期待角度去实现。一般情况下，只有三者一致，促成公共责任行为实现的个人品德、组织文化和社会伦理之间的整合才是有效的，否则公共责任行为的实现就会因个人、组织、社会之间伦理选择的差异性而混乱。现实中，因个人、组织、社会的利益所属会出现不一致，基于利益不一致的伦理选择就会有冲突，这时甚至舆论批评的支持也无法确定其中哪一种伦理选择才具有正价值，这种状况就需要有关公共责任的法律规章体系做出合适的责任认定。特里·F. 库珀设计的负责任行为的构成要素示意图表明（如图6-2所示），公共责任的实现应是伦理选择和责任认定各环节的相互支持、相互统一。

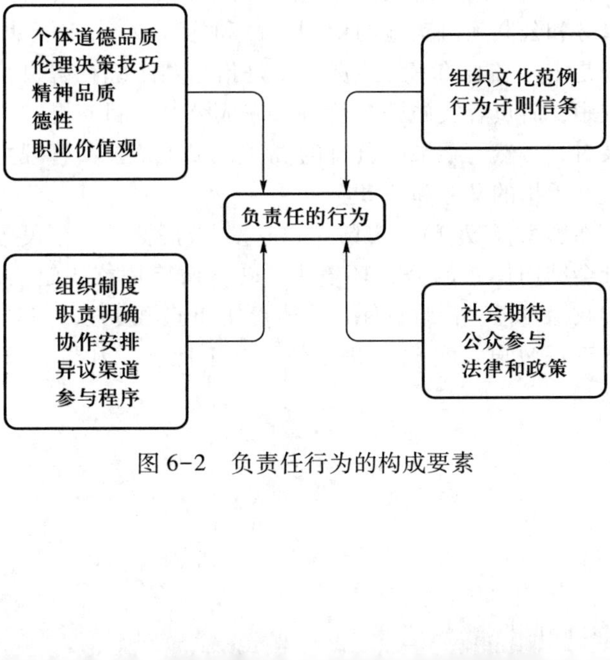

图6-2 负责任行为的构成要素

政府职能转换以及责任政府的建设是一个长期的、渐进的、系统的过程，政府职能转变不能是“职能衰减”，更不能是“责任缺失”。我们实行人民代表大会制度，政府由人大选举产生，对人民负责。各级政府必须始终如一地代表人民，全心全意为人民服务，接受人民的监督，只有这样，政府才是一个优质的政府。

本章小结

人的行为具有复杂的社会含义，本质上是社会行为。在伦理学的研究中，将社会行为分为道德行为和非道德行为两大类型，道德行为又可分为道德的行为、不道德的行为和可容性行为。非道德行为在内容上包括经济行为、政治行为、法律行为等，在主体角度上包括企业行为、政府行为、国家行为等。公共伦理主体是公共组织，政府行为就是政府组织运用公共权力实施公共管理、提供公共产品和公共服务的活动与过程，体现着政府职能和政府能力的基本状况。从行政法的角度看，政府行为包括抽象行政行为和具体行政行为。

政府行为还体现在公共事务和公共项目中，政府行为除了承载着制度条例和规章的制定、颁布和具体落实的使命之外，各项公共事务、公共项目和公共服务无不体现出政府行为具有的职责和义务。公共事务和公共项目的实施就具有了伦理的属性和道德评价的意义，揭示公共事务和公共项目实施的伦理属性和伦理效益，对于明确政府的公共责任是十分必要的。公共责任就是指公共组织在解决社会公共事务的过程中，肩负着实施公共管理、完成公共项目、提供公共服务的职责以及对其必然的结果所负有的责任，实质是公共管理主体对社会公共利益所承担的义务和职责。

在国家（政府）、市场（企业）、公民社会（公民与社团）所形成的社会结构体系的公共环境中，转变政府职能，健全政府职责体系，落实政治责任、行政责任、法律责任和道德责任，完善责任追究机制，塑造责任政府，实现公共责任，对于社会的和谐发展就具有重大的意义。

案例与阅读材料

公共项目建设与"邻避运动"

随着人类社会发展的进程，特别是现代福利国家以来广泛而深入社区的公共服务供给，人类共同体生活中一个日益显著的现象就是为了公共服务供给需要建设大量的公共项目。此外，在公共议程中促进人类共同体经济发展的私人项目也越来越多地与社区生活和环境公益发生冲突。在公共项目或私人项目建设中的设施选址经常会面对关涉人或关注人的"邻避运动"（Not－In－My－Backyard，NIMBY）。"邻避运动"意指在现代社会生产生活过程中，公共项目或私人项目建设因其设施的负外部性扩散而引起周边居民或公益人士反对或抗争的现象。这些"邻避设施"包括化工生产设施、垃圾处理厂、机场、监狱、精神康复中心、戒毒中心、加油站等，我国近年来发生的有 PX 项目事件、磁悬浮事件、垃圾焚烧事件、变电站事件、交通设施事件、石化项目事件等。这些"邻避设施"对改善人们共同体生产生活是必要的而且具有公共性，但所带来的"邻避后果"事实上是可选择的且具有差异性。

现代社会生产生活中，民众安全意识、环境意识、权利意识越来越强，社会的碎片化和组织化双向展开，政府科层部门的传统行政及其应对能力受到了更大的挑战。在"邻避设施"建设的每一个阶段，利益相关者的知情权利、环境权利、补偿权利等都会在网络和新媒体的社会舆情中被表达出来。公共项目与私人项目中"邻避设施"建设越来越多样化，"邻避运动"往往事涉多元利益及其相关者，且在博弈过程中"邻避心理"和事态发展具有高度不确定性。"邻避运动"一般经历项目选址、风险感知、反对或抗争、消散或易址等若干阶段。社会信任程度、信息不对称、项目评价情绪化、风险管理缺失等增大了"邻避运动"治理的难度，建立正当选址程序、社会参与机制、风险干预机制、补偿支持机制、运行监管机制等都是积极有效的措施。"邻避运动"的治理，应以公共利益引导沟通协商以求达成彼此共识，通过风险评估和干预机制化解"邻避冲突"，依靠社会合作网络解决"邻避设施"带来的超越边界的负外部性问题。

思考与讨论

根据上述材料，结合相关原理，就公共项目建设中的"邻避运动"及其治理进行思考和讨论。

复习思考题

1. 如何理解政府行为与公共责任之间的关系？

2. 简述公共事务和公共责任的起源和发展。
3. 什么是公共事务？试述公共事务的伦理属性。
4. 什么是公共项目？试述公共项目评估的主要内容。
5. 试析公共项目评估的伦理效应。
6. 什么是公共责任？试述公共责任的基本特征。
7. 如何通过实现责任行为来塑造“责任政府”？
8. 为什么说公共伦理是实现公共责任的途径？

第七章
公共管理者的素质

公共管理者是受国家和公民的委托，行使公共权力，管理社会公共事务，达成政府施政目标的公务人员。公共管理者作为现代社会的一种重要而特殊的角色，需要具备较高的素质修养。在21世纪的今天，在中国社会转型期，公共管理者面临的情况更加复杂，履行的职责更为重大，承担的角色更为丰富，公民和社会对其期望值也更高。公共管理者的素质如何，直接关系到管理活动的成败，以及组织的兴衰。探讨公共组织中的管理者个体应具有的素质和要求，是公共伦理学必不可少的内容之一。

第一节　公共管理者的角色

一、社会角色

“角色”本来是戏剧、电影中的名词，本意是指演戏的人化装戴上面具以后所扮演的某一特定人物。美国社会学家米德首先将这个概念应用到社会心理学研究中，认为社会也是一个大舞台，社会中的人就是他所扮演的各种角色的总和。社会角色就是指与人们的某种社会地位、身份相匹配的一整套权利、义务、规范与行为模式的总和，它是人们对具有特定身份的人的行为期望。社会角色构成社会群体和组织的基础。一定的角色有一定的行为规范，社会角色总是与一定的行为规范模式相联系，如教师要为人师表，医生要救死扶伤，军人要服从命令，公共管理者要服务于公共利益、具有公共精神、忠于职守等。当然，并不是每一个处在特定地位的人都能够正确履行义务，实现其应有的角色。为此，必须通过学习、教育和规范来实现每个人的角色。

角色的扮演是一个动态的复杂过程，通常要经历四个阶段：一是对角色的学习，即通过接受教育熟悉和掌握社会对各种角色的规范要求和相关角色知识，任何人不可能天生就会自发地扮演社会角色；二是对角色的期望，也就是人们在承担一定社会角色时，首先要了解社会或者他人对于这一角色的期望；三是对角色的领悟，这是角色扮演者自己对角色的认知和理解；四是对角色的实践，就是通过对角色的领悟和认知之后，在个人实际行为中表现出来的角色行为。

管理是人类社会的一种基本的社会实践活动，也是人类所特有的一种社会现象，凝聚着管理者的体力劳动和脑力劳动，更是一种基于知识技能的、具有创造性、综合性的高级脑力劳动。现代管理既是科学性和艺术性的结合，也是工具性与价值性的统一。管理最基本的任务是实现有效的社会协作和稳定的社会秩序，管理最基本的形式是组织，管理最主要的内容是处理协调人际关系，管理发展的主要动力是变革与创新，管理的目标是一种价值的实现。公共管理作为一种复杂重要的现代管理活动，对其管理者个人具有更高的素质要求。

二、作为公共管理者的特殊角色

管理者就是从事管理工作的人员。管理者的角色实际上是指在组织体系中由于分工的需要而赋予专门的管理人员的行为要求和形象。1973 年，哈佛大学教授亨利·明茨伯格在《管理工作的性质》一书中，对管理者的角色和作用进行了全面的研究和论述。他通过大量而长期的观察和研究，认为管理者是一个复杂的、由人际、信息和决策三类角色交织而成的一个复杂总体，管理者发挥着人际关系方面、信息情报方面和决策方面的作用。在这些方面的工作中，管理者扮演着 10 种角色，即：作为人际关系角色的挂名首脑、领导者和联络者的角色，作为信息传递角色的监听者、传播者和发言人的角色，作为决策制定者的企业家、故障排除者、资源分配者和谈判者的角色。

管理者是管理活动的领导者、组织者和指挥者，在掌握信息、进行决策、配置资源、适应环境变化、激励员工实现组织目标等活动中，担当着重要的职责和使命，在其工作中因其胜任的程度和体现的能力而形成一定的权威和个人形象。一般的管理者是如此，公共管理者的角色也是如此。然而，由于公共管理的政治性、公共性和复杂性特质，公共管理者还承担着与一般管理者不同的角色。

对公共管理者的特殊角色，许多学者作了很好的阐述。阿普里伯认为公共管理者除了不能忽视政治角色与公共性质以外，应该成为民主价值与公共利益的捍卫者和提倡者。哈特认为公共管理者应该首先具有公民和良民的身份，并在公共服务使命的召唤下，经由法定程序任命，所以他不仅应该具有娴熟的政策执行技术，更应该坚持与捍卫立国精神，保障和提升公民道德，如此方无愧为民主行政的卫士——高尚官员。他认为高尚官员应至少具有四项责任：重视道德、关爱公民、道德企业主义和责权并重。1983 年魏姆斯利等人在《黑堡宣言》（*Blacksburg Manifesto*）中，对公共管理者在民主社会治理中的角色的观点最具有典范性。他们认为，公共管理者应扮演以下角色：一是执行与捍卫宪法的角色，二是人民受托者的角色，三是贤明少数的角色，四是平衡轮的角色，五是分析者和教育者的角色。

（一）公共管理者的角色分析

公共管理者角色是公共管理活动主体基本职能的具体展现，其基本职能直接决定着公共管理者的不同角色。公共管理者是多种角色的复合体，是一个“角色丛”“角色集”。我们认为公共管理者主要扮演以下主要角色：

1. 领导者

公共管理者正如轮船上的船长，是舵手，是领航者，指引着航船的方向，引领人们到达希望的彼岸。公共管理者是领头羊，是火车头，是组织的带头人，是组织的领导者。在组织中，公共管理者是组织机构的制动器和方向盘，通过规划目标和制定政策，来为组织确定前进的方向。公共管理者采取各种方法和手段来选才用人、激励被管理者实现组织目标。这些方法手段包括制定政策法规、奖惩监督、榜样示范、教育宣传、促进推动等。

2. 决策者

决策是管理工作的核心，公共管理者通过履行决策的职能，制定方针政策，确定组织的发展战略，指导组织和下属朝着一定的方向努力，达到公共事务管理的目标。管理学家赫伯特·西蒙认为，没有决策就没有管理。决策者是公共管理角色中最重要的角色之一。公共管理者决策水平的高低，直接决定着组织的生存与发展，决定着组织成员的前途命运，甚至决定着国家的兴衰成败。公共管理者的决策水平是衡量公共管理水平高低的主要尺度。

3. 服务者

公共管理者角色的本质就是履行义务，这一内在本质决定着公共管理者的角色具有公共性、服务性、象征性和表现性，不以追求与获取个人利益为主要目的，而是以表现和维护社会制度与秩序、社会规范、价值取向、民族精神为目的。邓小平明确指出："领导就是服务。"服务比起权力与责任来，在更深的层次上反映了公共管理者的本质。公共管理者，无论职位高低、权力大小，都是人民的勤务员，都是为人民服务、对社会负责的公仆。如果说权力是公共管理者实现管理目标的前提条件，是履行责任的手段，而责任是管理活动得以发生并进行下去的真正动力的话，那么，为人民服务、为社会服务就应该是公共管理活动的出发点和最终归宿。"对于公务员来说，越来越重要的是要利用基于价值的共同领导来帮助公民明确表达和满足他们的共同利益，而不是试图控制或掌控社会新的发展方向。"① 公共管理者要有责任感、使命感，要有服务精神和献身精神。

4. 责任者

公共管理者掌握着一定的权力，同时必须履行相应的义务，承担相应的责任。公共管理者担任多高的职务，具有多大的权力，就要承担多大的责任。在这个意义上讲，尽职尽责就是公共管理者的使命。不尽责，便是失职，就没有起到公共管理者的作用，就应该追究其责任。毛泽东曾经说："我们的责任，是向人民负责。每句话，每个行动，每项政策，都要适合人民的利益，如果有了错误，定要改正，这就叫向人民负责。"② 领导不是地位、特权、头衔或金钱，它意味着神圣的责任。

5. 设计师

公共管理者扮演着组织机构的设计者与变革者的角色。为保证公共管理目标的顺利实现，提高管理绩效，在管理过程中，公共管理者要根据环境的变迁、组织任务的转变等，在科学理论指导下，根据一定的原则，遵循科学的程序，确定管理的层次、幅度，维护组织的正常高效运作，并适时进行人员的合理配备，推动组织的变革，明确组织的目标任务，增强组织的应变能力。有的公共管理学家认为，公共管理者的角色应该由"船长"转变为"设计师"，因为船长是解决问题，而设计师是避免问题，通过对组织结构的合理设计与适时变革，在问题没有发生前就设计好避免问题出现的良好机制。

---

① ［美］珍妮特·V. 登哈特，罗伯特·B. 登哈特. 新公共服务：服务，而不是掌舵. 北京：中国人民大学出版社，2004：134.

② 毛泽东选集（第4卷）. 北京：人民出版社，1991：1128.

6. 教育者

世界各国、各民族，历来都把公共管理者看作是具有高度的社会责任感和使命感的社会精英，具有教化民众的职责和使命。在当前学习型国家、学习型政府、学习型社会和学习型政党建设的进程中，公共管理者不仅应该而且必须走在社会、走在普通民众的前面，率先垂范，勤于学习，“教育者必须首先受教育”。公共管理者履行教育者的角色，一是应当把学习作为事业发展的动力，把学习作为一种精神生活方式，把学习作为一种政治要求，养成主动、自觉、终身学习的习惯。学习型组织的积极倡导者彼得·圣吉认为，学习型组织是“一种兢兢业业创造未来的组织”，建设学习型组织的五项修炼是：系统思维、自我精进、改变心智模式、建立共同愿景、团队学习。建设学习型组织的成败和关键在于公共管理者。二是要教诲、引导、组织、帮助下属和民众进行学习，通过岗位培训、职业教育等引导和推动组织成员的学习。三是要率先垂范，以榜样的力量来影响和教化他人。公共管理者由于其地位的特殊性和重要性，其一言一行、一举一动、品德思想、能力气质等都成为教育下属和民众的无形的手段。四是要培育营造积极健康的组织文化，为实现组织目标奠定精神基础。组织文化是管理和领导的灵魂。组织文化的核心是价值理念，其根本导向是以人为本的原则，组织文化建设的任务就是创造以人为本的共同的价值观体系和共同的行为准则，并以此为基础增强组织的凝聚力。公共管理者肩负着建构优良的组织文化的重任。

7. 激励者

公共决策的实施、管理目标和任务的实现及完成，都要靠公共管理者发挥鼓舞和激励的重要功能。著名心理学家威廉·詹姆士指出：“人性的第一原则是渴望得到赞赏。”公共管理者，尤其是高级管理者，善于利用激励的方法动员、支持和鼓励下属，能够有效唤起人的需要，激发人的动机，调动人的积极性、主动性和创造性，对工作产生极大热情和动力。激励既是公共管理活动的重要功能，也是公共管理者普遍适用的原则。公共管理者善于发现下属的动机与需要，采取各种激励手段和方法，激发人的主动性、积极性、创造性，挖掘和开发人的潜力，使“平凡人干不平凡的事”。组织心理学的创始人之一斯克因认为，管理的核心是激励人，通过创造组织文化和领导事业变革，能够切实提升人的信心和能力。在这个意义上说，公共管理者的一个重要角色就是做一个有效的激励者。

8. 创新者

社会转型、社会变革需要改革者、创新者。创新就是运用新的认识方法，开拓新的认识领域，开创新的实践活动的思维方式。公共管理活动特别是重大的领导活动往往无先例可循，没有现成的模式可供借鉴和使用，它要求公共管理者必须习惯于创造性地工作，成为创新者。创新包括观念创新、理论创新、体制创新、制度创新、技术创新、产品创新、管理创新等，而观念创新、体制创新、制度创新、政策创新、管理创新是公共管理者创新的重要内容。公共管理者需要掌握渊博的知识，并具有丰富的实践经验，善于洞察问题，高瞻远瞩，具有科学的预测能力，善于创造性的思维和行动。“要么创新，要么死亡”，这是20世纪90年代流行于美国的名言。在21世纪，创新已成为世界的潮流，安于现状就意味着落后，就意味着被淘汰。公共管理者要适应时代的潮流，不断进行创新，成为事业的开拓者、创新者。同时，公共管理者还要学会鼓励下属创新，激发社会创新，扮演好创新者的角色。

9. 沟通者

沟通是组织的生命线，传递着组织的发展方向、期望、过程、结果和态度；沟通是组织的黏合剂，起着传达信息、密切联系、协调运转、弱化矛盾、解决冲突、控制进程、整合资源、优化环境、促进合作的重要作用。为了有效实现管理目标，公共管理者必须采取各种方法和手段，协调组织内部的各种因素，与上级和下属以及外部环境进行经常性的信息、情感、思想、观念的沟通交流。沟通乃是组织的生命与活力之所在，也是组织与外界发生联系的主要手段。因此，公共管理者要牢固确立沟通交流的意识，营造平等沟通和广泛交流的组织氛围，建立和完善沟通交流的组织机制与渠道，掌握沟通交流的基本技能，认真倾听，重视反馈，有效克服沟通交流中的障碍和冲突，增强组织凝聚力，发挥组织合力。

（二）转型时期我国公共管理者的角色转换

我国正处于全面、复杂、急剧的社会转型期，处于从农业社会向工业社会和后工业社会转型，从伦理社会向法理社会、从传统社会向现代社会、从同质社会向异质社会、从乡村社会向城市社会转变的关键历史时期。同时我国要面对世界多极化、经济全球化、政治民主化、文化多元化和社会信息化的冲击和挑战，公共管理的环境生态发生了根本性改变，公共管理的主体由以政府为单一的主体转向由政府、非政府组织等构成的多元主体，公共管理治理模式由一元治理模式转向多元治理模式，公共管理目标由以控制为主转向以服务为宗旨，公共管理价值取向由效率转向效益、民主、公正、责任，公共管理手段由以权力为中心转向以法律和道德为核心。对此，公共管理者必须有清醒的认识和充分的思想准备，必须清醒认识到我国正处于社会主义初级阶段这一基本国情，高度重视转型期公共管理的重要性、艰巨性、复杂性，进行角色的创造性转换。

（1）由“运动员”向“裁判员”转变。公共管理者的主要职责是制定科学合理、公平公正的规则，监督规则的执行，维护社会的公共秩序，而不是参与具体的社会生产经营活动，直接插手社会事务。公共管理者更不能既当“运动员”，又当“裁判员”。

（2）由“实干家”向“战略家”转变。公共管理者管理社会公共事务，提供公共产品和公共服务，掌握公共权力，承担公共职责，因此，必须有高瞻远瞩的战略眼光，进行战略规划，统领全局，为组织和国家指明正确的前进方向，成为战略家。正如戴维·奥斯本和特德·盖布勒在《改革政府》一书中所指出的政府的职责应该是“掌舵”而不是“划桨”，公共管理者的主要角色应该是“战略家”而不是“实干家”，不是具体地从事公共产品的生产和亲自从事具体的公共服务，不是事必躬亲，亲力亲为，而是提供方向性的政策服务，进行科学的制度安排，创造有序竞争的法治环境，监督政策法规的有效施行。

（3）由“控制者”向“激励者”转变。以往公共管理者的主要目的是维护秩序，依靠权力的强制性控制局面，把控制作为管理的目标。而当代公共管理者的主要目的应该是开发人力资源，培养下属的责任心，鼓励下属创新，为下属发展提供广阔的平台，激励鼓舞下属，通过下属推动组织的发展，激发社会活力，促进社会发展。控制不是目的，而只是获取秩序的手段，发展和创新才是目的。为此，必须转变观念，通过制度创新和管理创新，充分激发下属和社会的主动性、积极性和创造性，推动社会的发展。

（4）由“官员”向“公仆”转变。在浓厚的官本位传统和现实权力本位下，人们常常认为公共管理者是大权在握的官员，而一些公共管理者也以“官”自居，摆出一副盛气凌人、妄自尊大、为所欲为、目空一切、高高在上、八面威风、颐指气使、养尊处优的“官态”，要别人服务、依附、顺从他，成为人民的“主人”。公共管理者必须真正转变这种“官态”，把角色定位为人民的公仆，是公共产品和公共服务的提供者，公共管理就是服务，就是为社会和国家奉献自己的才能和智慧。

（5）由“命令者”向“指导者”转变。过去的公共管理者，主要依靠行政权力，通过强制性手段，对下属发布命令和指示，实行严格的管控。作为现代公共管理者，则主要依靠自身的专业技能、人格魅力、伦理修养、价值取向等影响下属，通过组织文化、团队精神凝聚人、鼓舞人、培育人，是教练，是指导者。

（6）由“领头羊”向“领头雁”转变。过去我们提倡管理者要充当“领头羊”“火车头”，通过发挥模范带头作用拉动组织的发展，这是十分必要的。

但在今天，这种管理方式落后了，已经难以适应时代发展的需要。因为公共管理者充当“领头羊”“火车头”的角色，充其量只是一个劳动模范，而不是一个称职有效的公共管理者。为此，公共管理者应该成为“领头雁”。大雁南飞时，通常排成人字形，雁群由头雁领航，其他大雁可以借力飞行，头雁最辛苦，一旦头雁疲劳时，就会退回到队伍中，由另外一只大雁主动补位，通过不断交换领航权带领雁群飞抵目的地。作为公共管理者，应该认识到并不是所有的工作和任务都是自己最擅长的，对自己的优缺点需有清醒的认识，要有自知之明，懂得通过合理授权，调动下属的积极性，培养下属的管理能力，做一个超级领导，培养下属成为领导者，建立一种分权协作的管理体制，并通过这种体制和制度实现管理目标。

（三）公共管理者的角色冲突及其调适

公共管理者是一个集多种角色于一身的“角色丛”，扮演着多重角色，常常处于角色超载的状态之中，在不同的情势下还需要进行及时有效的角色转换。不同的公共管理者具有不同的经历经验、价值取向、思想观念、利益诉求等，各种角色之间的关系错综复杂，再加上公共管理活动的复杂性、动态性、特殊性等，因此，在公共管理活动中往往容易产生角色冲突的问题。

角色冲突就是指“个人担当某一角色时承受的压力与他担当另一角色时承受的压力之间不和谐的程度”①。公共管理者角色冲突就是指公共管理者在角色的扮演过程中发生在角色之间或角色内部之间的矛盾、对立和斗争，妨碍角色有效履行的现象。公共管理者的角色冲突是一个十分复杂的问题。从角色冲突的主体来看，公共管理者角色冲突包括两种类型：一种是角色间的冲突，即不同部门或者同一部门的上下级、同级管理者角色之间的冲突，这是一种人际关系矛盾和冲突。另一种是角色内的冲突，即由于多种角色集于一人身上，而在公共管理者自身内部产生的冲突，它主要表现在同一管理者角色内部的冲突和表现在角色丛中不同角色的冲突，这是一种自我矛盾冲突。同一角色内部的冲突，具体表现为角色不当、角色不为、角色错位、角色固着、角色变异等。

1. 公共管理者角色之间的冲突

公共管理者角色之间的冲突就是在公共管理活动中，不同层次的管理者角色之间由于管理社会公共事务的价值理念、目标方法、权责关系、行为方式、利益诉求等的不同而产生的矛盾分歧和对立抵触现象。这主要有两种情况：一是上下级管理者角色之间的冲突，二是同级管理者角色之间的冲突。

---

① 苏国勋，刘小枫．社会理论的诸理论．上海：上海三联书店，2004：387.

（1）上下级公共管理者角色之间的冲突。上下级公共管理者角色之间的冲突就是处于上下级权力节制关系中的公共管理者角色之间在公共事务管理过程中所产生的矛盾对立。在公共管理中，实行的是行政首长负责制，实行权力的层级节制，上级指挥下级，下级服从上级，对上级负责。在一般情况下，上下级公共管理者之间不会产生明显的角色冲突问题。但在公共事务管理中，由于某些公共事务的特殊性和复杂性等多种因素的综合作用，常常会发生上下级之间的角色冲突问题。也就是说，在公共管理活动中，有的公务人员不服从上级的指挥，不遵循上级的指示，不执行上级的政策规定，自行其是。上级管理者滥用权力，无视下级的基本权利、利益，肆意践踏下属的尊严。由此而导致上下级之间的矛盾冲突。

（2）同级公共管理者之间的角色冲突。同级公共管理者之间的角色冲突就是指职位级别基本相当而彼此之间没有行政隶属关系的管理者之间在公共事务管理过程中所产生的矛盾对立抵触现象。与上下级管理者关系不同的是，同级管理者关系是横向并行的工作关系，各司其职，各负其责。在公共事务管理过程中，相关的公共管理者之间应是一种相互支持、密切配合、相互团结、齐心协力、同舟共济、群策群力的合力协作关系。但由于同级公共管理者之间没有领导者与被领导者、命令与服从、上下隶属、具有一定强制性的关系，而是工作上的合作协助关系，不具有强制性。因此，如果上级领导缺乏权威性，同级公共管理者之间缺乏有效的沟通协调，往往容易产生彼此孤立，甚至互相拆台、相互推诿、不合作、不协助的矛盾冲突。

2. 公共管理者角色内在的冲突

公共管理者角色内在的冲突是指公共管理者个体在公共事务管理过程中由于同时所扮演多个角色而产生的角色内部的矛盾、对立和抵触的现象。具体来看，公共管理者角色内在的冲突主要有以下几种情形：

（1）角色不当。角色不当是指公共管理者的素质不能胜任公共管理工作，缺乏完成工作任务的能力，难以有效地解决社会公共问题，也就是对公共管理工作不胜任、不称职。古今中外，无论是社会角色期望，还是国家和政府都要求各级公共管理者具有较强的角色胜任力，有基本的管理素质能力，以有效管理社会公共事务，解决公共问题，实现公共利益，保障社会秩序。我国在《国家公务员通用能力标准框架（试行）》中对党政领导干部和广大公务员所必须具备的各种能力进行了明确界定和详细说明。但是，在公共管理活动中，有的公共管理者距离这些素质能力要求还存在着明显差距，以至于不能正常有效地行使公共管理者职权和承担相应责任。从根本上来说，角色不当是一个能力问题，是公共管理者缺乏有效解决公共问题的能力，不能胜任管理公共事务的基本工作。

（2）角色不为。角色不为是指公共管理者由于玩忽职守未能承担起其角色应该担负的职责而造成严重损失的现象。角色不为是公共管理者并非因为不称职、不胜任所应担当的角色，而是由于缺乏责任心和敬业精神，不忠于职守、麻痹大意、不务正业而给公共管理活动带来损失的行为，包括失职和渎职两种情形。一般来说，角色不当是一个能力问题，而角色不为则是一个职业道德、工作作风和失职渎职的问题，“非不能也，而不为也”，是明知可为而不为。这是公共管理者缺乏事业心、责任感、服务意识的表现。

（3）角色错位。角色错位是指公共管理者角色行为偏离自身职责任务、活动范围、运行轨道的现象。角色错位按其特点大致可以分为三种情况：一是职责内角色与职责外角色错位。公共管理活动是一种复杂工作，需要群策群力，多管齐下，方能取得成效。在管理过程中，公共管理者既需要承担一些职责内的角色，也需承担着一些职责之外的角色。例如，在职责之内，公共管理者需承担决策者、执行者、沟通者、公共利益的守护者、责任人等角色。但有的公共管理者却未能履行好这些角色，反而扮演了与职责相反的角色，如有的公共管理者以权谋私、贪污腐化、专横跋扈。二是主要角色与次要角色错位。在管理活动中，公共管理者的主要角色是进行决策、组织、指挥，提供公共服务和公共产品，维护和实现公共利益等主要职责，但有的公共管理者却不抓这些主要矛盾、关键问题，而是颐指气使、滥用职权，形式主义、官僚主义、享乐主义和奢靡之风严重，导致角色明显错位。三是公共角色与私人角色的错位。在公共管理过程中，公共管理者理所当然地应该担负公共管理者的角色，维护公共秩序，保障公共利益，满足公众需求。但有的公共管理者却公私不分，以权谋私，损公肥私，这种角色冲突是由公共角色与私人角色之间的行为规范、社会期望和行为模式不同而引发的。

（4）角色固着。角色固着原指一个人不能随环境和身份变化而改变行为模式，固守原来的角色而不会变通的现象。在公共管理中，角色固着是指公共管理者无视客观情境，无视环境变化，不能采取权宜变通的方法和手段有效地解决社会公共问题，而固守原来的角色和行为模式，不能进行及时有效的角色转换和履行角色的现象。由公共组织的特性决定，随着组织规模的扩大和发展，公共组织及其公共管理者会变得日益保守，“在每个官僚组织中都存在一种内在压力，促使大部分官员最后都变成保守者。”① 由于保守僵化，许多公共管理者不愿意变革，忽视环境变化，固守原有的利益地位、思想观念、经验

① 安东尼·唐斯. 官僚制内幕. 北京：中国人民大学出版社，2006：105.

知识和行为模式，不愿意创新和变化。在当前中国急剧的社会转型期和全球化进程中，公共管理者的这种角色固着并不少见。

（5）角色变异。角色变异是指在管理活动中公共管理者没有正确履行自己的职责，而是扮演了与角色规范要求相违背的行为，导致角色性质发生异化的现象。这种角色冲突问题在实质上就是公共管理者没有履行维护公共利益、提供公共服务、解决公共问题的基本职责，而是利用公共权力和公共资源牟取个人利益，滥用公共权力，甚至鱼肉百姓、横行霸道。有的公共管理者集政治蜕变、经济贪婪、生活腐化、作风专横于一身。正如习近平总书记所指出的那样，有的领导干部“仍心存侥幸，搞迂回战术，卖官帽、批土地、抢项目、收红包，变着花样收钱敛财，动辄几百万、几千万甚至数以亿计；有的欺瞒组织、对抗组织，藏匿赃款赃物，与相关人员订立攻守同盟，企图逃避党纪国法惩处。他们故意制造一些噪音杂音，企图混淆视听，自己好从中脱身。‘四风’在面上有所收敛，但并没有绝迹。党的十八大之后查处的领导干部，很多在享乐主义和奢靡之风上没有收手，贪图享乐，大吃大喝，花天酒地，骄奢淫逸，依然我行我素。有的“四风”问题改头换面、花样翻新，出现了各种变异。”“党内有一些人在这方面问题很突出。有的修身不真修、信仰不真信，很会伪装，喜欢表演作秀，表里不一、欺上瞒下，说一套、做一套，台上一套、台下一套，当面一套、背后一套，手腕高得很；有的公开场合要党员、干部坚定理想信念，背地里自己不敬苍生敬鬼神，笃信风水、迷信“大师”；有的口头上表态坚定不移反腐败，背地里对涉及领导干部的问题线索不追问、不报告；有的张口‘廉洁’、闭口‘清正’，私底下却疯狂敛财。这种口是心非的‘两面人’，对党和人民事业危害很大，必须及时把他们辨别出来、清除出去。”① 习近平总书记在此所批评的“两面人”，其实就是典型的角色变异的问题，必须加以克服。

3. 公共管理者角色冲突的调适

导致公共管理者的角色冲突既有内在原因，也有外在因素。作为内在原因主要是公共管理者自身素质难以胜任公共管理工作的角色任务要求，而外在因素主要是制度安排、机构设置、社会转型、环境变迁等。要提高公共管理绩效，必须尽力减少和避免角色冲突，公共管理者角色冲突调适的方法措施主要有以下方面：

（1）全面提升公共管理者素质。公共管理者素质的全面提升既是提高公

---

① 习近平. 在第十八届中央纪律检查委员会第六次全体会议上的讲话，人民日报，2016-5-3.

共管理绩效的基础，也是有效解决公共管理者角色冲突的根本途径。全面提高公共管理者素质，一是公共管理者应根据实际情况和岗位要求重视自觉学习，做到学以增智，学以立德，学以致用，明确学习内容，抓住学习重点，掌握学习方法，提高学习效率，夯实专业知识基础，拓宽综合知识范围，优化知识结构，通过学习提高素质。二是公共管理者要注重实践锻炼，在社会实践中提高素质。公共管理者应该积极投身社会实践，在公共管理工作实践中锻炼成长，尤其注重在公共问题的解决过程中的自觉锻炼，善于总结经验，吸取他人的教训。三是公共管理者要培养自省反思精神，在总结反省中提高素质。公共管理者要善于分析和把握公共管理的基本规律，善于总结正反两方面的经验教训。注重反思，敢于自我解剖、自我警示、自我鞭策。四是建立健全制度规范，通过制度规范促进公共管理者素质的提高，建立提高公共管理者素质的长效机制。这方面的基本制度包括：选拔任用制度、培训教育制度、绩效考评制度、奖惩监督制度等。

（2）深化制度改革，规范领导角色行为。深化制度改革，构建科学的公共管理体制是消除角色冲突、调适领导角色冲突的制度保障。一是科学划分管理权限，适当下放权力。切实加快政府职能的转变，构建政府、企业、社会、公民四位一体的公共治理关系。切实改革权力过分集中的问题，适当下放权力，合理配置中央与地方以及地方各级政府的职权，在权力下放的同时，依法加强监督。二是精简管理层次，协调条块关系。在纵向管理层次划分上，按照精简原则，减少不必要的管理层级，加大条块关系的协调力度，坚持统一领导，地方政府内部各职能部门必须接受统一领导，不得搞部门割据。在横向管理上，要理清职能范围，放宽横向部门的划分，协调好条块主次关系。三是理顺公共管理的职、权、责关系。在职与权的关系上，要根据职务的要求授予权力，从法律上对各级政府和领导的权力范围、限度予以明确规定，制止越权行为；在权与责的关系上，要坚持权责一致原则，授予权力的同时要明确职责，保证权责相称，进一步落实行政责任制和问责制，建立引咎辞职为核心的问责体系，在全社会培养与之相关的问责文化。四是强化公共管理监督机制。整合各方面监督力量，强化对公共管理者尤其是领导者的监督。加强任前监督、上级监督、制度监督，强化法治监督。改革监督体制，健全民主监督机制。拓宽监督渠道，扩大社会监督面，充分发挥舆论监督的作用。建立科学的公共管理绩效考评制度。五是健全公共管理责任机制。要致力确立一种真正向人民负责的机制，通过实行政务公开，建设透明政府、责任政府。建立民意调查和反馈制度，强化和完善人民当家做主的权力机制，授予人民对领导干部的选择权、罢免权和弹劾权。

（3）强化公共管理者角色意识，准确定位管理角色。强化角色意识，准确定位是解决公共管理者角色冲突的关键。一是增强对公共管理角色意义的领悟。公共管理者要深刻领悟管理者本质上是人民公仆这一角色意义。对公共管理角色意义的领悟既包含管理者对自身历史使命的自觉认识，也包含对人生价值的深切感悟；既包含对社会发展前途的坚定信念，也包含对社会变革过程中矛盾和困难的心理准备。管理者只有深刻认识到在公共管理中的主导性作用，认识到自身所承担的公共职责和历史使命，才能自觉地避免和消除角色冲突。二是强化公共管理者的角色意识。增强公共管理角色意识就是要使管理者将自身置于公共管理活动中去积极主动有效增强服务意识。管理者应该明确角色规范，形成正确的角色观念，通过培养和强化高度的责任意识和维护公共利益的意识、强烈的法治意识、鲜明的服务意识和以人为本的意识来着力培养和不断强化自己的角色意识。三是加强公共管理者的角色学习。加强对所扮演公共管理者角色的学习，以及对公共管理者“角色丛”的整体把握和学习，熟练把握各种角色的规范要求和角色之间的关系互动。

第二节　公共管理者素质概述

一、公共管理者素质的含义和特点

（一）公共管理者素质的含义

公共管理者的素质是指担当管理角色，履行管理职能，发挥重要影响所依凭和利用的各种主观条件。人的素质是一个要素整体，是诸多特质的组合，包括生理的、心理的和精神的各种元素，是由生理机体、心理过程、道德品质、文化水平和技术能力等构成的一个复杂的指标体系。在社会科学研究中，人们借用素质这个概念，可以从人和社会的角度更好地认识人、研究人、表述人，并由此深化对人的本质和社会的认识，进而更好地把握自己、他人和社会，从而使选人、用人、育人和塑造人具有科学性。

素质是具体的，是由环境、生活经历、教育和实践以及社会变迁影响所形成的，既有稳定的、惯性的一面，又有可变的、可培育的一面。可以说，素质就是个人进行社会活动所凭借的、来自于先天禀赋与后天培育并凝集于该主体内部的品性、素养和能力诸要素的综合体。公共管理者必须具有较高的素质，才能胜任和扮演好角色，成为合格的、有效的管理者。

素质与胜任力既有联系也有区别。胜任力这一概念源自管理学中的"competence"一词，它是由美国哈佛大学的戴维·麦克米兰（David McClelland）教授于1973年首先提出来的，主要是指"能将某一工作中的表现优异者与表现平平者区分开来的个人的、潜在的、深层次特征，它可以是动机、特质、自我形象、态度或价值观、某领域的知识、认知或行为技能——任何可以被可靠测量或计数的，并且能显著区分优秀绩效和一般绩效的个体特征"①。这个概念一经产生，就得到了学术界和企业界的广泛关注和认同。在对人力资源的研究开发过程中，有人把胜任力与工作任务、工作绩效联系起来，甚至把胜任力与素质相等同。

胜任力具有四个重要特征：一是综合性。胜任力由多种要素所组成，如外显的知识、技能和内在的态度、自我概念、行为动机等。二是工作情景性。胜任力与人们在组织中所承担的工作任务密切相关，它是个体高质量地完成本岗位各项工作所必备的基本条件，是个人能力与工作情景的有效匹配。三是工作绩效性。胜任力与人们的工作绩效密切关联，它可以预测个体未来的工作绩效，可以将组织中绩效优秀者与绩效一般者加以区分。四是可习得性。胜任力具有可习得性和迁移性，可以通过一系列的学习和培训进行开发，不断提高其广度和深度。胜任力所侧重的是个人能力结构与工作岗位要求相匹配的特质和潜能，强调个人的素质能力与工作岗位、具体任务、组织环境的适应性，以及由此产生的可预测的、可测量的指向绩效的行为特征，包括个性特征、行为特征和工作情景等。

由此可见，人的素质是内在的各种要素的组合，胜任力是人的素质与工作任务相匹配时显现出来的能力。素质研究侧重于整体要素，相对而言较为宽泛，是胜任力的基础。胜任力则侧重于表述这一整体要素中的能力素质方面，可以将胜任力作为素质和行为的不同层面的组合，即个体所具备的、能够以之在某个或某些具体职位上取得最优绩效表现的稳定性特征，包括技能、知识、态度、思考方式、内在驱动力、社会动机和自我意识等的具体组合。在此我们侧重于对公共管理者胜任领导角色所需的素质进行分析，将公共管理者的素质与胜任力结合起来进行阐述也是十分必要的。

公共管理者素质就是担当公共管理者角色的个体为履行其特定职能、发挥其影响和作用所需具备的主观条件，是基于基本素质、又根据公共管理者角色

① 转引自 Lyle M. Spencer. Competence at Work：Models for Superior Performance. John Wiley & Sons，Inc，1993：222-226.

特点要求形成的有别于普通素质，适合于履行管理职能或胜任管理活动的个体特质。换一个角度说，公共管理者素质就是公共管理者胜任各项工作任务的个人内在的条件和特殊本领，是作为管理人才的公共管理者因其地位和作用而与其他人区别开来的、具有明显特性的专门素质。公共管理者素质就是从事公共管理活动这种工作的职业素质，就是与公共管理者这种角色相匹配的角色素质。

（二）公共管理者素质的特点

一般人的素质具有稳定性、基础性和可塑性等特点。所谓稳定性，是指人的某些素质一经形成，在一定的时期内就基本保持相对不变的特性。所谓基础性，是指人的素质对人的能力、人格形成起着基础性作用。所谓可塑性，是指人的素质受主客观条件因素的影响，具有转化提升的趋向。不同的社会角色对人的素质要求是不同的，公共管理者的素质以一般素质为基础。一般素质就是作为普通人所具有的能够从事社会活动和生活的基本内在条件。公共管理者素质以一般素质的各个方面和因素为自己的基本内容和构架，因此，具备与普通人相互沟通和相互理解的基础，在人格上与普通人完全平等，并与普通人有着某些共同的语言、需要和价值观念，能够由己及人，换位思考，理解普通人，这为做好管理工作奠定了基础。除了具有素质的一般特性之外，公共管理者的素质具有综合性、严格性、动态性、层次性等特点。

1. 综合性

公共管理是涉及决策、组织、协调、控制、指挥、用人、沟通等诸方面的复杂过程，是涉及不同领域和职能部门且相互关联的职业活动，因此公共管理者所承担的角色成为一个多元性的“角色丛”，对公共管理者素质的要求也必然是全面而综合的。我国古代著名的军事家、思想家孙武曾说：“将者，智、信、仁、勇、严也。”在古代对一个军事将领的素质要求就是多方面的、综合性的。列宁对此也曾经提出，领导者的素质应该包括具有政治上的成熟性和积极性；最密切地联系劳动群众，知道并理解群众的利益，赢得他们的绝对信任；能把人民团结在自己周围；在技术上和生产组织上是内行；受过科学的教育；具有行政工作的能力；办事认真、负责；具有坚决和果断的性格。从系统论的角度看，一个系统的主要特征是其整体功能，而决定整体功能大小的因素是系统中最弱的部分而不是最强的部分，这就是著名的“木桶理论”或“铁锁链理论”，即决定木桶盛水量多少的是木桶上最短的那块木板，决定铁锁链强度的是铁锁链中最弱的那一环。公共管理者素质也正是如此，它是一个由多种要素构成的有机综合体，包括政治素质、法律素质、道德素质、能力素质、知识素质、身心素质等，它们相互联系、相互作用、相互依存，不可分割，其中每一种素质都很重要，如果某一种素质较弱，就会影响到整个管理活动的成败。

2. 严格性

公共管理者因其职位、职权所具有的社会影响、社会形象和公共责任，对于担当者的素质具有了严格的标准要求。同样的素质内容和素质因素在管理活动中因管理者地位和作用的不同而形成不同于一般素质的新结构，同样的素质内容由于公共管理者的价值取向、地位、作用和角色的特殊性而在管理活动中形成了适合于公共管理者的素质标准和要求。因此，公共管理者的各种素质主要来自对公共管理各方面及其活动的重要性进行相应的排列组合，从而产生新的结构、新的功能和新的特质，形成新的特定的素质内容体系，也就是在具体内容上把素质要求提高到公共管理者这种特殊角色的高标准上，具有相当的严肃性、规范性和标准性。

3. 动态性

公共管理者素质是一个动态的概念，随着社会的发展和时代的进步，处于不断的变化之中。公共管理者总是具体的某一个时代的管理者，社会在发展，环境在变迁，对公共管理者的素质要求在内容和深度上也会发生变化。公共管理者应该是走在时代最前列的人，体现时代的特征和要求。公共管理者素质的变化既是时代进步的结果，又是时代进步的动力；既是公共管理者自觉自为的结果，也是社会外在压力驱动的产物。公共管理者自身素质的形成是一个不断完善和发展的过程，需要不断加强培养和实践锻炼。没有天生的公共管理者，也没有一劳永逸、一成不变可以终身受益的素质。公共管理者素质的提升是一个需要付出艰苦努力的过程，不会随着公共管理者职位的晋升而自发提高改善。公共管理者素质的变化既可能是向上的、积极的，也可能是消极的、向下的。在现实社会生活中，某些公共管理者由于职位的调整、地位的变迁以及环境的变化，逐渐放松了对自己的严格要求，不再兢兢业业、勤勤恳恳、任劳任怨、积极进取，而是崇尚个人主义、享乐主义和拜金主义，追求纸醉金迷、低级庸俗的生活，热衷于迎来送往、吃吃喝喝、争权夺利，甚至贪赃枉法、徇私舞弊、穷奢极欲，致使自身素质不断降低，最后堕落成为人民的罪人。

4. 层次性

公共管理者素质的层次性包含两方面的含义，其一是个人素质结构体系由不同内容构成，具有层次性；其二是工作领域和不同系统层次对素质的要求具有层次性。任何管理工作都有不同的层次领域和相应的职责，对不同层次、不同工作性质的公共管理者，在其素质要求上，既有相同的一面，又有其特殊的一面。三国时期著名的政治家和军事家诸葛亮把军事将领分为十夫之将、百夫之将、千夫之将、万夫之将、十万夫之将和天下之将。现代社会生活复杂多变，组织机构的管理层次分明，其素质的层次性特点更为突出。美国管理学家卡兹将管理者分为基层、中层和高层三个层次，并相应地把管理者所需具备的素质抽象为三类：技术（技术水平，即解决具体问题的能力）、协调（处理人与人以及与部门之间关系的能力）、见识（分析判断、决策能力）。在公共组织中，一般有高层、中层、基层三个不同层次的公共管理者，他们各自承担着不同的职责和使命，承担着不同的角色，因而对其有相应的素质要求。高层公共管理者的主要职责是确定大政方针，拟定规划，把握方向，协调各部门的关系。与此相适应，要求他们具有相应的创造能力、综合判断能力、战略决策能力等。中层公共管理者主要是同人打交道，从组织和管理方面去实现大政方针，为此他们应该具有组织工作能力，懂得公关的知识和技能。基层公共管理者主要是执行管理指令，帮助下属及时解决具体问题，这就需要他们增长专业技术知识，努力提高专业管理水平。

二、公共管理者素质的重要性

公共管理者是组织中富有活力的、唯一能够赋予组织生机的因素。缺乏基本管理素质的公共管理者，不会充分整合和利用各种资源，不可能有效地提供公共产品和公共服务。尤其在经济全球化、政治民主化、文化多元化、社会信息化以及国际竞争日趋激烈的今天，公共管理者的素质和工作状况直接决定着公共组织的成败，甚至决定着公共组织的生存发展，公共管理者的素质是组织在竞争激烈的环境中唯一能够拥有的有效优势。

公共管理者素质是管理主体最重要的内在条件，它从根本上决定着管理的成败得失。任何行为主体在任何活动中的成败得失，一般都是内在因素和外在因素不同质量、不同效能、不同作用和不同搭配互动的结果。内在因素就是构成行为主体的各种素质修养，外在因素就是工作的各种环境和条件。在这些因素都不甚良好的情况下，行为主体的活动归于失败的可能性就大一些；反之，在这些因素结合良好时，行为主体成功的可能性就大一些。这两项因素在行为主体的活动中都能发挥重要作用，但它们所起的作用是有区别的。内在因素是行为主体的内在构成，最终决定着行为主体活动的必然，为各种偶然的活动及其结果提供着先决条件。有什么样的内在因素，就会有什么样的行为主体的行为模式及其特点，也就决定了会有什么样的行为结果。外在因素只是影响行为主体内在构成及其效用的外部环境因素，如果没有相应的内在因素作基础，或者没有相应的内在因素对外在因素的作用做出反应，那么，外在因素对于行为主体就成为没有什么作用的或者不相干的因素，就不能参与到行为主体的行为当中去产生相应的行为结果。公共管理者是行为主体中的一种，虽然比其他行为主体有角色上和行为方式上的特殊性，但是在成败得失的条件、原因和规律上却并不例外，都是从根本上取决于其内在因素，即取决于他的根本素质。要认识和把握公共管理者，就一定要抓住这个根本因素，从其素质状况入手加以探究。

不同的公共管理者素质将引发不同的管理行为，产生不同的现实结果，使公共管理者自身、群体和组织乃至社会及其成员都直接受到不同程度的影响。因此，公共管理者素质不仅对于管理主体来说是极其重要的，影响个人和组织形象，决定着个人的前途命运，制约着事业的成败；而且对于公共组织乃至国家社会来说是事关全局、影响深远的重要因素，它关系到公共组织每个成员的现实利益，关系到公共组织的兴衰荣辱、胜败得失。一个国家公共管理者的素质状况直接决定着这个国家和民族的前途命运，建立一支高素质的公共管理干部队伍，是当前我国所面临的一个重大而迫切的任务。在公共管理活动中，公共管理者素质是极其重要的一个因素，抓住这一点，就能使许多管理上的问题迎刃而解。当今世界大量的实践与事实已经充分证明管理者素质在管理活动中的重要性和现实作用。

总之，公共管理者素质是决定着管理行为和管理结果的特别能动的因素，是管理行为的内在渊源，是开展管理活动的前提、基础，是公共管理者取得成功的最重要的内在条件。它直接决定着公共管理者的能力、水平的发挥，决定着管理活动的成败。它也是事关公共组织、国家与社会前途命运和利益的重要因素之一，直接影响着其中所有成员的现实利益。

三、公共管理者素质的基本内容

公共管理者的素质是与社会和法律对其基本技能要求相对应的，与其工作职责相一致的多方面、多层次的内容体系。管理学大师德鲁克认为，一个有效的管理者，必须具备以下五种主要素质：第一，要善于处理和利用自己的时间，把认清自己的时间花在什么地方作为起点。第二，注重贡献，确定自己的努力方向。第三，善于发现和用人之所长，包括自己的长处、上级的长处和下级的长处。第四，能分清工作的主次，集中精力于少数主要的领域。第五，能够有效地决策，他们知道一项有效的决策是在“议论纷纷”的基础上做出的判断，而不是在“众口一词”的基础上做出的判断。

美国管理协会在20世纪70年代花了五年的时间，对在事业上取得了成功的1 812名主管人员进行了调查和研究，发现成功的主管人员一般具有以下能力：① 工作效率高；② 有主动进取精神，总想不断改进工作；③ 逻辑思维能力强，善于分析问题；④ 有概括能力；⑤ 有很强的判断能力；⑥ 有自信心；⑦ 能帮助别人提高工作能力；⑧ 能以自己的行为影响别人；⑨ 善于用权；⑩ 善于调动别人的积极性；⑪ 善于利用谈心做工作；⑫ 热情关心别人；⑬ 能使别人积极而又乐观地工作；⑭ 能实行集体领导；⑮ 能自我克制；⑯ 能自行做出决策；⑰ 能客观地听取各方面的意见；⑱ 对自己有正确的评价，能以他人之长补自己之短；⑲ 勤奋节俭；⑳ 具有技术和管理方面的知识。

罗锐韧在《哈佛管理全集》中提出，公共管理者应该具有以下素质修养：① 懂得公共管理者应具备的知识，要有想象力、思考习惯和应变力。② 移情作用（或称“进入角色”），能够换位思考，就是将自己的意识以想象力投射在他人身上，置于别人的地位，模拟他人的感情、意见与价值观的能力。领导者应该设身处地地为下属着想，取得他们的信赖，为有效地做好管理工作奠定基础。③ 客观性。公共管理者应力求不带个人感情地去观察与寻求问题的起因，要客观公正地对下属进行评价。公共管理者克制与冷静的分析是有修养的表现。④ 自知之明。公共管理者应了解自己的处事态度与习惯对下属的影响，有自知之明的能力。

波兹曼和史陶斯曼在《公共管理的战略》一书中提出了理想的公共管理者所应具有的七个基本素质：第一，有效的公共管理者必须是一个良好的自我评估者。通过自我评估的训练，提高自我评估的能力，在管理人员的发展训练中，可以要求下属与主管相互评估对方。第二，有效的公共管理者必须是不令人讨厌的，必须具有丰富的知识，乐于学习，愿意与他人分享，并具有创造力。第三，有效的公共管理者必须追求美好的意志与周全的政治感觉，应该是“政治家型官僚”（statesman bureaucrat），不应是“狂热家型官僚”（zealot bureaucrat）。他们具有清晰的个人与政策价值，在公共管理中目标远大、高瞻远瞩、胸怀开阔；在制定战略时，也能够超越自我利益、组织利益，以整个社会和国家的利益为着眼点。第四，有效的公共管理者必须具有耐心和坚强的意志。第五，有效的公共管理者必须具有多样化的工作经验，具有多部门、多职位的工作阅历，能够充分了解和掌握各个部门的工作性质，在决策中因地制宜，全盘考虑。第六，有效的公共管理者必须以民众为导向，不仅要能够与民众和睦相处，而且要了解不同民众的各种需求，并能做出适当的回应。第七，有效的公共管理者必须善于分析与思考，对于价值、判断、直觉、经验具有运用逻辑进行结构性思考的能力和技巧。

2003 年，国家人事部专门就国家公务员的素质能力制定了《国家公务员通用能力标准框架（试行）》，并做出了具体明确的规定，要求各地、各部门在公务员培训、录用、竞争上岗、考核等工作中要以该标准框架为参考依据，体现通用能力的要求，并根据不同职务公务员的特点制定细化的标准。《国家公务员通用能力标准框架（试行）》中规定公务员必须具备九种基本素质能力：政治鉴别能力、依法行政能力、公共服务能力、调查研究能力、学习能力、沟通协调能力、创新能力、应对突发事件能力和心理调适能力。

公共管理者的素质修养一直是党和政府高度重视的问题。习近平总书记明确指出"概括起来说，好干部要做到信念坚定、为民服务、勤政务实、敢于担当、清正廉洁。"① 早在 2009 年，习近平总书记就指出，"提高领导干部推动科学发展的能力，是当前干部队伍建设的一项根本任务。各级领导干部要努力提高以下六个方面的能力。一要提高统筹兼顾的能力，善于运用唯物辩证法认识和处理问题，既统揽全局、统筹规划，又在重点突破中推动工作协调发展。二要提高开拓创新的能力，善于根据事物发展的客观规律推动思维创新、方法创新、实践创新、制度创新，创造性地开展工作。三要提高知人善任的能力，善于发现人才，正确识别人才，科学评价人才，合理使用人才，把各方面优秀人才汇聚到党和国家事业中来。四要提高应对风险的能力，善于对各种可能出现的风险进行科学预判和超前准备，增强临机处置能力，化风险为机遇，化被动为主动。五要提高维护稳定的能力，善于见微知著，增强维护稳定的果断性，及时化解矛盾纠纷，妥善处理群体性事件。六要提高同媒体打交道的能力，尊重新闻舆论的传播规律，正确引导社会舆论，要与媒体保持密切联系，自觉接受舆论监督。"②

综上所述，我们认为公共管理者应该具备的素质主要包括：道德素质、政治素质、法律素质、能力素质、知识素质、身心素质等。

（一）道德素质

公共管理者的道德素质是指公共管理者将公共伦理内化于心、外显于行的素养和水平，是公共伦理意识和行为的统一，是公共管理者所具有的品德修养和在工作中恪守公共管理职业道德的基本素质。从政治角度分析，公共管理者

---

① 习近平谈治国理政. 北京：外文出版社，2014：412.

② 习近平. 领导干部要提高综合素质 努力提高六个方面的能力. 人民日报，2009-3-2.

的道德在本质上是一种政治道德。公共管理者通过所掌握的公共权力和自身的素质修养，树立权威，对他人施加影响，开展各项工作，从而对建立公共组织价值观、组织文化产生决定性的作用，因此伦理道德在公共管理中处于核心地位。正是由于公共管理的公共性、重要性及特殊性，没有相应的公共伦理就没有真正的公共管理，没有公共管理者较高的道德素质，也就没有有效的公共管理。公共管理目标的实现，关键在于领导者，在于公共管理者。道德素质在公共管理者素质中居于特殊的重要地位。道德是高尚灵魂的结晶，作为公共管理者，真正能够长远发挥作用的不是其权力地位，而是其道德。

1. 对公共管理者道德素质的不同观点

关于公共管理者是否应该具有良好的道德素质，长期以来存在着不同的看法。中国古代思想家尤其是儒家对政治与道德的关系作了精辟的分析，特别重视道德在治理国家中的重要地位。他们认为政治是一种道德活动，是实现道德的工具，主张道德与政治合一，认为道德教化是高于一切的治理国家的手段，政治家的道德修养在政治活动中具有举足轻重的作用。“修身齐家治国平天下”，道德修养成为治理国家的基础和根本。个人的道德修养不单纯是个人的问题，而是一个严肃的政治问题，政治中最根本的问题是道德问题，脱离了道德，便不再有政治。但是法家却认为人性是恶的，道德既不现实，又靠不住，相信道德反而会被道德所误；认为把政治建立在虚假的道德信念上，将会祸害无穷。在法家看来，仁义的主观随意性太强，与法对立，不能作为治理国家的根本手段。

在西方思想界，也有一些思想家认为，政治是非道德的，甚至是反道德的。如16世纪意大利政治思想家和历史学家马基雅维利在《君主论》一书中，提出了“政治是非道德”的观点。他认为，一个君主如果需要保持自己的地位，就必须知道怎样做不良的事情。君主必须依靠掳掠、敲诈、勒索和使用他人的财物，必须懂得和善于利用野兽和人类所特有的斗争方式；君主应当效仿狡猾的狐狸和勇猛的狮子，当对自己不利时，绝对不能也不应当讲信义；政治家的道德是虚伪的，在很大程度上是假装出来给别人看的。马基雅维利认为，在政治上，“善行如同恶行一样可以招致憎恨”，政治就是玩弄权术，在某种条件下，不道德的行为反而有助于政权的巩固。德国思想家尼采也否认道德在国家管理中的作用，他通过对道德价值的重新评估，创造出自己的“超人”理论——政治中的主宰。道德对超人是无能为力的，他可以任意蹂躏对手，鄙视幸福，自定规章。超人统治者是超道德的，道德原则只是凡夫俗子所必须遵守的，而超人却可以任意破坏和践踏。

事实上，道德在公共管理中具有极其重要的作用，国外一些国家甚至把它提到立法施行高度，对公共管理者道德素质的要求作了明确规定，如美国公务员道德立法中制定了《行政部门雇员道德行为准则》，1989 年菲律宾制定了《公共官员与雇员品行和道德标准》，1990 年新西兰制定了《公务员行为准则》，英国制定了《地方政府雇员行为规范》，1993 年韩国修订了 1981 年制定的《韩国公职人员道德法》等。美国著名领导学家彼得·诺斯豪斯在《领导学：理论与实践》（第二版）中提出了领导伦理的五大原则，即有道德的领导者尊重他人；有道德的领导者为他人服务；有道德的领导者是公正的；有道德的领导者是诚实的；有道德的领导者建设团队。公共管理者的道德素质在当代社会中发挥着日益重要的作用。

2. 公共管理者道德素质的特殊意义

人们常说，造就政治家的，绝不是超凡出众的洞察力，而是他们的品德。道德是公共管理者成功的主宰力量，道德素质对公共管理者有着特殊的意义。

第一，道德素质是公共管理者自我约束、自我教育、自我管理的内在手段。道德规范是一种非强制性的、内在的自律，它依靠社会舆论和社会评价的力量，依靠人们的内心信念、习俗、惯例以及传统等力量来维持，其作用的范围更为广泛深入，其作用的效果更为根本和持久。公共管理者以德修身，就会具有强烈的道德责任感和道德良心，就可以在内心深处筑起一道坚固的道德防线，有效地抵御各种腐蚀与诱惑，祛恶扬善，始终保持良好的道德情操，自觉认真地履行公共管理的各项职能。

第二，道德素质的高低决定着管理者自身价值。公共管理者良好的道德素质，是其通向成功的基石，此为以德润才、以德领才、以德立业。有的公共管理者虽然能力素质很高，但由于缺乏良好的道德素质，就极有可能利用他的聪明才智去损公利己，徇私枉法，危害人民，祸害国家。一个公共管理者道德素质的高低，从根本上决定了他对国家和人民贡献的大小。正如著名诗人但丁所说："道德常常能填补智慧的缺陷，而智慧永远填补不了道德的缺陷。"人才任用中的德才兼备、以德为先原则就是这个道理。

第三，道德素质是公共管理者影响力的主要源泉。公共管理作为一种组织指挥和监督控制行为，实际上是管理者对被管理者施加影响的过程。管理者成功的关键在于具有强大的影响力，能够有效地影响被管理者的观念、心理和行为，获得下属和公众的信任与尊重。只有以德服众，公共管理者才能具有较强的影响力、凝聚力和感召力。一个没有道德的管理者，必然是有权无威，很难取得下属的支持与信任，无法对被管理者施加有效影响，也就不可能胜任工作，承担起公共管理的角色。

第四，道德素质是公共管理者实现有效管理的根本保证。管理者道德品质的好坏，对管理职能的发挥有着重要的作用。带“病”上岗的管理者，在其下属犯同样的错误时，就不可能去纠正。“上梁不正下梁歪”，整个组织就会乌烟瘴气，管理者就无法实施有效的管理。下属及其员工对管理者道德的期望是很高的，管理者的一举一动、一言一行，对群体或组织的整合性具有重要作用。良好的道德素养可以使管理者和被管理者之间形成一种休戚与共、荣辱相依、同心同德的关系。相反，则会声名狼藉，威信扫地，管理者的指令就不可能得到认真执行和遵守，管理者也就无法履行管理的各项职能。长此以往还会激起被管理者的厌恶乃至反抗。

第五，道德素质是管理者创造积极健康的组织文化氛围的基本要素。积极健康的组织文化氛围表现为组织成员之间团结友爱、互相尊重、互相关心、互相支持、积极向上，共同为维护组织的利益而努力工作，共同为促进组织的发展而出谋划策、齐心协力。只有管理者具有高尚的道德修养，才能在管理者和被管理者之间形成这种良好的风气，使组织内部形成一种积极健康的氛围，从而增强组织的凝聚力、向心力、亲和力和战斗力。有了这种健康的组织氛围，才能增强组织的合力，减少内耗，发挥“1+1>2”的整体效应和放大效应，从而保证管理工作的顺利进行，提高管理的效率和效益。

第六，公共管理者道德素质状况，直接关系到社会风气的好坏。公共管理者的道德对社会风气具有导向作用。公共管理者是国家和社会公共事务的管理者，是社会意识形态的维护者，是社会道德的倡导者。他们在公共事务管理中扮演着十分重要的、特殊的角色。他们的一举一动，都对社会产生极大的影响，他们的一言一行，都受到民众的普遍关注。因此，公共管理者的道德品质，对社会对人民，具有重要的示范作用。为此，公共管理者必须率先垂范，以身作则，具有良好的道德素质。公共管理者的道德品格，对组织、对他人是一种感染，是一种示范，是一种辐射。公共管理者具有良好的道德素质，就能对他人、对社会产生一种良好的示范作用，促进社会风气的净化，提高全社会的道德水平。反之，则会败坏社会风气。

3. 公共管理者道德素质的特点

首先，公共管理者的道德素质标准高于普通人。由于公共管理者所处职位的特殊性和重要性，对公共管理者的道德要求，不但要高于社会中的一般人，而且在职业道德的起点上也要高于一般行业的职业道德。凡是要求下属和员工遵守的制度，公共管理者首先要遵守；要求别人做的自己首先做到，禁止别人做的自己坚决不做。公共管理者对自己的道德素质要求，必须高标准、严要求，决不能淡忘自己所承担的公共管理的角色，以任何借口搞特殊化。如果一个公共管理者对自己的道德修养标准要求不高，就难免放松对自己的要求，忘记自己的职责。公共管理者要自重、自律、自省、自警、自励，以身作则，言行一致。

其次，公共管理者的道德素质要求严于一般社会成员。在某些方面，一般民众能做的事情，而公共管理者却不能做。公共管理者掌握和行使着公共权力，在管理过程中处于主导地位。只有在道德素质方面严格要求，才能确保公共权力的正确运用，保持公正廉洁，做到"权为民所用，利为民所谋，情为民所系"，也才能言传身教，影响他人，为实现组织目标使下属齐心协力地工作。如果公共管理者在道德素质方面不能严格要求自己，道德品质败坏，就会给组织、国家和社会带来不可弥补的损失。

再次，公共管理者的道德素质具有广泛的示范性。公共管理者是社会实践活动的组织者和领导者，在社会生活中处于组织、协调、控制、管理与服务的地位。公共管理者的这种职业地位和特点，使公共管理者的道德在规范人的内心世界和行为的影响力必然超越个体的范围，通过公共管理者自身的道德风貌和道德形象，扩散和辐射到全社会，成为他们学习模仿的对象。公共管理者的道德素质在整个社会道德生活中处于"龙头"地位，具有极其重要的榜样和示范作用。

最后，公共管理者道德素质的影响力大于普通人员。由于公共管理的性质和公共管理者所处的位置，公共管理者的道德素质已经不是一般的道德素质，而是一种控制权和利益，是一种保证公平公正、为社会树立良好示范和导向的特殊手段，是一种有影响力、有现实能动性、能产生现实结果的根本管理素质，甚至可以说是政治素质的另一种表现形式。正如爱因斯坦在《悼念玛丽·居里》中所说的："第一流人物对于时代和历史进程的意义，在其道德品质方面，也许比单纯的才智成就方面还要大。即使后者，它们取决于品质的程度，远远超过通常所作为的那样。"作为公共管理者，其道德素质的影响力是不可低估的。公共管理者道德不纯将是社会风气不正的始作俑者，公共管理者道德败坏是各种腐败和罪恶的主要根源，是个人和事业毁灭的开始。

4. 公共管理者道德素质的基本内容

公共管理者的道德素质是一个复杂的结构系统，它由公共管理者的道德意识、道德信念、道德行为、道德评价、道德修养等要素所构成。公共管理者道德素质包含着基本的公民道德素质，也包括特定的职业道德素质。在我国的公民道德建设中，已形成爱祖国、爱人民、爱劳动、爱科学、爱社会主义的"五爱"要求，并深入开展了社会公德、职业道德、家庭美德的建设和社会主义荣辱观的教育。作为公共管理者，更要牢固树立社会主义荣辱观、义利观，明于荣辱之分，做当荣之事，拒为辱之行，具有较高的道德素质。

价值观是道德素质的灵魂，是道德建设的精神旗帜和思想基础。2012 年 11 月，党的十八大第一次明确提出要积极培育和践行社会主义核心价值观，明确提出“三个倡导”，即“倡导富强、民主、文明、和谐，倡导自由、平等、公正、法治，倡导爱国、敬业、诚信、友善，积极培育社会主义核心价值观”，这是对社会主义核心价值观的最新概括。价值体系属于社会意识范畴，是一个包含着思想理论、理想信念、价值取向、道德准则和精神风尚等丰富内容和诸多要素的价值认同的整体系统。核心价值观是一个社会的价值观体系中，处于主导地位代表着价值体系的基本特征、体现着社会的基本价值导向的基本价值观念，具有相对稳定的特点。社会主义核心价值体系是社会主义意识形态的本质体现，是道德建设的基本遵循，也是公共管理者必须具有的道德准则。“核心价值观，其实就是一种德，既是个人的德，也是一种大德，就是国家的德、社会的德。国无德不兴，人无德不立。”① 作为公共管理者的“党员、干部要做培育和践行社会主义核心价值观的模范。党员、干部特别是领导干部要在培育和践行社会主义核心价值观方面带好头，以身作则、率先垂范，讲党性、重品行、作表率，为民、务实、清廉，以人格力量感召群众、引领风尚。”②

公共管理者的道德素质是社会道德建设的关键。党的十八大报告明确指出，社会主义道德建设的基本任务是全面提高公民道德素质。要坚持依法治国和以德治国相结合，加强社会公德、职业道德、家庭美德、个人品德教育，弘扬中华传统美德，弘扬时代新风。推进公民道德建设工程，弘扬真善美、贬斥假恶丑，引导人们自觉履行法定义务、社会责任、家庭责任，营造劳动光荣、创造伟大的社会氛围，培育知荣辱、讲正气、作奉献、促和谐的良好风尚。深入开展道德领域突出问题专项教育和治理，加强政务诚信、商务诚信、社会诚信和司法公信建设。“一个人只有明大德、守公德、严私德，其才方能用得其所。修德，既要立意高远，又要立足平实。踏踏实实修好公德、私德，学会劳动、学会勤俭，学会感恩、学会助人，学会谦让、学会宽容，学会自省、学会自律。”③ 具体来说，公共管理者应该具有以下道德素质：

（1）模范遵守社会基本道德规范。第一，爱国守法是公民最基本的道德规范，作为公共管理者，掌握着人民赋予的权力，承担着重要的责任，更要认清国情，明确责任，立足本职，忠于国家拥护党，维护国家的利益，捍卫民族

① 2014 年 5 月习近平与北京大学师生座谈时的讲话

② 中共中央办公厅. 关于培育和践行社会主义核心价值观的意见. 2013-12-23.

③ 2014 年 5 月习近平与北京大学师生座谈时的讲话。

的尊严；自觉地学法、懂法，增强法制意识，遵纪守法，依法行政，维护法律的权威，把依法治国与以德治国结合起来。第二，明礼诚信，就是既要讲个人文明礼貌，诚实守信，也要在群众中注重自身形象，国事出访讲究外交礼仪，维护组织和国家形象；严于律己，宽以待人，为人表率，谈吐文明，真诚待人；信守诺言，杜绝弄虚作假、欺上瞒下、阳奉阴违。在美国领导学家詹姆斯·库泽斯和巴里·波斯纳的调查研究中发现，从1981年开始，在“令人羡慕的领导者”的特征中排在第一位的一直是诚实，诚实被认为是领导者最重要的素质。第三，团结友善，就是要求公共管理者利用自己的能力和人格魅力把群众团结起来，形成一个凝聚力强的集体，同时要顾全大局，善于团结同事，齐心协力，使领导班子团结如一人，形成一个高效统一、富有战斗力的领导集体；在管理活动中，以人为本，尊重人、理解人、关心人、帮助人、培养人，营造一个和睦相处、团结向上、宽容友善的组织氛围。第四，勤俭自强，就是要求公共管理者弘扬党的勤俭节约、艰苦朴素的优良传统，决不讲排场，讲奢华，搞攀比，争待遇，争享受，提倡勤俭办一切事业；自强不息，改革进取，坚忍不拔，积极向上，遇到困难、挫折不灰心、不气馁，取得成功、受到表扬不骄傲、不自满。第五，敬业奉献，就是要求公共管理者忠于职守，踏踏实实，兢兢业业，真诚奉献，做好本职工作。总之，公共管理者必须自觉认真地把这些规范具体落实和表现在日常的公共管理活动中，身体力行，承担相应的法律义务和道德责任，以报效祖国和人民。

（2）自觉遵守社会公德和家庭美德。社会公德是全体公民在社会交往和公共生活中应该遵循的行为准则。作为公共管理者，首先是一个普通的公民，因此必须具备基本的社会公德，增强公民意识，做到行为文明，礼貌待人，助人为乐，爱护公物，保护环境，遵纪守法。公共管理者决不能以善小而不为，以恶小而为之，应该脚踏实地，从小事做起，从自己做起，模范地做一个好公民。

家庭美德是每个公民在家庭生活中应该遵循的行为准则。公共管理者在家庭生活中，也必须正确处理好夫妻关系、家庭关系、邻里关系，营造一个和睦、幸福、健康、稳定的家庭。我国汉代发现和培养官吏预备人选实行“举孝廉”，规定每二十万户中每年要推举孝廉一人，由朝廷任命官职。被举之学子，除博学多才外，更须孝顺父母，行为清廉。公共管理者应当弘扬传统美德，孝老爱亲，夫妻和睦，勤俭持家，搞好家庭道德建设，养成良好生活情趣，远离灯红酒绿，决不以权谋私、搞裙带风。

（3）严格遵守公共管理者的职业道德。领导干部和国家公职人员是经法定程序进入政府、担任政府公职、行使公权力并从事公务管理的公共管理者，其道德素质更主要地体现在职业道德之中。职业道德是所有从业人员在职业活动中应该遵循的道德准则，具有鲜明的职业特征，是社会道德在职业领域中的表现。职业道德涵盖了从业人员与服务对象、职业与职工、职业与职业之间的关系，是处理这些关系的基本准则。在我国大力提倡爱岗敬业、诚实守信、办事公道、服务群众、奉献社会的职业道德基本规范。各个行业有各个行业的职业道德，公务员职业道德是公务员职业活动中的道德规范之总称，是公务员职业的责、权、利之间关系的价值体现，是国家为公务员规定的职业活动原则、办事规则、言行标准和行政纪律，是公务员行为选择的价值依据和行为善恶评价标准。2002 年人事部发布的《国家公务员行为准则》也规定了八条，即政治坚定、忠于国家、勤政为民、依法行政、务实创新、清正廉洁、团结协作、品行端正。2005 年我国《公务员法》进一步规定了公务员的九条义务，有关省市制定的公务员职业道德规范等都与公务员职业道德的内涵和要求是一致的。

公务员职业道德具有显著的政治性、高度的强制性、主体的自律性、广泛的示范性、具体的操作性等主要特征。从公务员职业道德的内容看，是由为人民服务、公平正义原则和上述具体行为规范以及相应的职业义务、职业良心、职业责任、职业荣誉等范畴构成的整体。道德心理（德心）、道德行为（德行）、道德品质（德性）是公务员职业道德个体结构的基本要素。道德心理包括崇高的道德信念、高尚的道德情感、端正的行为动机、坚定的行政意志和自觉的道德认知等内容。道德行为包括行政技能、行为选择、行政作风、行为效果、行为习惯等内容。道德品质包括公正廉洁、诚信勤政、品行端正的行政人格等内容。公共管理者的职业道德素质，是其履行职业道德义务的完整体现，核心是用什么样的观念和态度来对待自己手中的权力，以及怎样正确处理在管理活动中遇到的各种关系和问题。公共管理者必须根据职业道德要求加强修养，养成良好的职业道德素质。

（二）政治素质

公共管理者的政治素质是其从事管理活动所必须具备的政治立场、政治价值观、政治态度和政治品质等各方面的基本条件。政治素质在整个公共管理者素质系统中处于方向性和导向性地位，对于其他素质的发挥具有决定性的影响，是公共管理者的核心素质和灵魂，是选拔和培养公共管理者的重要标准和内容。

中国领导人历来重视公共管理者的政治素质。毛泽东特别强调政治是统帅，是灵魂，领导者必须又红又专。邓小平也提出了领导者所必须具有的政治素质，就是坚持四项基本原则、“四化”（即革命化、年轻化、知识化、专业化）以及培养“四有”新人。江泽民提出党的领导干部，一定要讲政治，这里的政治包括政治方向、政治立场、政治观点、政治纪律、政治鉴别力、政治敏锐性。党的十六大报告提出中国共产党和各级领导干部要“始终代表中国先进生产力的发展要求，代表中国先进文化的前进方向，代表中国最广大人民的根本利益”，并把发展社会主义民主政治、建设社会主义政治文明确定为我国社会主义现代化建设和全面建设小康社会的重要目标。这对公共管理者的政治素质提出了新的要求。事实上，政治素质从来都是具体的、性质鲜明的。具体来说，公共管理者应具有以下政治素质：

1. 严明的政治纪律

对公共管理者来说，严明的政治纪律是不可逾越的行为底线，是不可触碰的“红线”和“雷区”。公共管理者遵守政治纪律是无条件的，因为一旦突破这一原则和底线，就会导致行为失控失范，造成工作上的失职、生活上的腐化、道德上的堕落、纪律上的松弛。习近平总书记反复强调，政治纪律是党最重要、最根本、最关键的纪律，是各级党组织和全体党员在政治方向、政治立场、政治言论和政治行为方面必须遵守的基本准则，是维护党的性质、宗旨、指导思想的根本规定。公共管理者，尤其是各级领导干部具有严明的政治纪律，在遵循基本的职业纪律的同时，坚持以党章为根本遵循，坚持纪严于法、纪在法前，严守《中国共产党党员领导干部廉洁从政若干准则》，具有严明的政治纪律、组织纪律、廉洁纪律、群众纪律、工作纪律、生活纪律。“要加强纪律建设，把守纪律讲规矩摆在更加重要的位置。党章是全党必须遵循的总章程，也是总规矩。党的纪律是刚性约束，政治纪律更是全党在政治方向、政治立场、政治言论、政治行动方面必须遵守的刚性约束。国家法律是党员、干部必须遵守的规矩。讲规矩是对党员、干部党性的重要考验，是对党员、干部对党忠诚度的重要检验。遵守政治纪律和政治规矩，必须维护党中央权威，在任何时候任何情况下都必须在思想上政治上行动上同党中央保持高度一致；必须维护党的团结，坚持五湖四海，团结一切忠实于党的同志；必须遵循组织程序，重大问题该请示的请示，该汇报的汇报，不允许超越权限办事；必须服从组织决定，决不允许搞非组织活动，不得违背组织决定；必须管好亲属和身边工作人员，不得默许他们利用特殊身份谋取非法利益。”① 世界政党的发展史表明，现代政党是为了共同的政治目标而组成的政治组织，必须有政治上的规矩来维护本党目标的实现。缺乏严明的政治纪律，或者纪律成了“纸老虎”“稻草人”，就会造成“破窗效应”，就会使共产党和政府部门沦为各取所需、

---

① 习近平. 2015 年 1 月 13 日在十八届中央纪委五次全会上的讲话.

各行其是的“私人俱乐部”；就会造成一盘散沙、一片混乱，最终分崩离析。为此，公共管理者必须做到“严以修身、严以用权、严以律己，谋事要实、创业要实、做人要实”这“三严三实”，牢固树立纪律和规矩意识，在守纪律、讲规矩上作表率，自觉做政治上的“明白人”，敬畏法律、遵守纪律，明白天网恢恢、疏而不漏。必须为民务实清廉，知道群众的眼睛是雪亮的、心中有杆秤，明白哪些可以做、哪些不可以做，使纪律真正成为廉洁从政的刚性约束。切实做到纪律面前人人平等、遵守纪律没有特权、执行纪律没有例外，形成公共组织奋发进取的强大力量。

公共管理者具有严明的政治纪律是最起码的要求。政治具有鲜明的阶级性，任何国家、政党都是通过选拔一批忠诚于本阶级，为本阶级服务的人来执掌国家政权，维护本阶级的统治。公共管理者必须坚持具有严明的政治纪律，具有正确的政治立场、政治信念、政治价值观和政治理想，报效国家，忠于政府，服务民众，不断增强政治敏锐性、政治鉴别力和政治纪律性。

2. 崇高的政治理想信念

公共管理者必须具有远大的理想，把人类共同的理想和事业当成自己最崇高的追求，把全面建成小康社会、加快推进社会主义现代化、实现中华民族伟大复兴的中国梦作为具体的追求，这是管理者能够在工作中全力以赴的政治动力源泉。政治理想和信念以科学世界观为基础，在任何情况下都不会发生动摇，表现出公共管理者这种角色所特有的政治坚定性。政治信仰就是对人类崇高的政治理想和价值的信仰和信念。丧失理想和信念，个人就没有工作的动力，一个民族就将失去共同奋斗的目标。公共管理者坚定政治理想信念，必须笃于行，以知促行、以行促知，做到知行合一，“耳闻之不如目见之，目见之不如足践之”。

3. 高度的政治责任

公共管理者必须具有高度的政治责任意识，切实履行公共政治责任。公共管理者应具有高度的政治觉悟，在任何场所都能真正地坚持真理，从政治的高度审时度势，讲大局，处理工作。公共管理者如果对政治漠不关心、麻木不仁，就会在工作中变得被动落后，就难以把工作做出高度、做出水平、做出成就。公共管理者在政治上出问题，对国家和社会的危害不亚于腐败问题，有的甚至比腐败问题更严重。在政治问题上，公共管理者决不能逾越红线和底线，越过了就要严肃追究其政治责任。公共管理者由于所处职位的特殊性和重要性，其行为会直接地对国家、人民的利益产生重大的影响，因此，必须具有高度的政治责任感，要站在国家和人民的立场上观察、分析、处理问题。在工作中自觉提高胜任本职工作的能力，对工作极端负责任，忠于职守，勤政为民，增强工作的主动性和积极性，不断开拓新局面。公共管理者树立高度的政治责任感，具有高度的政治觉悟，对党对国家对人民负责，决不只是一句道德格言，而是作为公共管理者要忠于职守、尽职尽责、并对自己的所作所为承担法律上政治上的责任要求。

公共管理者要始终把政治责任摆在首位，坚定理想信念和政治立场，严守党的政治纪律和政治规矩，牢固树立政治意识、大局意识、责任意识和担当意识。公共管理者不仅要管好自己，具有强烈的责任意识，切实履行主体责任，同时，公共管理者作为领导者还是第一责任人，对本部门本单位的人才工作和廉政建设负总责，领导班子成员要负起责任，抓好职责范围内和分管部门的日常工作廉政建设，切实履行监督责任。坚持原则、敢于担当是公共管理者必须具备的基本素质。公共管理者要做到履职尽责，强化政治担当。

4. 民主政治素养

民主就是人民当家作主，其最实质性的意义就是人民的统治和人民的选择，民主是一系列最大限度地保障公民自由、平等、公正和人权的制度安排。孙中山先生早就指出：民主潮流，浩浩荡荡，顺之者昌，逆之者亡。民主政治是不可阻挡的历史潮流，作为公共管理，民主管理是其本质属性。邓小平指出："没有民主就没有社会主义，就没有社会主义的现代化"。党的十八大强调，人民民主是社会主义的生命，坚持国家一切权力属于人民，不断推进政治体制改革，扩大社会主义民主，加快建设社会主义法治国家，发展社会主义政治文明；更加注重健全民主制度、丰富民主形式，保证人民依法实行民主选举、民主决策、民主管理、民主监督；加快推进社会主义民主政治制度化、规范化、程序化，从各层次各领域扩大公民有序政治参与，实现国家各项工作法治化；健全社会主义协商民主制度，完善基层民主制度。民主还是社会主义核心价值观的重要内容。"民主是一种保障主权在民的政治制度，它只是人类众多制度中的一种，主要规范人们的政治生活，而不能取代其他制度去规范人类的全部生活。"① 因此，公共管理者必须具有基本的民主政治素养。

民主政治素养包括具有民主价值观、民主政治的基本知识和基本的民主技能等方面。公共管理的民主性就是公共管理公共性的表现。树立民主价值观意味着不仅应当使民主和政治伦理道德成为一切公共管理价值的基础，而且应当使公共管理始终作为人民主权的委托者而发挥作用，合理配置公共资源，追求公平正义，接受公众的监督与制约，向公众负责。公共管理者作为民主政治的实践者，必须对民主政治有正确的认知，掌握民主政治的基本技能，在公共管

① 俞可平. 民主是个好东西. 学习时报. 2007-1-5.

理活动中，发扬民主精神，具有民主作风，进行民主决策，加强民主监督，进行民主管理。

（三）法律素质

法律是治国之重器，是治国理政最大最重要的规矩，法治是国家治理体系和治理能力的重要依托。2001年12月，我国正式加入世界贸易组织，与国际的接轨对公共管理者的法律素质提出了更高的要求。党的十八大明确指出，法治是治国理政的基本方式，要全面推进依法治国，到2020年，依法治国基本方略全面落实，法治政府基本建成，司法公信力不断提高，人权得到切实尊重和保障。党的十八届三中全会进一步提出，建设法治中国，必须坚持依法治国、依法执政、依法行政共同推进，坚持法治国家、法治政府、法治社会一体建设。2014年10月，党的十八届四中全会审议通过的《中共中央关于全面推进依法治国若干重大问题的决定》更是明确指出，依法治国是坚持和发展中国特色社会主义的本质要求和重要保障，是实现国家治理体系和治理能力现代化的必然要求，事关我们党执政兴国，事关人民幸福安康，事关党和国家长治久安。全面推进依法治国的总目标是建设中国特色社会主义法治体系，建设社会主义法治国家。这就是，在中国共产党领导下，坚持中国特色社会主义制度，贯彻中国特色社会主义法治理论，形成完备的法律规范体系、高效的法治实施体系、严密的法治监督体系、有力的法治保障体系，形成完善的党内法规体系，坚持依法治国、依法执政、依法行政共同推进，坚持法治国家、法治政府、法治社会一体建设，实现科学立法、严格执法、公正司法、全民守法，促进国家治理体系和治理能力现代化。这表明我国正在加速向法治社会的转型，这是治国理政方式的重大转变。公共管理者身处公共组织的各个层次、岗位，肩负着公共管理的重要职责，掌握着公共权力，是公共事务的决策者和管理者，其是否具有法治观念，能否遵纪守法，是否依法办事、带头守法，直接关系到法治国家、法治政府和法治社会的建立，关系到民主法治能否顺利进行，关系到公共管理的成效。法律素质是现代公共管理者素质的重要组成部分。

1. 公共管理者必须掌握相关的法律知识

学法懂法是守法用法的前提。认真学习和掌握有关法律的知识和规定，提高遵纪守法的自觉性，具有扎实的法律知识是提高依法管理国家和社会公共事务能力水平的基础，是新时期公共管理者能否胜任工作的一个重要条件，是有效进行社会公共事务管理和提供公共服务的基础。公共管理者“必须加强学习，打牢依法办事的理论基础和知识基础。要系统学习中国特色社会主义法治理论，准确把握我们党处理法治问题的基本立场。首要的是学习宪法，还要学习同自己所担负的领导工作密切相关的法律法规。各级党委要重视法治培训，完善学法制度，党校、行政学院、干部学院等都要加强对领导干部法律知识的教育。”① 公共管理者学法知法，弄明白法定职权，清楚什么事能干，什么事不能干，就避免成为法盲，就可以避免犯错误、走邪路。公共管理者首先要认真学习和熟练掌握宪法，要结合本职工作，结合履行的管理职责，学好相关法律法规，自觉学法，自觉守法，正确用法。

2. 公共管理者要有强烈的法治意识

观念和意识是人的行为指南。尊崇法治、敬畏法律、具有强烈的法治意识是公共管理者必须具备的基本素质。“一个干部能力有高低，但在遵纪守法上必须过硬，这个不能有差别。一个人纵有天大的本事，如果没有很强的法治意识、不守规矩，也不能当领导干部，这个关首先要把住。……决不能让那些法治意识不强、无法无天的人一步步升上来，这种人官当得越大，对党和国家危害就越大。”② “应该把尊法放在第一位，因为领导干部增强法治意识、提高法律素养，首先要解决好尊法问题。只有内心尊崇法治，才能行为遵守法律。只有铭刻在人们心中的法治，才是真正牢不可破的法治。”③ 每个公共管理者都要认识到，维护宪法法律权威就是维护党和人民共同意志的权威，捍卫宪法法律尊严就是捍卫党和人民共同意志的尊严，保证宪法法律实施就是保证党和人民共同意志的实现。要牢固树立宪法法律至上、法律面前人人平等、权由法定、权依法使等基本法治观念，彻底摒弃人治思想和长官意识，决不搞以言代法、以权压法。在当前的现实生活中，有的公共管理者法治意识比较淡薄，有法不依、违法不究、知法犯法等还比较普遍，特别是有的领导干部不尊崇宪法、不敬畏法律、不信仰法治，崇拜权力、崇拜金钱、崇拜关系，大搞权权勾结、权钱交易、权色交易，一些地方和单位被搞得乌烟瘴气，政治生态受到严重破坏。法治意识是人们对法治现象的一种主观反映，公共管理者法治意识的自觉、强烈与否，直接体现一个国家的法治水平，反映其法治状况，因而增强法治意识就成为具备法律素质的一个重要方面。

宪法是国家的根本法，是治国安邦的总章程，具有最高的法律地位、法律

---

① 中共中央文献研究室编. 习近平关于全面依法治国论述摘编. 北京：中央文献出版社，2015：123.

② 习近平. 在省部级主要领导干部学习贯彻党的十八届四中全会精神全面推进依法治国专题研讨班上的讲话，2015-2-2.

③ 中共中央文献研究室编. 习近平关于全面依法治国论述摘编. 北京：中央文献出版社，2015：121.

权威和法律效力，具有根本性、全局性、稳定性和长期性，坚持依法治国首先要坚持依宪治国，坚持依法执政首先要坚持依宪执政。公共管理者的法治意识，首先是强化宪政意识即民主政治意识，要以宪治国，树立人民权力至上、宪法权威至尊、人民意志与利益高于一切、人权和公民权利神圣不可侵犯、行使权力要遵循法定程序、接受权力制约与监督、承担相应的责任等观念和意识；其次是法律至上的观念，就是人民意志至上、法的权威至上，消除特权，奉公守法，廉洁勤政；再次是公仆的服务意识，树立公仆意识、法律面前人人平等的意识和为政公开、公平、公正的意识，向养育我们的人民感恩和服务，回报纳税人（公民）的供养而必须履行法律义务。作为公共管理者，只有强化自己的法治意识，自觉消除人治观念的不良影响，自觉维护宪法和法律的权威，树立依法管理、依法行政和依法办事的意识，不能以权压法、以权代法、以权乱法、以权废法，才能提高依法管理社会公共事务的能力。

3. 公共管理者要提高依法办事能力

公共管理者依法办事能力的强弱直接关系到国家的兴衰成败，正如中国古语所言，“国无常强，无常弱。奉法者强则国强，奉法者弱则国弱”。“事实证明，领导干部对法治建设既可以起到关键推动作用，也可能起到致命破坏作用。如果我们的领导干部不能尊法学法守法用法，不要说全面推进依法治国，不要说实现“两个一百年”奋斗目标、实现中华民族伟大复兴的中国梦，就连我们党的领导、我国社会主义制度都可能受到严重冲击和损害。”① 党的十八届四中全会通过的《中共中央关于全面推进依法治国若干重大问题的决定》强调指出，“提高党员干部法治思维和依法办事能力。党员干部是全面推进依法治国的重要组织者、推动者、实践者，要自觉提高运用法治思维和法治方式深化改革、推动发展、化解矛盾、维护稳定能力，高级干部尤其要以身作则、以上率下。把法治建设成效作为衡量各级领导班子和领导干部工作实绩重要内容，纳入政绩考核指标体系。把能不能遵守法律、依法办事作为考察干部重要内容，在相同条件下，优先提拔使用法治素养好、依法办事能力强的干部。对特权思想严重、法治观念淡薄的干部要批评教育，不改正的要调离领导岗位。”

提高公共管理者依法办事能力，首先，公共管理者要把法治意识、法律知识转化为依法办事的行为。即要做到把所掌握的法律知识和对法治的尊崇、对法律的敬畏转化成依法办事的思维方式和行为方式，形成法治思维和法治方式

① 习近平. 在省部级主要领导干部学习贯彻党的十八届四中全会精神全面推进依法治国专题研讨班上的讲话，2015-2-2.

的行为能力和行为习惯，做到知行合一，思想和行为的统一，认识与实践的同一，做到在法治之下、而不是法治之外、更不是法治之上想问题、作决策、办事情。其次，公共管理者要按法定程序办事。按法定程序办事是法治的第一位要求。公共管理者要强化程序意识，重视程序正义，改变“重结果、轻过程”“重实质、轻程序”的思维定式。程序正义与实体正义都是人类法律制度的基本价值之一，它被视为“看得见的正义”。程序正义具有独立的重要价值，是实现实体正义的基础。程序正义是相对于实质正义而言的，强调的是法律过程中操作规则、步骤、环节的公平公正公开。相对于法律结果的正义而言，它更注重法律过程的平等、对规则的恪守，以及法律规则体现出的形式上的合理性。虽然程序上的正义与合法，不一定会实现实体的正义；但没有程序正义，就一定没有实质的正义。因为实体正义的实现，必须经过一系列的过程，这由法律程序所主导。在法律过程中，司法过程是否公正对于整个司法是否公正起着决定性的作用。正如一句著名的法律格言所说，“正义不仅应得到实现，而且要以人们看得见的方式加以实现。”在公共管理活动中，管理者不仅要追求结果的公平公正，符合实体法的规定，而且在公共管理活动过程中，所有的步骤方式都要体现公正性和合理性，符合程序正义。再次，公共管理者要牢记职权法定，明确权力边界。在现代民主法治社会中，公共管理者的职权都是法定的，公共组织和管理者要坚持法定职责必须为、法无授权不可为，决不能不作为、乱作为。公共组织不得法外设定权力，没有法律法规依据不得做出减损公民、法人和其他组织合法权益或者增加其义务的决定。当前，我国正在推进各级政府事权规范化、法律化，完善不同层级政府特别是中央和地方政府事权法律制度，强化中央政府宏观管理、制度设定职责和必要的执法权，强化省级政府统筹推进区域内基本公共服务均等化职责，强化市县政府执行职责。公共管理者必须清楚自己的职权职责，明白权力来自哪里、界线划在哪里，做到法定职责必须为、法无授权不可为。再其次，公共管理者要严格执法，保障公民合法权益。法律的生命力在于实施，这是全面推进依法治国的重点。保护人民权益，这是法治的根本目的。法治国家、法治政府和法治社会能否实现，关键在于党能不能坚持依法执政，各级政府能不能依法行政，每个公共管理者能不能依法办事。习近平总书记强调，行政机关是实施法律法规的重要主体，要带头严格执法，依法全面履行职能。推进严格执法，重点是解决执法不规范、不严格、不透明、不文明以及不作为、乱作为等突出问题。对行政机关要强化制约、强化监督、强化公开，防止权力滥用。要以建设法治政府为目标，推进机构、职能、权限、程序、责任法定化，推进各级政府事权规范化、法律化。最后，公共管理者必须受到法律监督。公共管理者受监督，这既是对其行使权力的监督，也是对其正确行使权力的制度保护，是对其事业健康发展的保障。强化对公共管理者权力的制约和监督，在我国要加强党内监督、人大监督、民主监督、行政监督、司法监督、审计监督、社会监督、舆论监督制度建设，努力形成科学有效的权力运行制约和监督体系，增强监督合力和实效。正如党的十八届三中全会通过的《中共中央关于全面深化改革若干重大问题的决定》中所指出的，坚持用制度管权管事管人，让人民监督权力，让权力在阳光下运行，是把权力关进制度笼子的根本之策。必须构建决策科学、执行坚决、监督有力的权力运行体系，健全惩治和预防腐败体系，建设廉洁政治，努力实现干部清正、政府清廉、政治清明。

（四）能力素质

就个人而言，能力是指个人在技能社会化的过程中，通过学习锻炼所发展起来的、处理特定的人、事、物的技能，是一个人知识、经验、智慧等综合的外在表现，即完成一定活动的本领。从政党组织的层面来看，《中共中央关于加强党的执政能力建设的决定》指出："党的执政能力，就是党提出和运用正确的理论、路线、方针、政策和策略，领导制定和实施宪法和法律，采取科学的领导制度和领导方式，动员和组织人民依法管理国家和社会事务、经济和文化事业，有效治党治国治军，建设社会主义现代化国家的本领。"进入新时期，中国共产党面临的执政考验、改革开放考验、市场经济考验、外部环境考验更加严峻复杂，精神懈怠的危险、能力不足的危险、脱离群众的危险、消极腐败的危险，更加尖锐地摆在全党面前。加强执政党的能力建设，增强个人的管理能力，成为一个重要的现实任务。

公共管理者必须具备一定的能力才可能完成管理任务，履行其相应的职责，这种应该具备的能力是具有多种功能、多个层次的综合体，国内外的相关研究提出了公共管理者应当具备十余种能力。综合来看，公共管理者应该主要具备以下几方面的能力：

1. 沟通能力

沟通能力是指公共管理者在管理活动中所进行的信息、观念、价值、情感等的传递、表达、交流、控制、影响的本领。沟通是管理的基础，也是公共管理者基本的能力素质，沟通的能力包括表达能力、积极倾听、重视反馈、控制情绪等。管理中的信息传递、决策信息的获取、决策效果的反馈等是基于正常的沟通而实现的。因此，没有沟通，就没有管理，没有沟通，公共管理活动就无法进行，沟通是组织的生命线。

在一个组织中，沟通主要有内部沟通和外部沟通两方面。组织内部沟通是指为了实现组织的目标，在组织内部领导班子之间、领导与职工之间、组织各部门之间以及职工之间的关系的协调与信息的交流。这些要素之间沟通的顺畅程度如何，直接影响着组织的凝聚力和管理工作的成效。组织外部沟通是指组织与外部环境所进行的物质、能量与信息等的交流与协调。现代组织是开放的，一个组织能否生存发展，在很大程度上取决于其内部、外部的沟通能力。执政党与群众的联系，实质就是倾听民意，了解民情，以沟通代替命令，用对话代替强制，从而达到为人民服务的目的。

2. 决策能力

决策能力是指公共管理者在管理的过程中，根据环境、事件与信息的情况，对预定目标与行动方案所做出的正确决断的本领。科学决策是公共管理者的一个重要任务，是实现科学、有效管理的基础环节。管理决策正确与否，直接决定着一个公共组织、国家和社会的兴衰成败。决策贯穿于整个管理的过程之中，没有决策就没有管理。甚至可以说，没有决策能力就等于没有管理能力。

作为公共管理者，掌握科学决策的能力需要注重四个统一：一是技术与价值的统一，需要强化信息意识，注重信息的收集、沟通、分析、交流、运用，在充分占有信息的基础上，冷静分析，科学预测，权衡价值利弊，做出理性抉择。二是民主与集中的统一，要走群众路线，汲取民众智慧，善于正确发挥专家、学者在决策中的作用，做到民主决策。三是现实与未来的统一，要立足现实，深谋远虑，着眼未来，讲求科学和艺术，纵览全局，统筹协调，具有前瞻力，能够未雨绸缪，防微杜渐。四是理智与果断的统一，要勇于创新、敢于冒险，发挥科学的预见性和创造性能力，厘清现实条件和未来的可能性，科学把握未来的不确定因素，灵活机动，审时度势，当机立断。要根据情况的变化，抓住机遇，随机决策。同时，要有冷静的头脑、理智的思维，在动态决策中，切忌优柔寡断，孤注一掷，铤而走险。

3. 组织指挥能力

组织指挥能力是指管理者所具有的计划、组织、领导、协调和监督等能力的总和。指挥是管理者通过组织系统的权力，指引和率领被管理者为实现一定目标而进行的活动。管理者的组织指挥能力，集中表现在以下几个方面：一是善于设计并建立合理、高效的组织结构和规范，建立一个简洁高效、科学合理的组织指挥系统；二是善于制定周密合理的计划，把组织的各方面工作安排得井然有序，以合理的计划鼓舞人心，团结群众，起到协调统一的作用，以提高组织效率。三是善于通过组织和规范综合协调各种关系，善于沟通协调，巧妙消除误会、化解矛盾，调动一切积极因素，合理有效地组织运用人力、物力、财力，最大限度地发挥组织的功能和作用。四是管理者还要运用组织及其规范，监督决策的实施，及时地发现问题、解决问题，对组织进行有效的监督控制。组织是管理活动的载体，公共管理者如果缺乏组织指挥能力，即使具有优良的政治素质、业务水平和丰富的知识、充沛的精力，也会使整个组织混乱无序。

4. 创新能力

创新能力是指公共管理者在管理活动中能够及时发现新问题、善于提出新思想、敢于采用新方法、有效解决新问题的本领。事物存在和发展的规律，使得组织管理就是一个变动创新的过程，不进则退，不改则亡。管理者没有开拓创新的精神，组织和社会就会僵化失去活力。公共管理者的创新能力主要表现在善于敏锐地洞察旧事物的缺陷，准确地捕捉新事物的萌芽，提出大胆新颖的设想（即创意），继而进行周密的论证，拿出可行的方案来付诸实施。公共管理者的创新能力是其内在心智模式和社会、组织等因素相互作用所产生的一种效应。管理心理学认为，一个人的创新能力与其个人的各种素质修养以及气质、性格、动机、情绪、习惯、态度、观念等各方面有着密切的关系。富有创新能力的公共管理者，通常有以下一些主要特征：兴趣广泛，有好奇心，具有独立意识和自信心，对现成的事物和看法不盲从，敢于破除陈规陋习，敏锐洞察环境的变化，及时发现新问题、提出新观念、新方法、新方案，解决新问题。因此，管理者要养成创新意识，形成系统思维和辩证思维，及时找出实际存在与理想模式之间的差距，从习以为常的现象中找到异常之处，通过多角度审视，触类旁通，想出好方法，提出新主张。管理者还要防范职业怠倦，在日复一日繁杂的公务中，机械地例行公事，受制度压抑，被许多计划牵着走，长此以往，管理者容易产生职业枯竭，无创造力和活力。预防职业枯竭的方法，就是要以高度的责任感，转换工作思路，饱含热情和激情，始终保持进取有为的状态，做一个创新型的管理者。

5. 激励能力

激励能力是公共管理者采取一定的方式激发下属的动机，满足其合理需要以发挥其主动性、积极性的本领。激励作为调动人的积极性的重要手段，贯穿于管理过程的始终。成功的管理者能够有效地激励下属，利用各种激励的手段和方法，形成团队精神与活力。公共管理者要善于设置激励机制，既要通过规章制度和道德约束个体的行为，也要采取激励措施，调动人的积极性。公共管理者要善于把硬约束与软激励结合起来，以求得组织的长期稳定发展，从而保持较高的效率。公共管理者必须重视与组织成员的沟通交流，了解个人目标和需要，由此决定采取什么样的方式方法去激发和引导他们的需要，使个人目标与组织目标结合起来，使组织成员积极主动地参与组织的活动，形成归属感，为组织目标的实现做出最大的贡献。公共管理者要尊重下属，尊重人格，平等待人，奖罚分明，满足个人的合理需要，从而发挥人们的创造性，使组织充满活力，富有生机与前途。

（五）知识素质

知识素质是指公共管理者做好本职工作所必须具备的基础知识与专业知识。广博的知识，合理的知识结构和获取知识的能力，是公共管理者必备的基本条件。哲学家弗兰西斯·培根说过："读史使人明智，读诗使人聪慧，算术使人周密，哲理使人深刻，伦理学使人有修养，逻辑修辞使人善辩。总之，知识能塑造人的性格。"心理学研究证明，人所具有的各种能力和他所掌握的知识、技能是相互联系、相互制约的。公共管理者的知识素质，是构成决策成功不可缺少的因素。知识面越广，思路就越开阔，思维就越敏捷，见解就越深刻，看问题就越全面，管理的能力和水平就会越快提高。知识素质是公共管理者智慧的源泉，是管理才能的基础，是公共管理者创新能力的根本保证。公共管理者应该具有合理的知识结构，掌握以下几方面的知识：

1. 基础知识

基础知识是公共管理者知识结构的第一层级，是公共管理者必须具备的基本素质，也是从事管理工作的前提条件。基础知识由多项内容构成，一是科学文化知识，如语文、数学、历史、地理、生物、化学、自然、哲学、逻辑学等知识，二是社会科学理论知识，三是政策法规知识，四是现代科学知识，五是社会主义市场经济知识。这些知识理论有助于公共管理者形成正确的世界观和人生观，把握社会发展的本质和规律，正确掌握党的路线、方针和政策以及国家的宪法、法规和各种规章制度，站在科技发展前沿，掌握市场经济发展的规律，做好各项工作，并获得工作的主动权。

2. 专业知识

专业知识是公共管理者知识结构的核心和主体部分，也是区别于其他领域人才知识结构的主要标志，它是公共管理者必须具备的知识，也是从事部门管理工作的重要保证。就管理工作的共性来说，公共管理者要精通包括经济管理、行政管理、科技管理、人才学、领导科学、决策科学、思想政治工作等专门知识。一般来说，公共管理者都应该接受正规专门学校的训练，具有扎实的专业基础知识和娴熟的专业理论。实践证明，外行管理适应不了工作的需要，甚至会带来严重的失误。公共管理者必须了解和掌握所在部门的性质、工作规律、发展方向，使自己成为一名内行的管理者。科学的管理可以出效率、出效益。科学管理的依据在于管理者具有的理论和专业知识水平及其有效运用。

3. 相关知识

相关知识也称辅助知识，是公共管理者知识结构的一个重要组成部分。相关知识的内容极为丰富，包括新学科知识、社会交往的知识、心理学知识和社会知识。公共管理者学习和了解这些知识，有利于紧跟时代发展的步伐，适应人类文明进步的需要；有利于工作中横向协调，纵向配合，营造一个上下和谐的氛围；有利于了解和把握部属的心理情况，调节自身心理，保证心理健康，从而更好地调动部属的积极性和能动性；有利于开阔视野，拓宽思路，掌握世情、国情、民情，在错综复杂的国际国内形势面前，更有效地做好管理工作。

（六）身心素质

身心素质是公共管理者必不可少的重要的基础性素质。管理工作是一项高强度的社会活动，是具有高度综合性的复杂劳动，公共管理者决策、组织、领导、指挥、协调、监督、控制等工作都需要大量的体力与脑力，没有良好的身体和心理素质，就难以胜任超负荷的工作，就不可能完成管理任务。世界卫生组织在其宪章中为健康下了一个定义："健康不仅仅是没有疾病和不虚弱，而是身体的、精神的健康和社会幸福的完满状态。"身体的健康既包括生理健康，也包括心理健康。作为公共管理者必须具备较好的身体素质和心理素质。

1. 身体素质

身体素质是公共管理者素质的自然基础和生理依据，是公共管理者全部素质的物质平台。身体素质的质量、状况直接影响着其他管理素质的质量、效能和价值。公共管理者用来处理高难度的复杂工作所凭借的能力素质、知识素质等都必须依靠充沛的精力来支撑。而精力不济或者身体虚弱就意味着心智无法活跃，无法积极活动，甚至会造成心神散乱、行为错误，使智慧处于停滞状态。公共管理者的活力也是出自于健康的身体，身体素质具有不可替代的基础性作用和特殊意义，优良的身体素质是从事管理工作、赢得成功的绝对重要的物质条件。因此，只有具备健康的身体素质，才能造就优秀的管理人才，才能在艰苦的拼搏中干一番宏伟壮观的事业。随着全球化竞争加剧，现代化步伐加快，工作节奏和生活节奏也相应地随之加快，再加之工作压力、环境压力、心理压力和生活压力均在不断地加重，作为公共管理者要练就良好的身体素质，才能适应管理工作的需要。

2. 心理素质

心理素质是以生理素质为基础的，在实践活动中通过个人与环境的相互作用，逐步发展和形成的心理潜能、能量、特点、品质与行为的综合，是通过情感、信心、意志力、承受力和韧性等表现出来的个人品质。现代社会正处在一个亘古未有的深刻变革时代，每个人都面临前所未有的挑战，这种快节奏的社会生活使人的心灵遭受了巨大的压力。作为公共管理者担当着重大的社会使命，良好的心理素质是应对一切任务的必备条件。心理素质是一直伴随管理过程的内在心理机能和特征，包括注意力、记忆、情感、智商等心理因素，直接构成公共管理者对环境、对现实、对意外情况做出反应的心理基础，是公共管理者开展工作必须始终依托的心理基础。公共管理者的心理素质决定其发展的潜力。心理素质不佳，就不足以成大事，亦不足以当管理者。成功与失败的比较，差别并不全部在于智力水平的高低，而在于心理素质的差异。所有的管理素质都需要有健康、优良的心理素质来支撑，并以心理素质为基本的工具来认识、掌握、改变和发展自我。

因此，公共管理者应该在认知过程、情感过程、意志过程和个性特征等方面具备优良的心理素质。在认知上，公共管理者应该感觉灵敏、知觉完整、认知透彻、注意力集中、记忆持久准确、思维健全、清晰、敏捷。在情感上，公共管理者应该感情丰富、饱满、有血有肉，但又应该得体、成熟、恰如其分。在意志方面，公共管理者应该具有高度的自觉性、果断性、能动性、坚定性。在个性特征方面，公共管理者应该兴趣广泛，动机纯洁、坦荡，欲望正常、简单而有节制，需要合理、适度。公共管理者还应该对自己的气质有所了解，认识到自己气质的长处和短处，自觉发展气质类型的优秀品质，限制某些消极的品质，做到扬长避短。公共管理者需要了解下属所具有的不同气质，使工作类型、岗位与其气质相适合，这样才能充分发挥下属的长处，最大限度地发挥出个性的作用，提高工作效益。在性格上，公共管理者的性格必须成熟、稳健、持重，沉着冷静，谨慎认真，多谋善断，果敢刚毅，坚强有力，刚柔相济，宽容大度，自信乐观，积极向上。

总之，公共管理者要努力增强激发社会创造活力的本领、管理社会事务的本领、协调利益关系的本领、处理人民内部矛盾的本领、开展群众工作的本领以及维护社会稳定的本领，善于把握全局，善于科学决策，善于求是创新，善于识人用人，善于做群众工作，善于团结协调，在管理实践中提高自身的素质和本领。

本章小结

公共管理者的角色是指作为公共管理者在公共组织体系中从事各种管理活动的立场、行为表现的特征的总和，是特定的管理行为范畴。公共管理者不同于一般的管理者，在管理活动中扮演着领导者、决策者、服务者、责任者、设计师、教育者、激励者、创新者、沟通者的角色，在组织协调、决策指挥等管理活动中发挥着重要的作用。在社会转型期，由于各种因素的制约，公共管理者会发生角色冲突，影响公共管理的绩效和目标的实现，为此，必须提高公共管理者的角色意识和能力素质，对角色冲突进行调适，化解公共管理者的角色冲突和实现角色的转换。

公共管理者的素质是担当管理角色、履行管理职能、发挥重要影响所依凭和利用的各种主观条件。它与普通人的素质既有区别又有联系，具有综合性、严格性、动态性和层次性等特点。公共管理者的素质直接决定着管理活动的成败，决定着公共组织的生存与发展，是公共管理者事业成功的基础。公共管理者应具有的素质包括道德素质、政治素质、法律素质、能力素质、知识素质和身心素质等。公共管理者人格的塑造正是其素质和能力在高尚道德境界中的体现。

案例与阅读材料

“尊五美，屏四恶”

【原文】子张问于孔子曰：“何如斯可以从政矣？”子曰：“尊五美，屏四恶，斯可以从政矣。”子张曰：“何谓五美？”子曰：“君子惠而不费，劳而不怨，欲而不贪，泰而不骄，威而不猛。”子张曰：“何谓惠而不费？”子曰：“因民之所利而利之，斯不亦惠而不费乎？择可劳而劳之，又谁怨？欲仁而得仁，又焉贪？君子无众寡，无大小，无敢慢，斯不亦泰而不骄乎？君子正其衣冠，尊其瞻视，俨然人望而畏之，斯不亦威而不猛乎？”子张曰：“何谓四恶？”子曰：“不教而杀谓之虐；不戒视成谓之暴；慢令致期谓之贼；犹之与人也，出纳之吝，谓之有司。”

【译文】子张问孔子说：“怎样才可以治理政事呢？”孔子说：“尊重五种美德，排除四种恶政，这样就可以治理政事了。”子张问：“五种美德是什么？”孔子说：“君子要给百姓以恩惠而自己却无所耗费；使百姓劳作而不使他们怨恨；要追求仁德而不贪图财利；庄重而不傲慢；威严而不凶猛。”子张说：“怎样才能给百姓以恩惠而自己却无所耗费呢？”孔子说：“让百姓们去做对他们有利的事，这不就是对百姓有利而不自己耗费吗？选择可以让百姓劳作的时间和事情让百姓去做。这又有谁会怨恨呢？自己要追求仁德便得到了仁，又还有什么可贪的呢？君子对人，无论多少，势力大小，都不怠慢他们，这不就是庄重而不傲慢吗？君子衣冠整齐，目不斜视，使人见了就让人生敬畏之心，这不也是威严而不凶猛吗？”子张问：“什么叫四种恶政呢？”孔子说：“不经教化便加以杀戮叫作虐；不加告诚便要求成功叫作暴；不加监督而突然限期完成叫作贼，同样是给人财物，却出手吝啬，叫作小气。”

思考与讨论

为官从政应当具备什么样的品质？这些品质和特征有何时代区别与特征？从上述材料中，公共管理者可以得到哪些启示？

复习思考题

1. 公共管理者与一般管理者所扮演的角色有何不同？试比较两者的差异。
2. 试分析说明公共管理者素质的重要性。
3. 试分析说明公共管理者应具备哪些素质修养。
4. 试说明公共管理者的道德素质有哪些基本要求。
5. 试说明公共管理者道德素质的特殊意义。

第八章
公共伦理建设

公共伦理建设着眼于人类社会对真善美的追求，着手于公共管理者对职业道德、家庭美德和社会公德的践行。公共伦理建设既包括公共伦理环境建设，即政治、经济、社会、文化、自然等支持公共伦理主体维护伦理秩序和践行道德准则的环境条件，也包括公共伦理主体自身建设，即公共伦理主体通过组织规约、行为塑模、个人修养、良心内省等回应公共伦理环境要求的德性实践。在公共管理实践的治理变革过程中，公共伦理建设因其有助于公共伦理主体超越外在物质、追求内心自由而更具有公共德性实践的路径价值。

第一节　公共伦理环境分析

一、执政环境的含义和特征

（一）概念辨析

执政环境是指执政主体在国家秩序、市场体系和公民社会互动中形成并赖以存在和发展的各种条件的总和，包括政治、经济、社会、文化、自然和国际关系等诸多因素，即政治环境、经济环境、社会环境、文化环境、国际环境和党内环境等主要内容。执政环境可以划分为物质环境和精神文化环境或者实体性环境和非实体性环境等类型。各类环境的总和成为公共伦理主体身处其中的公共环境。

在人与社会的关系中，以整个生存发展活动为基础而形成的政治、经济、社会、文化等要素，不仅展现了社会结构关系的复杂性，也展示了执政环境的开放性、多层次性、复杂性和丰富性。执政环境成为公共环境的实质性内容，执政主体在其实践活动中适应和创造并不断优化各类环境，维护社会秩序，推动着社会的进步和发展。

执政环境是变动发展的社会系统条件。在世界政治多极化、经济全球化的国际环境下，世情、国情、党情也发生了深刻的变化。首先是执政环境的政治关系发生重大变化。中国共产党从革命党转变为执政党，建立和完善了人民代表大会这一根本政治制度，中国共产党领导的多党合作和政治协商制度、民族区域自治制度以及基层群众自治制度等构成了基本的政治制度。自从党的八大宣布剥削阶级已经被消灭以来尤其是改革开放至今的社会结构发生变动，正确处理人民内部矛盾，巩固执政的阶级基础和群众基础，推进民主政治建设，提高党的领导水平和执政能力等使党面临着重大的考验。其次是我国处于社会主义初级阶段的基本国情没有变，人民日益增长的物质文化需要同落后的社会生产之间的矛盾这一社会主要矛盾没有变，但是，从计划经济转向社会主义市场经济体制，经济关系发生重大变化，经过经济高速发展增长期，面对经济发展进入新常态、世界经济发展进入转型期、世界科技发展酝酿新突破的发展格局，必须认真把握发展是党执政兴国的第一要务，必须积极应对市场经济的各种考验，不断壮大我国经济实力和综合国力。再次是社会关系发生重大变化。社会体制和各项具体制度包括社会保障制度的探索和创新，对社会管理和政府职能提出了新的更高的要求。此外，文化环境发生变化。各种思想文化交流交融交锋更加频繁，坚持马克思主义，坚定理想信念，弘扬社会主义核心价值观，弘扬以爱国主义为核心的民族精神和以改革创新为核心的时代精神，坚持先进文化发展的方向，坚定文化自信，深化文化体制改革，丰富精神文化生活，构筑人民的精神家园，满足人民的热切愿望，建设文化强国，使执政党更具责任感和紧迫感。最后是党情发生变化。中国共产党从小到大，由弱到强，至今已有 8 800 多万名党员、440 多万个党组织。治国必先治党，管党治党务必从严。必须把握党的建设基本规律，不断增强党自我净化、自我完善、自我革新、自我提高能力，经受执政考验、改革开放考验、市场经济考验、外部环境考验“四大考验”，克服精神懈怠危险、能力不足危险、脱离群众危险、消极腐败危险“四种危险”，确保党始终成为中国特色社会主义事业的坚强领导核心。

自然环境是公共环境的生态前提，是指一切生物赖以生存活动的各种自然条件及其因素之间构成的关系。自然环境是人类诞生、生存和发展的前提条件，大气、水、土地、矿物、森林、草原、野生动植物和水生生物等是自然环境的重要构成要素。人类在与自然环境的协调适应当中，从农业时代到工业时代再到今天的信息时代，无论在广度还是在深度上，对于自然环境的作用力日益增强，按照自己的价值尺度不断形成了以人为主体的生态文化系统。在自然资源的有限性和人的需求的无限性的矛盾中，人类逐步意识到了征服和掠夺自然的严重后果及其道德责任。环境需要一种文化来保护，也需要一种文化来支撑，这就是生态伦理文化的诞生和生态文明建设的要求。

伴随着社会结构和社会关系的深刻变化，国内环境所发生的重大变化，显现出一些主要的特征，即执政环境从单一性转向多层次、多样化，从闭关锁国的封闭状态走向改革开放的开放性、透明化和复杂化，在环境的不断优化中良好环境和不良环境并存等。诸如此类的特征表明，人们在不断创造着适应自己生存和发展的公共环境，在与环境的合理的自我协调中，正确地把握人与自然、人与社会之间的关系。主体的管理历程，就是人类按照一定价值准则和理想追求，不断创造和优化公共环境的自觉把握世界的一种活动方式。

显然，在管理主体与管理客体的关系中，没有特定的价值准则和理想追求，背离或放弃正确的指导思想，在错误的价值判断和不切实际的思想误导下，人类的活动和自我管理就会失去灵魂、迷失方向，人类协调自然环境和社会环境的努力就将失败。因此，人类协调自然环境和社会环境的努力，已显示了管理的公共性和管理的伦理属性。公共伦理建设就是与公共管理相适应的管理主体行为准则的创建和实践活动。管理主体的行为准则既有行政伦理的属性，又有政治伦理的属性，既有职业道德的特征，又有个人品德的特征。作为公共管理主体，政府组织的行政过程和政治活动，最终是通过协调和治理人与生态环境之间的关系，营造良好的公共环境氛围，协调和治理各种社会关系来实现公共利益目标的。因此，政府的行为规范就不仅仅是组织内部的行政伦理秩序，而应当是由公共利益关系决定的政府组织与公民社会之间的公共伦理。所以，公共伦理建设是由公共管理实践和管理对象所面临的经济建设、政治建设、文化建设、社会建设和生态文明建设责任所决定的整个社会道德建设中的重要内容和组成部分。

综上所述，管理的公共伦理属性的实现，是公共伦理建设的结果。人类道德发展的历史，连同其他文化的发展构成了公共管理和公共伦理要求的公共环境。公共伦理建设的提出及其未来发展的历程，将是现代管理组织及政府管理主体协同非政府组织负责社会公共事务的管理、科学安排社会物质生活和精神生活、展现现代制度文明和政治文明的历程。

（二）公共伦理建设的时代背景

不同时代的公共环境具有不同的时代特征。公共伦理的理念发展和建设是人类在进入21世纪的时代背景下，在政府体制和市场体制的关系中，对公共管理实践的伦理呼应和必然要求。

第一，从计划经济体制到市场经济体制的转变，促使人的生存方式发生了重大变化，迫切需要公共伦理主体率先规范自身行为，调控社会关系以提高人民的生活水平和生存质量。人的生存方式和存在状态是社会生产关系、经济制度的产物，也是人作为主体的精神世界对于全部社会关系的能动性回应。区别只在于，主体的能动性回应方式及反应方式因为生产关系和经济制度的不同而有所不同；同时，主体以自己的动机、愿望和价值判断来把握一定的生产关系和经济制度，其行为方式也有所不同。

改革开放以来，我国社会经济成分、组织形式、就业方式、利益关系、分配方式等发生了巨大的变化，人们的生存方式、思维方式和价值观念也随之发生了深刻变化。① 角色的制度特征转变，计划经济体制下的“单位人”向市场经济体制下的“社会人”转变，人的职业、社会身份不再是终身不变的；② 社会流动增强且频繁，社会分化加剧，收入差距加大，人们的生存质量和生活质量发生变化，随之而来的社会活力凸显，公平正义呼声强烈；③ 管理的社会问题增多，治理难度加大，人口压力、就业安置、城市设施、治安、交通、环境治理、教育和医疗卫生的公平分配、社团组织等问题，亟待制度约束和规范，以科学发展观为指导的社会管理创新成为政府的重大责任；④ 拜金主义、享乐主义、利己主义、极端个人主义滋长和道德失范，市场领域中的个人主义价值和道德建设中的集体主义导向矛盾冲突，成为社会道德建设的动力；⑤ 民主政治建设使得执政党面临着执政能力的重大考验，建设社会主义和谐社会成为未来一定时期内的战略任务和目标。

对于市场经济的宏观管理和道德调控是作为主体的人对于市场经济进行把握的内在要求。市场经济体制下，虽然利益成为人们行为的驱动力，然而，正确理解的利益是道德的基础，道德正是调整利益关系的精神手段。公正、平等、竞争、效率，不仅仅是经济活动的伦理理念，也是政府宏观配置资源、调控市场经济、治理社会秩序的基本准则。公正、平等、竞争、效率的伦理理念是主体理性把握市场经济的表现，也是人在市场经济体制下生存状态的本质要求。“事实上经济不是‘脱离道德的’，经济不仅仅受经济规律的控制，而且也是由人来决定的，在人的意愿和选择里总是有一个由期望、标准、观点以及道德想象所组成的合唱在起作用。”① 显然，在经济、人的生存方式和公共伦理的关系中，经济受道德的控制，必须以政府对公共伦理义务的履行来实现，公共伦理建设是对人的生存方式的引导和规范，这就是公共伦理建设的内在依据。

第二，国外公共行政向公共管理的转化对我国公共管理的革新及与国际接轨产生了深远的影响。20 世纪 70 年代，西方国家兴起了新公共管理运动，公共行政研究开始转向公共管理研究，提出改变以往的行政管理价值观，探寻新的行政管理价值理念，与这些理论探寻相伴随的是英美等国进行的政府改革。20 世纪 80 年代，新公共管理理念影响下的英国的“撒切尔新政”和美国的“里根革命”向大政府宣战，精简机构和人员，缩小政府职能，加强市场功能。然而，削减公共服务机构的做法遭到了各方面的反对，新公共行政运动则提出要从“公共”和“公平”意义上在公共安全、环保、卫生、科学、教育、市政等公共事务领域重新确立政府的管理和服务职能，处理好市场与政府的关系。

公共管理成为新的研究范式，其深刻的背景在于政府和市场都不是万能的这一内在矛盾。由于经济危机的爆发，国家指导性经济迅速扩展，政府对市场的直接干预和控制，形成了庞大的官僚管理体制。其结果是事无巨细的微观管理往往滞后于市场的需要，政府机构膨胀、官僚主义、管理成本与效益不相称、腐败等问题，既影响政府形象，又妨碍着经济的发展。自由主义的经济运行方式则又无法摆脱经济危机的厄运，失去国家政府控制的经济自发性、盲目性与政府控制经济的滞后性、非灵活性，迫使政府管理方式必须进行改革。传统的消费节俭观念被享乐主义所替代，资本主义经济不仅仅要满足个人的消费欲求，还面临着公共利益、公共责任和个人欲求的矛盾。丹尼尔·贝尔把资本主义政治、经济和文化之间的这一困境称为“资本主义文化矛盾”，可以说，资本主义文化矛盾就是公共管理得以产生的政治必然性。新公共管理所取得的成就无疑体现了公共伦理的精神，公共伦理的研究与建设势在必行。

第三，政府行政方式及组织职能的转换是公共伦理建设的基础。一个政党、一个阶级在取得自己的执政地位之后，社会建设和公共管理就成为首要的任务。1949 年中华人民共和国建立以后，我国计划经济体制下的政府管理职能是以政治的权威性、经济的高度计划性、行政科层强制性的纵向联系方式贯穿于社会各行各业的。计划经济体制下的政府集权全面管理，权威性地调动了社会资金和人力，对轻重工业的布局建设、城乡关系的构建、科教文卫以及福

---

① ［德］P. 科斯洛夫斯基. 资本主义伦理学. 北京：中国社会科学出版社，1996：3.

利保障体系的统筹安排，取得了应有的成就，基本奠定了中国进入现代化国家的基础。问题是，党政齐抓共管，政府职能不清，政治与经济的关系调理不畅，形成事实上的政府全知全能和管不好、管不了的矛盾，甚至在错误决策的导向下，发生了“以阶级斗争为纲”的政治运动代替全面社会管理的失误。

1978年以来的改革实践证明，在市场体制的建立过程中，政府剥离其微观管理职能，企业自主经营，自我管理，与市场机制相吻合，激发了社会活力，促进了经济的发展和繁荣，中国经济社会的发展取得了举世瞩目的成就。但是，政府组织结构及其职能机制与现代市场经济和社会发展需要不相适应的问题依然存在。革命党夺取政权的历史使命和执政党建设国家的使命伴随着社会性质和社会结构的变化而发生重大变化，不同历史阶段的执政使命也有不同的要求。党的十六大报告明确把我国政府职能转变的目标确定为“完善政府的经济调节、市场监管、社会管理和公共服务的职能”。党和政府与时俱进地提出建设服务型政府的目标和任务，揭示了建设服务型政府的必然性和紧迫性。因此，政府管理职能的转化，不仅意味着管理的社会化和政府的服务化，同时也意味着政府配置公共资源，提供公共产品，以人为本，实现管理的伦理化。因此，以政府职能转换为基础的公共伦理建设将是一个历史性的实践过程。

第四，公共伦理建设的必要性是由公共利益的性质所决定的。在我国社会主义市场经济形成和发展过程中，存在着与之不相适应的丑恶现象和善恶之间的矛盾冲突，通过人们对利益关系的不同追求，表现出社会主义市场经济与道德之间的矛盾性、公共利益的公共性和个人利益的私人性之间的矛盾。商品制造销售中的假冒伪劣现象、行业垄断、市场交易行为混乱、商业贿赂，一些非金融机构非法从事金融业务等现象违反了商业伦理，社会公共利益和社会道德关系受到严重损害。为了规范社会主义市场经济秩序、保障公共利益，加强社会主义道德建设尤其是公共伦理建设已成为十分紧迫的任务。

第五，公共伦理建设是社会主义精神文明建设的重要组成内容。新中国建立以来，中国共产党在物质文明建设和精神文明建设方面走过一段弯路。为了解决这一问题，党中央把精神文明建设定位到战略高度上。1986年9月，党的十二届六中全会通过了《关于社会主义精神文明建设指导方针的决议》，深刻阐述了在社会主义时期物质文明和精神文明的辩证关系，阐明了社会主义道德和共产主义道德的关系，指出精神文明建设面临的问题和任务，要求全党同志必须从我国社会主义建设的总体布局的高度，正确认识社会主义精神文明建设的战略地位，明确指出了社会主义精神文明建设的基本指导方针。时隔十年，1996年10月10日党的十四届六中全会通过了《中共中央关于加强社会主义精神文明建设若干重要问题的决议》，再次提出加强社会主义精神文明建设是一项重大的战略任务，明确提出了社会主义精神文明建设的总体构想，明确了职业道德、家庭美德和社会公德的基本规范框架以及通过道德建设提高全民族思想道德素质的重要任务。跨入21世纪，江泽民同志提出把依法治国与以德治国结合起来的治国方略，使社会主义法制建设和道德建设相辅相成，进一步推进了社会主义精神文明建设的步伐。2001年颁布的《公民道德建设实施纲要》，是实施依法治国和以德治国方略的重要举措。2004年在十届全国人大二次会议审议的《宪法》修正案中，把物质文明、政治文明和精神文明协调发展写入宪法中，就是要把党的主张和理论变为国家意志，成为全国人民的奋斗目标。2011年10月18日党的十七届六中全会通过的《关于深化文化体制改革推动社会主义文化大发展大繁荣若干重大问题的决定》指出，文化建设是中国特色社会主义事业总体布局的重要组成部分。发展社会主义先进文化，必须把社会主义核心价值体系融入国民教育、精神文明建设和党的建设全过程，要深入开展社会主义荣辱观宣传教育，弘扬中华传统美德，推进公民道德建设工程，加强社会公德、职业道德、家庭美德、个人品德教育，深化群众性精神文明创建活动，深入开展反腐倡廉教育，推进廉政文化建设。党的十八大提出社会主义核心价值观，倡导富强、民主、文明、和谐，倡导自由、平等、公正、法治，倡导爱国、敬业、诚信、友善。

回顾我国社会主义精神文明建设的历程可以看出，制度化和规范化是社会主义精神文明建设深入发展的趋向，在公民道德建设中，已经明确包含了政治道德建设的要求和公共伦理的内容。公共伦理建设是社会主义精神文明建设不可分割的内容和组成部分，对全面推进建设有中国特色社会主义现代化事业产生重大的积极意义。

二、公共伦理建设的主要内容

（一）公共伦理建设中的政治与法制

公共管理是政治生活和法律制度的实现过程，公共管理不可能离开政治生活的制度构建和法制社会的制度规约，公共管理的实践过程也在不断推动着政治生活和法制社会的制度创新。一个国家的政治制度和法律制度成为公共管理活动中最为重要的制度环境。公共伦理正是在这样的制度环境中形成的，并以相应的政治制度和法律制度作为实施的重要保障。

法制强调法律的制度建设，使其有理可依、有义可据、有规可循。我国自改革开放以来，法制建设从立法数量起步，到党的十六大报告再次提出“加强立法工作，提高立法质量，到2010年形成中国特色社会主义法律体系”，2011年3月10日全国人大常委会委员长吴邦国在十一届全国人大四次会议第二次全体会议上宣布，中国特色社会主义法律体系已经形成。中国特色社会主义法律体系，是一个立足中国国情和实际、适应改革开放和社会主义现代化建设需要、集中体现党和人民意志的，以宪法为统帅，以宪法相关法、民法、商法等多个法律部门的法律为主干，由法律、行政法规、地方性法规等多个层次的法律规范构成的法律体系。我们坚持科学立法，民主立法，步入全面提高立法质量，全面加强宪法和法律实施，加快建设社会主义法治国家、法治社会、法治政府的新阶段。在政治建设方面，人民民主是我们党始终高举的旗帜，社会主义政治文明是我们党始终不渝的追求。坚持走中国特色社会主义政治发展道路，必须坚持党的领导、人民当家做主、依法治国有机统一，积极稳妥推进政治体制改革，发展适合我国国情的社会主义政治制度，巩固和发展最广泛的爱国统一战线，行政体制改革迈出新步伐，“一国两制”实践取得了举世公认的成功。

（二）公共伦理建设中的法治与德治

公共伦理建设必须坚持依法治国和以德治国相结合。依法治国，就是广大人民群众在党的领导下，依照宪法和法律规定来治理国家。全面依法治国是党领导人民治理国家的基本方略，是发展社会主义民主政治的一项基本内容。以德治国，就是以中国特色社会主义理论体系为指导，积极建立适应社会主义市场经济发展的社会主义思想道德体系，并使之成为全体人民普遍认同和自觉遵守的规范，以规范社会关系和社会秩序。

就法治和德治的关系而言，法律和道德都是社会上层建筑的重要组成部分，都是规范人们行为和调节利益关系的重要手段，但二者又有各自不同的特点和作用。法律是成文的道德，道德是内心的法律。德治以道德调整社会伦理关系，以道德滋养法治精神，使法治有自律基础。道德规范包括家庭美德、社会公德、职业道德，这“三德”属于社会道德在社会生活基本领域中的具体体现，生态道德则体现着人与自然之间和谐相处的关系。德治的目的就是要建立与社会主义法律体系相配套、与社会主义市场经济相适应的社会主义思想道德体系，为改革开放和现代化建设提供强大的精神动力与思想保证。社会主义思想道德体系是法治的基础，社会主义法律体系是社会主义道德体系的制度保障。

从管理主体角度看，法治主体是国家机关、正式组织和执法队伍，强制性突出。法治主体必须知法守法，严格执法，这是法治过程的前提。德治主体范围相对宽泛，可以是正式组织，也可以是群体和个人。在政治意义上，政府对社会进行道德管理，即属于德治范畴。在个体意义上，德治是主体的自我调控和行为自律，意味着整饬吏治、提高管理者的素质，运用道德教育和舆论评价等方式，警示管理者正确处理权力和利益的关系，树立正确的权力观和利益观，以良心律己，以法戒行。离开制度规定的德治，就是没有他律的自律，未必是完全可靠的。因此，德治应当制度化。以法治为依托的制度伦理，将德治规范具体到形象而又便于操作的规章制度中，通过内在的力量和外在的监督，调控个体行为，才能避免德治的软弱化，避免德治走向人治。

从管理对象看，法治和德治都是社会管理方式。法治和德治的对象是人和社会关系，包括人与人的关系和人与物的关系。人与人的关系具有不同的内容、性质和类型。处理不同内容、性质和类型的社会关系，就需要用不同的方式和方法。法治侧重处理对抗性矛盾，德治侧重处理非对抗性关系。在人与物的关系中，是通过对人的管理来达到对公共事务管理的目的，因此也存在着法治和德治的关系。在社会管理活动中，仅有法治而没有德治，人际关系就失去道德情感和伦理基础；仅有德治而没有法治，就必须以人的道德素质和高度文明为基础。因此，无论是处理人与人的关系还是处理人与物的关系，无论是在社会宏观方面还是在微观部门领域，法治和德治都是管理过程中不能缺少的方式和手段。

相对法治而言，德治在政治层面上是廉政建设，官员自律，恪守政治道德。从这个意义上讲，德治是法治的基础，法治是德治的保障，法治和德治相辅相成。管理者不仅要知法守法，还要依法办事。管理对象不仅要知法守法，还要依法监督管理者。不受公众监督的政府，必将是腐败的政府。德治在法律层面上要求司法公正，始终维护社会公平正义。依法治国必须深化司法体制改革，不断提高司法公信力。司法公正是法治和德治相结合的关键点，这就要求在法治建设中，加强法治专门队伍和法律服务队伍建设，大力提高法治工作队伍思想政治素质、业务工作能力、职业道德水准，着力建设一支忠于党、忠于国家、忠于人民、忠于法律的社会主义法治工作队伍，为加快建设社会主义法治国家提供强有力的组织和人才保障。

（三）公共伦理建设中的公民道德建设

公民道德建设是执政环境中文化环境建设的重要内容之一。国民的精神家园依赖于良心和道德的支柱。社会主义道德建设与德治相一致，目的在于提高全体社会成员的道德觉悟和公民素质，从而使其自觉遵守社会道德。因此，加强社会主义道德建设是德治过程的基础。

社会主义道德建设是以集体主义为基本原则的规范体系构建和实践过程。集体主义是无产阶级的一项政治原则，也一直是社会主义道德、共产主义道德的基本原则。在《中共中央关于社会主义精神文明建设指导方针的决议》中明确将社会主义道德和共产主义道德划分为道德要求不同的层次，指出要"鼓励人们发扬国家利益、集体利益、个人利益相结合的社会主义集体主义精神，发扬顾全大局、诚实守信、互助友爱和扶贫济困的精神"，提出"社会主义道德建设的基本要求，是爱祖国、爱人民、爱劳动、爱科学、爱社会主义"。《中共中央关于加强社会主义精神文明建设若干重要问题的决议》（以下简称《决议》）第一次明确提出社会主义道德规范体系和道德建设的基本构架，指出"社会主义道德建设要以为人民服务为核心，以集体主义为原则，以爱祖国、爱人民、爱劳动、爱科学、爱社会主义为基本要求，开展社会公德、职业道德、家庭美德教育，在全社会形成团结互助、平等友爱、共同前进的人际关系"。《决议》还对"三德"做出明确的概括："全面加强社会主义道德建设，大力倡导文明礼貌、助人为乐、爱护公物、保护环境、遵纪守法的社会公德，大力倡导爱岗敬业、诚实守信、办事公道、服务群众、奉献社会的职业道德，大力倡导尊老爱幼、男女平等、夫妻和睦、勤俭持家、邻里团结的家庭美德。"

《公民道德建设实施纲要》提出的公民道德建设的指导思想，强调重在建设，以人为本，归纳了"爱国守法、明礼诚信、团结友善、勤俭自强、敬业奉献"的20字社会基本道德规范，并将努力提高公民道德素质，促进人的全面发展，培养一代又一代有理想、有道德、有文化、有纪律的社会主义公民作为道德建设的目标。

德治过程中的社会主义道德建设，核心是公共伦理建设，其关键是干部道德建设。党政干部恪守道德，关键是要过好利益关、权力关和群众关，确立正确的利益观、权力观和群众观。根据《党章》《关于新形势下党内政治生活的若干准则》《中国共产党党内监督条例》《中华人民共和国公务员法》等，干部道德的基本原则就是全心全意为人民服务，基本的行为规范是忠于国家、秉公办事，不谋私利、廉洁奉公，忠于职守、勤政尽责，执法守法、求真务实，各司其职、团结合作，以身作则、严于律己。

公民道德和公共伦理准则是社会主义道德建设的有机组成部分，党政干部既是履行公民道德义务的表率，又是政治道德的践履者。正如孔子所言："政者，正也。子帅以正，孰敢不正？"为政者，必须在民众中做出表率。良好的社会道德风尚，是以良好的党风、政风为统帅的。从公共伦理的角度讲，良好的党风、政风是公共伦理建设和完善的重要标志。

第二节 公共伦理建设的机制

一、公共伦理建设的结构与过程

（一）公共伦理建设的组织分析

公共伦理建设是在国家与社会二者关系的协调中提出的政治改革和道德建设任务，因此，公共伦理建设首先涉及社会组织结构层面的内容，包括政府组织与社会组织的关系以及政府组织的伦理问题。

在中国的传统政治中，中央王朝是国家组织和权力的代表及象征，封建帝王成为国家权力的人格体现。高度集权的封建王朝是在农业经济的基础上建立起来的，中国历史上以生产资料的个体所有制和个体劳动为基础的小农经济和个体手工业生产方式，形成了以小农经济为基础的农业社会。在这个社会中，除政府组织之外，没有发育全面的公共组织来协调和处理各种微观层面的社会关系。历代封建统治者不断从政治上、文化上加强对社会的统治，“三纲五常”成为维系家庭人际关系和国家政治关系的伦理制度。单家独户的生产单位，生产工具简陋，生产规模狭小，经营分散，技术保守，这为宗族势力的形成提供了土壤。宗族势力成为一定的狭小区域内的特殊管理组织，但其维护的是血亲集团的利益，并非社会公共利益的代表，根本上还必须服从中央集权的行政管理。

就封建城市的发展而言，由于城市缺乏自我生存能力，处于农村社会的包围之中，依靠乡村赋税维持生存，政治上就必须加强地方政府对乡村的管理，而地方社会又必须依赖于封建王朝的集权管理，城市内部也难以产生自治组织。清朝前期工商业繁荣发展起来，部分区域出现资本主义萌芽，商人当中出现了自行组织的商业会馆。此类会馆或商业行会并非真正的社会公共组织，只是某一行业的利益维护组织。即便如此，政府对于行会的活动是严加防范的，行会内部劳资双方的冲突，还必须由作坊主连同政府以镇压的方式来加以解决。由于公共组织的发育受到限制，中央王朝的集权管理与社会之间形成了一种历史的矛盾。尽管马克斯·韦伯在《儒教与道教》一书中曾认真分析过中国古代社会结构中的宗族组织、居民社团组织，但他实际上并没有得出结论说，中国的民间组织是社会发育和公共管理的象征。就是对于乡村保甲制度这种村民自治方式，韦伯也认为这与现代民主毫无共同之处。

中华人民共和国成立以后，人民民主专政的国家权力真正代表全国人民的利益，是人民利益的集中体现。劳动人民当家做主，由中央和各级人民政府行使国家权力，人民群众的政治参与具有人民代表大会制度的基本保障。1950年10月19日国家公布了《社会团体登记暂行办法》，为民间组织的形成确定了规范，直到20世纪70年代末，除了国家直接领导下的工会、共青团和妇联等人民团体在发展中形成遍布全国的组织网之外，其他民间组织并未发展起来。在改革开放的过程中，随着社会经济发展和市场经济体制的逐步完善，非公有制经济得到鼓励和发展，社团组织开始了积极的活动。1989年10月25日国务院公布了《社会团体登记管理条例》，政府培育社会，培育公共组织，使国家权力合理分化，向社会回归，已提到日程上来。1998年9月25日新修订的《社会团体登记管理条例》经国务院公布施行。在社会建设中，政府的管理观念也在发生转折性的变化，形成了对应于政府组织、企业组织的社会组织以及现代社会组织体系、社会组织制度、社会组织体制、社会组织活力等概念范畴。

党的十八大报告明确了社会管理体系中的各种社会组织关系，提出构建中国特色社会主义社会管理体系的任务。社会管理体系的基本构成，是包括两个体制和一个管理机制在内的社会管理体系，即党委领导、政府负责、社会协同、公众参与、法治保障的社会管理体制和政社分开、权责明确、依法自治的现代社会组织体制以及源头治理、动态管理、应急处置相结合的管理机制。社会管理中的各组织之间及其与公众之间的政治关系、服务关系和管理关系，是社会管理体系中的基本内容，是中国特色社会主义社会管理体系的具体体现。社会建设和创新社会管理的三大体系，即构建中国特色社会主义社会管理体系，加快健全惠及民生的基本公共服务体系以及社会公平保障体系，是相互依存，相互促进的完整体系。

社会管理体系中的组织体制涉及组织主体的基本内涵类型。在我国，政府组织肩负着社会管理职责，属于第一级社会管理组织。由国家出资、依靠公共财政举办，为社会提供公共产品和公共服务的人民团体和事业单位属于第二级社会管理组织。包括社会团体、基金会和社会服务机构为主体组成的社会组织，属于参与社会管理的第三级组织，也被称为民间组织，是我国社会主义现代化建设的重要力量。村（居）民自治当属于第四级社会管理组织形式。

扶持社会组织发展是政府组织应当承担的公共责任之一，是民政部门民间组织管理机构的重要职能。在国家、市场和公民社会三者之间义务与权利的配置关系中，政府负有上承国家的政治使命，下应公民的社会管理职能，在社会管理组织体制中，需要培育扶持多级多元社会管理组织，发挥社会组织民事民议、民事民办、民事民管的作用，实现群众自我管理、自我服务、自我教育、自我监督。社会组织建设对于深入推进政企分开、政资分开、政事分开、政社分开，建设职能科学、结构优化、廉洁高效、人民满意的服务型政府，具有重大的意义。

为了推进国家治理体系和能力现代化，需要激发社会组织活力。所谓社会组织活力是指社会组织依据其章程宗旨规范有序开展活动，发挥参与社会管理和公共服务的主动性、积极性和创造性。激发社会组织活力至少涉及政治、管理、法律和社会组织自身四个层面的关系。四个层面协同有序，国家治理和社会治理才能确保国家和社会的稳定健康发展。

在政治层面，要正确处理政府和社会的关系，确认社会组织的合法地位和社会作用，加快实施政社分开，转变政府职能，通过分权、放权，授权社会组织参与社会管理，提供公共服务，解决社会事项，给社会组织在社会治理体系格局中一席之地。政府提供政策指导，给予工作资源、社会资源和条件以及必要的资金支持，扶持和支持社会组织服务社会，社会组织才会具有活力。

在管理方面，要明确社会组织权责，把政府行政管理与社会自我管理分开，政府从社会组织中对其人事权、财政权的管控中退出，实现行业协会商会与行政机关脱钩，给予社会组织发展的主动权。加大政策指导力度，促使社会组织依法自治，规范运行，实现自我管理、自我服务、自我监督，健康发展。充分发挥政府宏观调控、政策指导、执法监督、组织协调和公共服务的职能，以发挥社会组织提供服务、反映诉求、规范行为、参与社会管理的作用，形成政社互动、政社合作，共同治理社会的合力与活力，实现社会和谐的目标。

在法律和政策层面，要进一步健全法律法规，建设法治政府，确保依法行政，强化权力运行制约，管住政府“闲不住的手”，给予社会组织依法开展活动的空间。建立和完善社会组织活动的法规政策体系，社会组织依照有关法律法规和政策开展活动，工作有章法，活动有创新，有为而不错位，帮忙而不添乱，成为有实践理性和公共精神的现代社会组织。

在社会组织方面，社会服务与行业自律有机统一，应当是社会组织加强自身建设的原则。社会组织的章程是其组织建设和开展活动的根本依据，领导机构和组织负责人的业务能力和道德水平对于社会组织的发展与活力具有决定性的意义。由于各类社会组织客观上存在发展不平衡的问题，在加强建设的过程中，既要提高社会组织参与社会管理的程度，也要提高社会组织参与社会管理的水平。在参与社会管理和提供公共服务的过程中，遵章守纪，规范行为，秉承公共责任、服务社会、献身社会公益事业、增进社会进步和人类发展的伦理精神，社会组织才有可持续发展的动力。社会组织要从政府监督走向社会监督，社会组织信息公开，发挥公众、媒体监督作用，社会组织健康有序发展，才能为社会治理增添力量，增加社会活力。

（二）公共伦理建设的制度分析

首先，公共伦理建设必须以政治法律制度的建设和完善为基础，政治法律制度的建设首先必须体现出正确的伦理价值导向，即正确的公共伦理思想意识。公共伦理意识的核心是管理中的公共价值取向意识，它是个人利益、局部利益、公共利益相互关系在管理主体意志中的反映。公共伦理意识的形成必须以观念的变革为前提。公共管理不是传统意义上的统治，不是专政，更不是专制，而是服务。这就意味着管理主体和管理对象之间，不是矛盾对抗关系，而是民主协调关系。西方国家在行政改革中掀起“以顾客为取向”的浪潮，推行政府服务承诺制度，也表明了现代文明政治的基本走向。所以，公共伦理正确的价值取向应该是个人利益、部门利益服从公共利益，任何以个人利益、部门利益来损害公共利益的行为都是违反基本道德准则的行为。公共管理者及其所在部门并没有特殊的利益，人民群众赋予他们的行政权力只能是为公共利益服务，而不能以这种权力牟取个人私利和部门利益。社会组织从事公益性、服务性、慈善性等活动，也必须体现这一公共伦理的意识。

其次，政治、法律作为一种制度，包含着深刻的伦理意蕴，政治法律制度的健全与完善是公共伦理建设的重要内容。制度是调整社会关系、规范社会行为的基本规则体系，是处理个人利益和社会利益、公共利益的价值准绳。得民心的制度必定是符合民意、符合公共利益的制度。制度的制定、创新和完善，就管理主体方面来说，一要避免主观性，制度求真，符合客观实际，这属于决策的科学性；二要诚心诚意，从人民利益出发，制度求善，这属于决策的伦理性；三要在实践中改造和完善制度，制度求美，这是制度的过程性。这三个方面相互关联。脱离实际，主观主义，从教条或从经验出发制定政策和制度，易使制度偏离实际，违背人民利益；缺乏诚意，并不真心为公众谋利益，迫于公众和社会压力而急于表态，或出于部门利益，仓促制定的制度往往具有模糊性、不确定性，这既是制度资源的浪费，使民众丧失信心，也使政府在公众中失去信誉和威信；因循守旧，不及时革新过时的制度，这种无所作为的行为是失职、渎职，是对人民不负责任的表现。因此，公共伦理的制度化建设是行政体制改革的灵魂与核心。制度化的伦理约束是规范政府组织和公职人员行为的必要条件。从消极意义上看，制度化的伦理是防范和惩处损害公共利益，违反规章制度行为的尺度和标准。制度伦理的建设成为公共伦理建设的重要保障。

再次，加强制度建设，目的在于保障社会公平正义。党中央《关于构建社会主义和谐社会若干重大问题的决定》是制度建设的纲领性文件，明确了完善民主权利保障制度、完善社会法律制度、完善司法体制机制、完善公共财政制度、完善收入分配制度和完善社会保障制度的具体内容，要求形成科学有效的利益协调机制、诉求表达机制、矛盾调处机制和权益保障机制，这是我们加紧建设对保障社会公平正义具有重大作用的制度的指南。党的十八大以来，按照全面依法治国要求，坚持立法先行，坚持立改废释并举，加快完善法律、行政法规、地方性法规体系，完善包括市民公约、乡规民约、行业规章、团体章程在内的社会规范体系，为全面依法治国提供基本遵循。

（三）公共理论建设的道德内化过程

加强道德教育，强化内心约束机制，是公共理论建设的一项重要内容和长期任务。所谓道德教育，是教育者依据一定的道德原理，使用相应的教育方法和手段，对教育对象传递道德原则和要求、施加道德影响的活动过程。

道德教育的必要性在于，人的道德意识和品质不是生而具有的。从道德社会学的角度来看，每一个人要从自然人转化为社会人，必须适应社会生活，服从社会规范，获得社会成员的资格。个人学习社会文化和道德知识，接受文化教化，从自然人走向社会人的过程，就是道德社会化的过程。道德社会化的过程是个人道德意识和道德品质的形成过程，其具体途径包括学习、教育、环境影响和个人经验总结等方面。学习道德原理和知识，在实践中总结道德经验，带有主动性；接受教育和受环境影响带有受动性；个人在主动性和受动性相统一的过程中，逐步将道德原理和知识转化为内心的意识和法则，这就是道德内化的过程。道德社会化在根本上就是外在的道德要求转化为个人内心需要的过程。道德教育是个人道德社会化的主要途径，是个体道德内化的重要方式。因此，道德社会化和道德内化是一个过程的两个方面，二者是有机统一的过程。

道德教育的目的在于使社会道德要求转化为个人的内心信念，形成自觉的道德意识和义务感、责任感，从而积极履行义务，养成良好道德品质。道德教育的关键在于使个人形成内心约束机制，启动道德自律，对行为规范有敬畏心，自觉有效地调控个人自身的行为。从公共管理的实践活动来看，政府公职人员不同于一般公民，实质上是社会的一个公共管理群体，扮演着管理者的角色，必须有更高的道德觉悟。他们的公务活动过程具有职业道德特征，必须将公共伦理作为行为的准则，廉洁奉公，恪尽职守，从而树立起良好的公职人员形象，使管理和伦理达到完美的统一。各级党政领导干部也不是一般的公职人员，由于手中的权力而负有了相应的义务和责任。履行义务和责任的落实，仅仅依靠外在的法规是远远不够的。在实际工作中，违反规章制度的行为屡见不鲜。而且，不论是个人越轨还是集体越轨，其中相当一部分人是深谙法律法规、规章制度的。因此，更深入的问题还在于内心的约束机制失灵，个人道德自律削弱、丧失。可见，加强公共管理主体的道德教育，形成自我内心约束机制是十分必要的。

二、公共伦理建设的目标

（一）公共伦理建设与职业道德建设

公共管理是一种具有公共性的职业活动，具有特定的职业道德要求。公共伦理建设的基本目标之一，就是完善的职业道德。因此有必要对公共伦理与职业道德的关系进行分析和说明。

所谓职业道德是具有职业特征的用以调整职业关系和职业行为的基本准则体系。职业道德的内容、规范和作用主要限定在职业范围内，因而，无论何种职业道德，都有与该职业特征相一致的行为规范要求。各行各业之间在活动内容、性质和特征方面的联系称为业缘关系。一般来说，业缘关系相近，职业道德的共性就越大，业缘关系相远，职业道德的共性就越小。公共管理是社会关系分化过程中，专门独立出来的一种由国家政府组织机构乃至非政府组织管理社会公共事务的职能活动。因此，与公共管理相适应的公共伦理与一般职业道德有着显著的区别。

在利益层次上，公共伦理与一般职业道德有所不同。一般的职业道德立足于职业内部秩序的和谐与发展，着力于调整职业内部成员的利益和行为，使职业活动产生最大的效益。当然，在经济领域中，经济人的职业道德是产生最大的经济效益和社会效益。在非经济领域，许多非营利性组织，其职业道德要求是产生最大化的社会效益，而非直接的经济利益。公共伦理属于非经济领域中特殊的职业道德，其目的不在于管理主体本身获得实际利益。由于公共管理主体是介于营利组织和非营利组织之间的政治行政主体，它代表着国家的意志和公共利益形象，因而要在公民权利和社会功利的关系中，将公民的权利和功利统一起来，将社会整体利益和局部利益、眼前利益和长远利益统一起来，充分保障公民的权利和功利的实现。显然，公共伦理集中反映了社会公共利益的最高要求，是社会公正的最高体现。

在利益层次中的个人利益方面，无论哪种职业都有个人利益的正当性问题。无论何种职业都是个人谋生的手段，是个人获得收入和生活资料以维持基本生存的方式。因此，个人利益是通过职业活动所获得的物质利益和精神利益的总和。个人利益的正当性，并不仅仅取决于职业活动本身，在根本上取决于个人利益和社会利益的关系的性质。虽然，职业活动作为获取个人利益的手段是正当的而使个人利益具有了正当性，但是，只有在个人利益符合社会利益的要求，或者在二者发生矛盾冲突时，个人利益服从社会利益，个人利益才是完全正当的。无论是一般的职业活动还是公共管理活动，个人利益的性质都是由此决定的。

就营利性组织和非营利性组织的关系而言，一般的职业道德是实现个人利益和职业组织利益相统一的伦理体现。但具体而言，营利性组织中的个人利益和组织利益主要统一在职业活动内部。因为，在营利性组织中，个人劳动的积极性、创造性直接就是企业利益的源泉，漠视企业员工利益的实现，伤害个人利益，也就失去了企业内部的创造力。因此，营利性组织的职业道德，是以确认个人利益的充分实现为前提的精神激励机制，是将个人利益、企业利益和社会利益完美统一起来的行为准则和企业文化精神。在社会主义分配制度的改革中，各司其职，各尽其责，按劳分配是基本的制度和原则，这一原则适用于各行各业。但是，允许资本要素参与分配，并且真正实行多劳多得，收入的合理差距就必然存在。各营利性组织在实现个人利益的分配方式中，具有相当大的自主性。个人的职业行为表现与物质报酬直接挂钩，物质奖惩成为落实职业责任的一种手段。职业道德成为协调个人利益和职业组织利益的手段。

然而，公共伦理的特殊性则是将公共利益作为管理组织追求的目标，政府组织和管理者个人绝不能以营利为活动目的。公共伦理关注社会功利，个人职业行为与物质利益的多少是相分离的。管理者个人手中的权力是实现公共利益的手段，而不能是谋取个人利益的途径。个人收入的多少以及相应的物质生活资料，是以制度安排中的行政职级待遇所确定的，随着行政职级的提升，个人收入也随之提升。因此，以权谋私的行为就是对公共利益的侵害，就是对公共伦理的践踏。市场经济不可能摆脱政府行为的影响，市场经济中存在着权力运作的空间和给个人带来实际利益的可能性，利益诱惑力增大，内心约束力降低，防范机制不健全使违法获利风险降低，这就是腐败的综合因素。“行政人员不是简单地为自我实现而工作，而是以增加公共福利的方式为公民服务，他们是公民利益的忠实代表，一切以公众的福利为重。就是说，不管是谁，只要你选择了公务员这一职业就必须准备为公众利益而献身。”① 所以，公共伦理建设绝不是一般意义上的职业道德建设，其目标是廉洁的公职人员和高效率的政府活动。

公共伦理在本质上是执政伦理。所谓执政伦理就是以执政党为代表的政府组织的执政伦理意识、价值理念、伦理原则和基本行为规范及其实践的总和。

---

① 〔美〕特里·L. 库珀. 行政伦理学：实现行政责任的途径（第四版）. 北京：中国人民大学出版社，2001：15.

可以说，科学执政、民主执政、依法执政的道德基础就是执政伦理。当代社会治理模式从政府统治走向政府服务，彰显出政治的道德基础或管理的道德基础就是以人为本、以公民为本。公共政策、公共管理活动都必须以人民利益为依归，法律等政治治理手段不能违背基本道德准则和社会道德秩序，必须坚持法律面前人人平等，法治与德治必须统一。社会治理的目标是构建和谐社会，其价值核心是公平与正义，一切活动包括制度建设都必须符合公平和正义的原则。在管理的整个过程中必须贯穿责任要求，政府组织必须承担公共责任，切实树立为民服务，向人民负责的意识，健全服务型政府的体制和机制模式。由此可见，公共管理的手段和目的日益趋向人性化、伦理化、文明化，执政伦理成为政府合法性的基础性问题。

执政伦理的基本结构包括外在的制度伦理和内在的良心自律以及基本的行为规范要求等要素。执政伦理一方面体现为外在的制度伦理建设及其价值理念，它既是公共利益的制度保障，也是政府执政的价值导向，同时是对个人行为的他律性要求。另一方面，执政伦理既是干部队伍基本的道德素质要求，具体的行为规范和义务要求，也是领导干部内在的自律性约束。经验表明，失去道德约束，颠倒荣辱标准，突破了做人的道德底线，违背了为人民服务的根本宗旨，往往是领导干部腐化堕落、违法犯罪的主观根源。因此，执政伦理建设是公共伦理建设的重要内容和体现。

（二）人的发展和社会发展

公共伦理建设以人为本，以人的发展和社会发展为目标。不以人为本，离开人的发展和社会发展这一目标，公共伦理建设就将失去正确的方向。

以人的发展和社会发展为公共伦理建设的目标，具有科学的理论依据。公共伦理的理论基石是马克思主义关于人的发展和社会发展相统一的理论。马克思关于人的发展理论是马克思主义的重要组成内容，历史上虽然有一些哲学家对人的问题进行研究，有所谓“人学”之说，但是马克思的人学，将人的发展与生产力的发展相联系，从生产方式的高度考察人的发展与社会发展的关系，从而科学地回答了人的本质、人性、人的价值等与管理过程紧密相关的重大问题。从生产力和生产关系相统一的角度考察公共管理，分析公共管理过程中的伦理准则，避免了抽象地谈论人性、人的需要、人的价值的理论缺陷，使公共管理过程以及管理的伦理必要性，具有了现实的基础。

马克思说：“生产力和生产关系——这二者是社会个人的发展的不同方面”①，显然，人是生产力和生产关系，也就是生产方式中的核心要素，人的

① 马克思恩格斯选集（第2卷）．北京：人民出版社，2012：785.

发展是通过生产方式的发展来实现的。生产方式的发展不仅是人的发展以及发展的结果，也表明社会发展的水平和实质。正是生产方式的发展使人的发展和社会发展相统一的过程具有了现实的客观基础。

从管理的角度来看，生产方式的发展是人们把握生产要素、变革生产关系的能力的提高。没有人们对生产要素和生产关系的科学把握，生产方式也难以全面发展。由此，生产方式的发展和人的发展在内涵上是相一致的。具体说，生产力的提高，意味着劳动者的劳动时间的缩短、劳动质量的增长和社会财富的增加，劳动者的自由时间为其个体素质的提高和个性的全面发展赢得了空间。同时，生产关系的变革，将使人们在生产资料的占有方式、社会地位、分配的机会和方式等方面更加公正，从而为人的发展创造了更为广泛的社会空间。实际上，人的自由时间的获得取决于三个基本的要素：即生产力水平、科学技术和管理的效率。正是这三个要素的统一，不仅推动了生产方式的发展，也推动了人的发展和社会发展。恩格斯在谈到社会成为全部生产资料的主人时指出，在消灭了生产资料奴役人的状况下，也就意味着人的解放，“要不是每一个人都得到解放，社会本身也不能得到解放。因此，旧的生产方式必须彻底变革，特别是旧的分工必须消灭。代之而起的应该是这样的生产组织：在这个生产组织中，一方面，任何个人都不能把自己在生产劳动这个人类生存的自然条件中所应参加的部分推到别人身上；另一方面，生产劳动给每一个人提供全面发展和表现自己全部的即体力的和脑力的能力的机会，这样，生产劳动就不再是奴役人的手段，而成为解放人的手段，因此，生产劳动就从一种负担变成一种快乐”①。毫无疑问，公共伦理建设的目标就是在生产方式发展基础上的人的发展和社会发展。

显然，无论何种管理，其实质在于提高实践活动的效率和效益。效率和效益提高的深远意义在于为人的发展和社会发展提供了坚实的物质基础和自由时间与空间。在这个意义上，管理不仅仅是生产力，而且是人的发展和社会发展十分重要的条件。同时，管理是动态的过程，其狭义是管理过程的起点和结果，其广义是发展与管理的关系，即管理对象的发展和管理过程的发展以及管理如何适应管理对象的发展问题。在管理的动态过程中，存在两种情形：一是企业发展、组织发展、社会发展速度过快，规模过大，以往的管理方式与之不相适应，导致管理滞后，从而影响管理的效率和效益；二是为了向发展要效率和效益，避免发展中的混乱，需要加强发展中的管理，以管理来维护发展中的效率和效益。无论哪种情形，最终都属于人的发展和发展的价值伦理问题，因

① 马克思恩格斯选集（第3卷）．北京：人民出版社，2012：681.

为管理是人的管理，发展中的管理和管理的发展是人的能力和素质的发展，是人按照自己的理想和意志来安排世界，安排物质生活和精神文化生活，是人的本质和人的价值的实现。

从构建和谐社会，推进社会发展的基本要求来看，以人为本，构建和谐社会，是马克思主义的一个基本命题。中国共产党在进入21世纪以来，从执政兴国第一要务的高度，坚持科学发展观为指导，进一步阐发了构建和谐社会的基本命题和理念，按照民主法治、公平正义、诚信友爱、充满活力、安定有序、人与自然和谐相处的总要求，统筹推进“五位一体”总体布局，协调推进“四个全面”战略布局，坚持和发展中国特色社会主义，使改革发展成果更多更公平惠及全体人民，全力推进全面建成小康社会进程，不断把实现“两个一百年”奋斗目标和实现中华民族伟大复兴的中国梦推向前进。

抽象地谈论人的发展显然是没有实际意义的。从人类全部物质生产过程的发展要求来分析人的发展的客观过程，还必须深入人的内部精神世界。人的精神世界是情感和理性的统一，应该表现为人的道德情感、美感、智慧相互和谐一致的综合素质的不断提高。管理的伦理目标是促使人的精神世界的完美统一，公共伦理建设的目标就是促进人的全面发展。由于时代不同，对于人的发展的要求也不同。因为人的发展要求取决于物质生产过程的水平，并与整个社会发展的水平相一致。中国在当今世界中，面临着重重挑战，既有传统农业经济向现代农业经济的转变，又有工业化完成向信息社会和知识经济的跃进，既有城市化建设向消灭城乡差别的迈进，又有社区公共服务和社会治理的难题和机遇，因此，提高公民素质成为关键环节。

邓小平同志指出：“我们国家，国力的强弱，经济发展后劲的大小，越来越取决于劳动者的素质，取决于知识分子的数量和质量。”① 当今国际社会的竞争，不仅仅是经济的竞争、科技的竞争，归根到底是人才的竞争，是民族素质的竞争。民族素质水平成为当今世界衡量一个国家综合国力强弱的重要指标之一。人的发展不是抽象的命题，更需要关注青年、关心青年、关爱青年，支持青年的成长与发展。从这个意义上看，公共伦理建设的现实目标和长远目标，是以公共管理的全部活动为基础的人的全面发展和社会发展。离开了公共伦理建设的这一目标，公共管理中的任何一项活动都将失去正确的方向。

---

① 邓小平文选（第3卷）. 北京：人民出版社，1993：120.

第三节　国家廉政体系建设

一、国家廉政建设的形势和路径

（一）国家廉政建设面临的挑战

中国共产党自诞生以来，为了保证其先进性和纯洁性就始终同腐败行为做斗争。中国共产党的第一个“反腐通告”《关于坚决清洗贪污腐化分子的通告》于 1926 年 8 月 4 日颁布。1927 年党的五大选举产生中央监察委员会，标志着党内纪律检查制度的初步形成。1933 年 12 月，中央苏区反腐打贪，掀起了党的历史上第一次廉政风暴。1949 年 11 月，中央纪律检查委员会建立，1955 年 3 月改为中央监察委员会。“文化大革命”期间，该机构于 1969 年 7 月被撤销。1977 年 8 月，党的十一大恢复在中央和县以上设立纪律检查委员会。1986 年 12 月国家设立监察机构。在中华人民共和国成立前夕，毛泽东向全党提出“两个务必”的要求，向全党发出了防腐反腐的警告。1951 年年底全国开展“三反运动”，查处了包括党内高级干部刘青山、张子善在内的罪大恶极的贪污犯，起到了震慑警示作用。改革开放以来查处大案要案的力度也在不断加大。在理论创新和制度建设方面，坚持以人为本，执政为民，弘扬求真务实和艰苦奋斗的优良作风，维护群众利益，保持党和人民群众的血肉联系，坚持标本兼治、综合治理、惩防并举、注重预防的方针，不断建立健全各项制度，严格执行党风廉政建设责任制。党的思想建设、组织建设、制度建设、作风建设和廉政建设一体化推进，加强改革创新，不断提高反腐倡廉建设科学化水平。2010 年首次发表《中国的反腐败和廉政建设》白皮书，申明反对腐败，加强廉政建设，是中国共产党和中国政府的坚定立场。

廉政建设是指执政主体应对外部环境变化，改造党内环境，将思想道德教育与制度建设结合起来，提升廉洁自律水平，实现政治文明的活动和过程。党风廉政建设和反腐败斗争是长期性、基础性的工作，廉政建设和反腐败斗争不断面临新情况、新问题。要开创党风廉政建设和反腐败工作的新局面，就必须发扬与时俱进、开拓创新精神，深入探索新形势下反腐倡廉的特点和规律，在理论和实践上不断拓展新视野，使反腐倡廉的思路及对策更具有科学预见性和现实针对性。由于中国的经济体制、社会结构、利益格局和人们的思想观念正在发生深刻变化，各种社会矛盾凸显，各方面体制机制还不完善，一些领域的腐败现象仍然易发多发，有的案件涉案金额巨大，违法违纪行为趋于隐蔽化、智能化、复杂化，反腐败任务十分艰巨，国家廉政惩防体系建设意义重大。①

腐败是指在公共权力运行过程中，关联主体在人性欲望的驱动下，偏离公共伦理的正当性要求并依托公共权力获取非法私人利益的行为。② 腐败可能发生在政治领域，也可能发生在市场领域。在经济关系中，交易双方主要通过平等自由签约的市场机制相互交往；而在政治关系中，官僚体制下的雇员主要通过科层关系相互交往。③ 在“经济—政治”复合关系中，公共权力极易通过科层节制、行政垄断和行政许可等环节寻租，产生比单纯市场机制和官僚体制下严重得多的腐败问题。在我国体制转型、经济转轨、文化转接的过程中，后一种情形将是反腐败工作最大的难题。例如，国家建立的“政企同体、专卖专营、富国富民”的烟草行业管理体制，把烟草行业的相关主体间关系从“两种市场关系”转变为“两种行政关系”。“两种市场关系”即在市场经济模式下平等市场主体间以价格调节为核心的市场交换机制和自由竞争或自然垄断下的市场主体交往关系。“两种行政关系”即在行政国家模式下科层制中以权力与服从为基本特征的上下级行政关系和依靠法定权力获得对市场资源进行权威性管制的行政垄断。

（二）国家廉政体系建设的路径

2005 年中共中央印发《建立健全教育、制度、监督并重的惩治和预防腐败体系实施纲要》，在此基础上，2008 年 5 月，中共中央颁布《建立健全惩治和预防腐败体系 2008—2012 年工作规划》，这是为全面贯彻党的十七大精神，推进惩治和预防腐败体系建设的指导性文件。中国在反腐败和廉政建设方面，坚持“标本兼治、综合治理、惩防并举、注重预防”的方针，建立健全惩治和预防腐败体系，在坚决惩治腐败的同时，更加注重治本，更加注重预防，更加注重制度建设，拓展从源头上防治腐败工作领域，逐步形成拒腐防变教育长效机制、反腐倡廉制度体系、权力运行监控机制，走出了一条适合中国国情、具有中国特色的反腐倡廉道路。④

党的十八大以来，中国共产党把反腐败斗争作为全面从严治党的重要内容，颁布《中国共产党巡视条例》《中国共产党廉洁自律准则》《中国共产党纪律处分条例》《中国共产党问责条例》《关于新形势下党内政治生活的若干准则》《中国共产党党内监督条例》等制度规定，扎牢制度的笼子，依规管党

① 中国的反腐败和廉政建设白皮书，中国新闻网，2010-12-29.

② 李秀峰. 廉政体系的国际比较 . 北京：社会科学文献出版社，2007：3.

③ 戈登 · 塔洛克. 官僚体制的政治. 北京：商务印书馆，2010：12-13.

④ 中国的反腐败和廉政建设白皮书，中国新闻网，2010-12-29.

治党，反腐惩恶，正风肃纪，着力构建不敢腐、不能腐、不想腐的体制机制，以改革精神加强反腐败体制机制创新和制度保障，成效显著。但是，由于滋生腐败的土壤依然存在，反腐败形势依然严峻复杂，一些不正之风和腐败问题仍然影响恶劣，所以，从严治党永远在路上，拒腐防变必须警钟长鸣。根据当前中国反腐败和廉政建设工作的实际，中国特色的反腐倡廉之路应当是把贯彻落实科学发展观与推进反腐倡廉工作结合起来，把现代政府建设与反腐倡廉工作结合起来，把反腐倡廉的法律制度建设与社会主义公共伦理建设结合起来，把公共领域党政机关反腐倡廉工作与私人领域反商业贿赂工作结合起来，把惩治腐败、规约权力与预防腐败、倡导廉政结合起来，建立起一个能充分发挥廉洁教育、制度整饬、权力监约、风险预防、依法惩治、改革纠风等反腐倡廉功能的国家廉政体系。

二、国家廉政体系的构建及其功能

（一）国家廉政体系的构建

国际廉政专家杰瑞米·波普提出了国家廉政体系（national integrity system）的概念，认为国家廉政体系有三大目标即法治、可持续发展和生活质量，支撑这三大目标实现的 11 根支柱包括通过自由而公正的选举产生的立法机关、拥有解决利益冲突规则的行政机关、独立的司法机关、可以审计所有公共账目并公开发布审计报告的审计机关、拥有不良行政行为处理权的议会监察专员、拥有可被执行且得到严格执行的法律的反腐败机构和监督机构、拥有高标准的公共服务道德准则的现代公务员系统、能够自由获取公共信息的新闻媒体、拥有言论自由的公民社会、鼓励公平竞争的私人部门、可以提供有效的相互法律或司法协助的国际行动者，作为 11 根支柱根基的是公众的廉洁意识和社会的廉洁价值观（如图 8-1 所示）。[①]

有研究者认为，中国的反腐倡廉体系包括三大目标，即科学发展、社会和谐、全面小康。反腐倡廉制度体系包括 12 根机构支柱，即① 科学执政、民主执政、依法执政的执政党；② 科学立法、民主立法、依法监督的各级人大及其常务委员会与政治协商、民主监督的各级政协；③ 依法行政、民主决策的行政机关；④ 独立、公正的司法机关；⑤ 公开、公正的审计机关；⑥ 受理公

① 杰瑞米·波普. 制约腐败：建构国家廉政体系. 北京：中国方正出版社，2003：54.

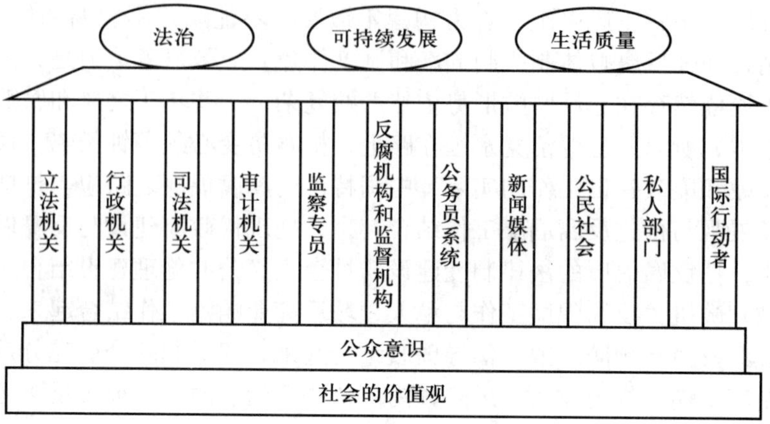

图 8-1 国家廉政体系

民信访投诉与处理不良行政行为集于一身的新型信访机构；⑦ 拥有完备的处理公私利益冲突的规则的现代公务员制度；⑧ 独立的、拥有资源和授权充分的反腐败机关；⑨ 可以自由获取公共信息并进行调查性报道的新闻媒体；⑩ 享有言论自由和结社自由的公民社会；⑪ 破除垄断鼓励竞争的私人部门或非公有制经济部门；⑫ 有效进行双边和多边法律或司法协助的国际行动者。此外，还包括需要贯穿于这些机构支柱日常活动之中的四大规则体系：一是完备的、可执行的反贪污贿赂法律规范体系，二是以透明、参与、分权、问责为特征的约束权力运行的程序规范体系，三是预防和处理公私利益冲突的行为准则体系，四是处理公共部门与私人部门及第三部门（公民社会组织或民间组织）之间市场交易的行为规范体系。廉正价值体系则包括廉洁、正直、公正、诚实、守法、节俭等基本价值。党和国家的廉洁取决于各个制度支柱是否同等牢固，足以支撑起党和国家廉政大厦，同时也取决于廉正价值体系是否为社会成员所普遍接受而成为公众意识的一个有机组成部分。①

（二）国家廉政体系的功能

J. Pope 认为，“廉政体系提供了一个实际的权力制约框架，以防止腐败对于公共利益的损害和创造一个有利于提高官员决策质量的环境”②。反腐败和廉政建设关系国家发展全局、关系最广大人民根本利益、关系社会公平正义与和谐稳定。坚决惩治腐败和有效预防腐败，大力加强廉政建设，是党和政府的一贯主张。中国国家廉政体系应能充分发挥六大结构性的廉政建设功能，从而

① 何增科．建立中国国家廉政体系：反腐倡廉体系．检察日报，2007-12-25.

② 转引自：李秀峰．廉政体系的国际比较．北京：社会科学文献出版社，2007：10.

保障反腐倡廉工作形成一个长效机制。

第一，国家廉政体系要实现制度整饬功能，即包括国家法制体系建设，包括法律、法规、规章等；党纪政纪纪律建设，包括条例、命令、规定等；反腐倡廉制度建设，包括纲要、规划、意见等；组织管理规范建设，包括章程、准则、规范等；公共伦理建设，包括文化、作风、惯例等。

第二，国家廉政体系要实现权力制约功能，即包括国家外部政治发展形成的权力制约机制和国家科层化形成的内部权力制约机制和国家自身程序性、规范化权力运行形成的权力监督机制，健全完善党内监督、民主监督、法律监督和舆论监督体系，以强化对权力运行的制约和监督。

第三，国家廉政体系要实现依法惩治功能，即包括有案必查、依法惩治、权利救济三个基本要求组成的惩治体系。坚持党纪国法面前没有例外，不论什么人，不论其职务多高，只要触犯了党纪国法，都要受到严肃追究和严厉惩处。

第四，国家廉政体系要实现风险预防功能，即不但要通过廉洁教育“防心”，还要通过风险管理“防行”。从源头上预防腐败，必须建立腐败风险管理机制。廉政风险防范管理是将现代管理学中的风险管理理论和质量管理方法应用于反腐倡廉工作的长效机制。针对部分党员领导干部不能廉洁自律而产生的思想道德风险、制度机制风险和岗位职责风险，应建立起前期预防、中期监控、后期处置“三道防线”。

第五，国家廉政体系要实现改革纠风功能，即通过改革推进国家的反腐倡廉工作，通过纠风保持国家的廉洁政风。改革包括完善反腐败工作制度，创新反腐败工作体制机制，运用现代管理技术提升党风廉政建设和反腐败工作绩效。坚持“管干部必须管政风”，落实党风政风行风建设责任制。纠风工作要树立以人为本、执纪为民的理念。凡群众反映的突出问题，都要切实加以解决；凡损害群众利益的不正之风，都要坚决查处和纠正。行政权力规范透明运行，落实廉政建设的“阳光参与”机制，要进一步完善民主评议党风政风行风等制度，认真做好政务公开，办好党风政风行风热线，搭起与广大职工直接沟通的平台，督促有关部门及时解决群众的合理诉求。

第六，国家廉政体系要实现廉洁教育功能，即依托国家的廉政文化载体，开展包括道德教育和纪律教育等多种形式的廉政教育。道德高尚是领导干部做到清正廉洁的基础，抓好干部道德教育，坚定理想信念，通过廉洁教育起到“镜子照形、行为治疗、督促反省、鉴往戒来”的作用，为廉洁政治奠定“廉洁人生、幸福人生”个体职业道德基础。纪律是政党组织介于法律和道德之间具有特定约束性和强制性的规章制度和规矩，包括政治纪律、组织纪律以及在长期实践中形成的优良传统和工作惯例。违反纪律意味着将受到低于法律审判而高于道德谴责的纪律处分。加强纪律建设和纪律教育，严明政治纪律、严明组织纪律，对纪律的认同服从、行动遵守，才具有组织的统一性和行动的凝聚力。制度、监约、惩防、改革、纠风、教育等功能的目标都是为了塑造组织成员对组织共同体的纪律性。

国家廉政体系的制度整饬、权力监约、依法惩治、风险预防、改革纠风和廉洁教育六大功能之间是相互关联、整合的系统（如图 8-2 所示）。国家反腐倡廉工作是一个复杂的系统性工程，即具有整体性、结构性、功能性、开放性、适应性的特点。从国家廉政体系及其系统功能而言，系统中的每一个结构性的部分有其特定的功能，并经系统的良性整合后表现为系统整体功能的最大化输出。

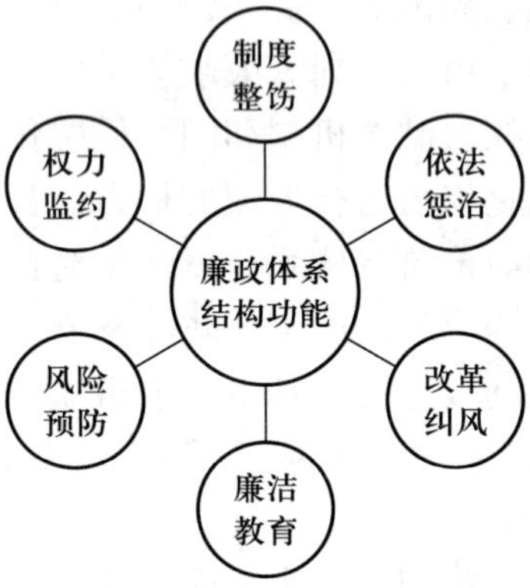

图 8-2　国家廉政体系的结构功能

三、实践“DISC 廉洁发展”模式

“DISC 廉洁发展”模式包括“一个理念、两个方面和四个要素”。“一个理念”就是“廉洁发展”，不断健全惩治和预防腐败体系，体现国家反腐败战略和顶层设计。“两个方面”就是一方面要坚持把反腐倡廉工作与社会经济发展、组织变革发展、个人全面发展统一起来；另一方面要坚持创新反腐倡廉工作机制，推进反腐倡廉工作科学化。“四个要素”就是国家廉洁发展的“DISC”结构要素（如图 8-3 所示），即发展（developing）、制度（institutional）、科学（scientific）和文化（cultural）。

（一）发展

用发展的观点和普遍联系的观点看待世界和解决问题是辩证唯物主义的基本要求，是科学发展观的哲学基础。“科学发展观，第一要义是发展，核心是以人为本，基本要求是全面协调可持续，根本方法是统筹兼顾。”① “DISC 廉洁发展”模式的“发展”结构性要素，就是要在科学发展观的指导下，把国家的反腐倡廉工作与经济社会可持续发展结合起来，与组织变革发展、个人全

① 胡锦涛. 高举中国特色社会主义伟大旗帜，为夺取全面建设小康社会新胜利而奋斗. 北京：人民出版社，2007.

面发展结合起来；就是要在科学发展观的指导下，通过反腐倡廉工作的改革创新，加强反腐倡廉工作的科学化、制度化水平，建设反腐倡廉的文化载体，涵养廉洁发展的组织文化，使国家反腐倡廉工作不断适应新形势的要求（如图 8-4 所示）。

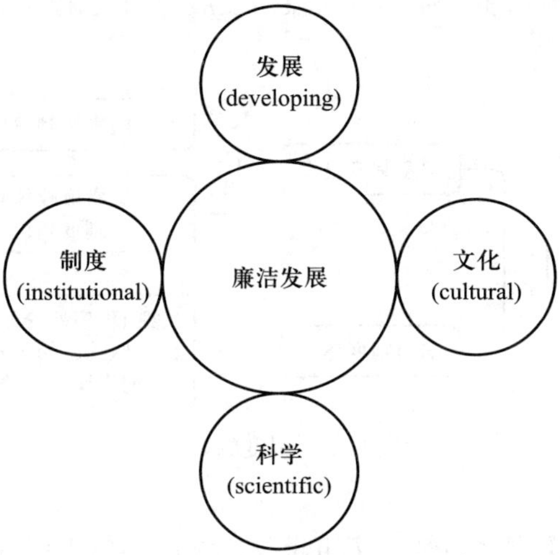

图 8-3 "DISC 廉洁发展" 模式

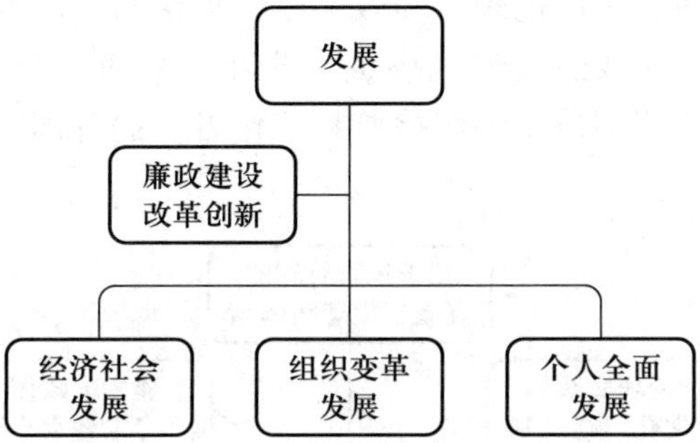

图 8-4 发展的内涵

（二）制度

制度是人类文化累积的一个重要组成部分。制度包括三个基本方面的内容：国家正式约束体系包括法律、法规、政策甚至意识形态等及其实现机制；社会非正式约束体系包括伦理道德、风俗习惯、行业风气等及其实现机制；组织约束体系及其实现机制，包括正式的和非正式的两方面。正式方面包括组织的章程、管理程序等，非正式方面包括群体纪律、职业道德等。制度化（institutionalization）是指社会互动方式以正式的法律、规章、习俗为基础的稳定的发展进程。个体组织行为是在一定的制度安排下发生、发展的，制度为个体组织行为提供了一系列的规则，以约束行为主体可选择的空间。“DISC廉洁发展”模式的“制度”结构性要素，就是要把国家廉政制度体系、组织系统廉政制度体系与国家法制为基础的制度建设统一起来，在程序性组织管理制度中嵌入反腐倡廉功能，使其成为廉洁发展组织文化的核心来规约廉政行为(如图8-5所示)。

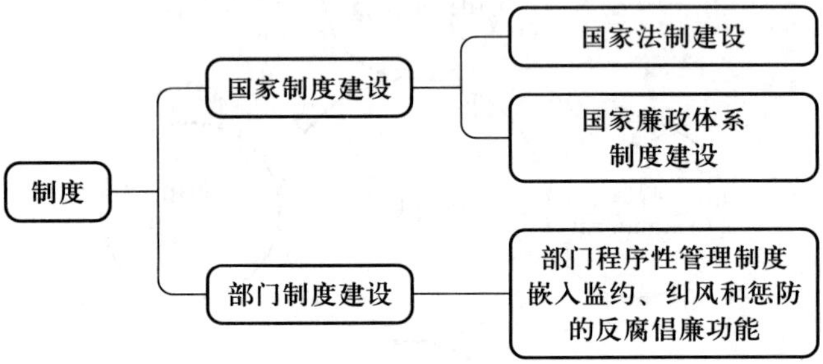

图8-5 制度的内涵

（三）科学

科学意指自由探索之精神、实事求是之学风、勇于评判之态度和革故鼎新之内容的统一。“DISC廉洁发展”模式的“科学”结构要素和科学化要求，就是要运用风险管理、应用伦理、绩效考核等理论与方法创新国家反腐倡廉工作，要通过成立国家廉政建设专家咨询工作小组发挥“智库”作用，培养和使用具有现代管理知识和技术的纪检监察工作者，提升国家反腐倡廉的综合能力（如图8-6所示）。

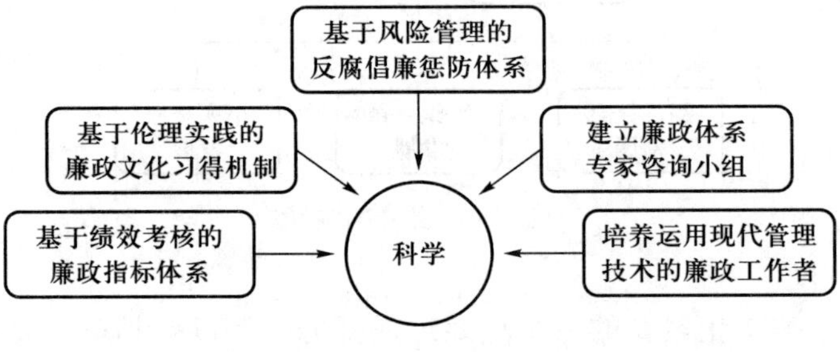

图8-6 科学的内涵

（四）文化

英国人类学家泰勒认为，文化是一个复杂的整体，它包括知识、信仰、艺术、伦理道德、法律、风俗和作为一个社会成员的人通过学习而获得的任何其他能力和习惯。在组织行为学中，“组织文化”一词指一个组织所特有的并为组织大多数成员共同遵循的目标、价值、信念和行为规范等，也指涵养一个组织成员素质的组织形象系统、文化基础设施、制度规约体系等文化载体。“DISC 廉洁发展”模式的“文化”结构性要素，就是要传承“俭以养德，廉以立身”的中国传统廉政文化思想，把廉政文化作为国家组织文化建设的有机组成部分，形成国家廉政文化学习制度，通过建设国家廉政文化载体，融“习廉耻、讲荣辱、知毁誉”的廉政价值观于公共管理文化之中，使国家组织成员在组织文化学习和认同过程中养成“廉洁自律”的廉政素质（如图 8-7 所示）。

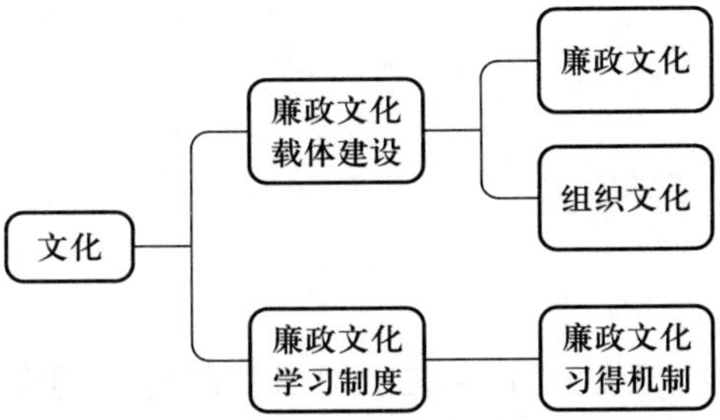

图 8-7 文化的内涵

英国人类学家拉德克利夫·布朗从结构功能主义的角度强调，文化是人们在相互交往中获得知识、技能、体验、观念、信仰和情操的过程，文化只有在社会结构发挥功能时才能显现出来，如果离开社会结构体系就观察不到文化。例如，组织制度本身既是一个组织结构体系，也是一种组织文化符号。反腐倡廉惩防体系本身既是一种国家权力结构体系，也是一种国家政治文化符号。“按照推动社会主义文化大发展大繁荣的要求，在社会主义精神文明建设中，围绕建设社会主义核心价值体系，结合社会公德、职业道德、家庭美德、个人品德教育和法制教育，开展丰富多彩的廉政文化创建活动……结合企业文化建设，深入开展依法经营、廉洁从业教育……发扬革命传统，挖掘中华优秀文化的丰厚资源，实施‘廉政文化精品工程’。推动廉政文化内容形式和传播手段创新，扩大覆盖面，增强影响力，形成‘以廉为荣、以贪为耻’的社会风尚。”① 就国家而言，制定常态化的廉政教育制度，创建国家廉政文化室，开展“全员全程参与”的反腐倡廉工作机制就是要在国家反腐倡廉工作中使国家廉政文化起到形塑组织成员廉洁行为的功能（如图 8-8 所示）。

① 中共中央建立健全惩治和预防腐败体系 2008—2012 年工作规划. 2008.

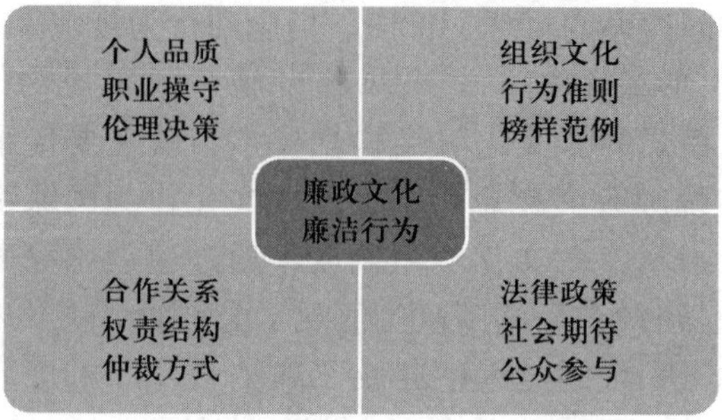

图 8-8　廉政文化与廉洁行为

四、加强公共部门作风建设

（一）作风的含义和实质

党的十五届六中全会做出了《关于加强和改进党的作风建设的决定》，突出强调了党风建设的重要性和紧迫性，明确了党风建设的指导思想和主要任务。党的十七届四中全会通过的《关于加强和改进新形势下党的建设若干重大问题的决定》，从理想信念、民主集中制、领导班子和干部队伍建设、基层党组织建设、作风建设、反腐倡廉建设等六个方面作了要求，强调“以思想教育、完善制度、集中整顿、严肃纪律为抓手，下大气力解决突出问题，以优良党风促政风带民风，形成凝聚党心民心的强大力量”。

作风是指个人或组织在日常生活和职业领域中，在一定价值观的指导下体现出来的行为状态和道德水准。作风体现出个人的道德情操和气节，共产党人讲的是高尚情操和革命气节。作风的实质在于其具有特定的价值内涵。

首先，作风是一个关系范畴，体现着人际关系、工作关系、社会关系的基本状态。人们行动的过程和结果体现出来的与人的状态有关的那种特质，就是作风。在个人生活中有生活作风，在工作中有工作作风，领导干部有领导干部的作风，它是个人在工作和生活中处理各种关系时体现出来的一种稳定的行为倾向和态度。

其次，作风是一个评价范畴，其评价的依据是一定的价值原则。事实上，个人或组织的行为受一定价值观的指导，价值观的基本原则确定了行为的目标和基本要求，成为个人或组织行动的指南。生活作风的好坏，工作作风的优劣，就是人们努力实现这种价值观的结果。因此，作风如何是人们评价一个人的重要尺度。同样，人们评价一个政党，最直观的也是看它的作风。

再次，作风在政治意义上是政治伦理范畴。作风作为政治范畴，体现着执政党的执政理念和政治主张。《中共中央关于加强和改进党的作风建设的决定》指出："作风建设是党的建设的重要组成部分。我们党历来高度重视作风建设，在长期革命和建设的实践中，形成并坚持发扬了理论联系实际、密切联系群众、批评与自我批评等优良作风。这是党的工人阶级先锋队性质和全心全意为人民服务宗旨的体现，是中国共产党区别于其他政党的显著标志，也是党千锤百炼更坚强的重要原因。"显然，作为党风、政风的作风建设，具有显著的政治水准含义，其基本内容包括中国共产党在长期实践中形成的密切联系群众、求真务实、艰苦奋斗、批评和自我批评之风。作风还具有伦理含义，它在调节个人的生活关系、工作关系和社会关系方面，成为个人行为和组织行为选择的指导和基本规范，同时对个人行为和组织行为的过程与结果成为一种道德水准评价尺度。作风的好与坏是一种正面与负面的关系，优良作风与不正之风就是一种善与恶的矛盾冲突。执政党的党风，关系党的形象，关系人心向背，关系党和国家的生死存亡。这就深刻揭示了执政党的党风政风与人民群众的关系、与国家的事业之间关系的政治伦理内涵。

（二）作风的特征及其意义

从作风具有的特征方面可以看出其丰富的具体含义。作风具有个体性、群体性、职业性和变动性等四个特征。作风的个体性体现在个人方面，是个人在日常生活中或在工作实践中表现出来的一种行为素质和对待生活和工作的基本态度。作风的群体性是组织或群体整体活动状态的表现，是组织活动的结果。任何组织都有其内在的结构和要素，以及活动的目标和行动要求，都要组织个人的力量，协调各种关系，调动积极性，来实现组织目标。组织活动的这一过程，通过效率所体现出来的结果，就是组织的作风。党风、政风、教风、学风、校风、民风、社会风气就是如此。作风的职业性是一定的职业群体在职业活动中所体现出来的与职业要求相适应的行为状态。各行各业都有其特定的职业要求，教师教书育人，为人师表，循循善诱，体现的就是良好的教风；医生救死扶伤，治病救人，技术上精益求精，关爱患者，体现的就是良好的医德医风。职业作风或职业风气是社会窗口，对引领社会风气具有重要的示范作用。作风的变动性表明，作风是一个变动发展的过程，在个人方面是个人努力的结果，在组织或群体方面是全体成员团结协作、共同努力的结果。作风的形成具有长期性、阶段性，作风建设是一个长期的过程，在不同阶段具有不同要求。

不同类别的作风之间具有相互关联性，党风政风对社会风气具有引领作用，社会风气是社会变动的晴雨表，职业作风则是社会秩序的主要标志。所以，"加强和改进党的作风建设，要服务大局，整体推进，从严要求，标本兼治。要紧紧围绕经济建设这个中心，把党的作风建设同思想建设、组织建设结合起来，带动和促进政风、行业风气和社会风气建设”。

作风建设对于推进政治文明建设具有重要的意义。作风是政治文化的表现，体现出政党和政府组织政治过程的基本价值理念，它在政治生活、工作实践和领导人格中的最高体现就是政治文明。作风建设是党的建设的重要组成部分，是适应党情深刻变化，加强民主政治建设，密切党同人民群众血肉联系的重要内容。发扬党的优良传统和作风，倾听民意，为民办实事，提高工作效率，有利于公众对党和政府的政治认同，体现着执政党的良好形象，能够有效提升政府的公信力，从而为政治合法性奠定良好的社会群众基础。作风建设对引领社会风气具有表率作用，风清气正的党风政风，对社会风气产生积极的影响力，对整个社会产生巨大的感召力。

执政以廉为本，为官以勤为先。坚决惩治和有效预防腐败，加强党风政风建设，关系人心向背和党的生死存亡，是党必须始终抓好的重大政治任务。我国进入改革发展关键阶段，党风廉政建设和反腐败斗争面临许多新情况、新问题，形势仍然严峻，任务仍然艰巨，必须充分认识反腐败斗争的长期性、复杂性、艰巨性，在科学发展观指导下，以完善惩治和预防腐败体系为重点，以推进反腐倡廉工作的科学化为手段，以建设廉政组织文化为导向，坚定不移地推进反腐倡廉建设。

本章小结

公共伦理建设的任务是由与此相关的整个社会环境所决定的。党的执政环境因为政治环境、经济环境、社会环境、文化环境和国际环境的变化而发生了深刻的变化。公共伦理的理念和建设实践是当代国际环境和中国社会环境对公共管理的伦理呼应。公共伦理建设的任务正是这一过程的产物。

我国的公共伦理建设已经有了良好的基础条件。一方面，社会主义精神文明建设是我国基本的战略方针，依法治国和以德治国是我们的基本治国方略。法律体系的建构已有显著成就，社会主义道德建设已被整个社会高度认同，道德的制度化建设已有了明确的体系。另一方面，改革开放既借鉴了当今国外经济、政治、社会发展的经验，也全面推动了我国社会的发展；政治改革在稳步进行当中，开始了培育公民社会和非政府组织的步伐，因此，公共伦理建设已成为迫在眉睫的任务。公共伦理建设的基本内容就是执政伦理，要通过公共组织、制度以及教育的关联互动，形成良好的执政伦理氛围，以实现公共利益，推进人的发展和社会发展。管理对象的发展以及与之相适应的管理的发展，最终就是为了推进人的能力和素质的发展，实现人的本质和价值。

国家廉政体系建设及其实施是党风廉政建设和公共伦理建设的核心框架。党风廉政建设直接关系人心向背和党的执政地位的巩固问题。立党为公、执政为民，是党的性质和宗旨决定的，是党的作风建设的根本目的。党风政风建设对于政治文明具有重要的意义。党员干部廉洁从政，必须围绕为人民掌好权、用好权这个根本问题，坚持标本兼治、综合治理，注重从源头上预防和解决腐败问题，进一步推进党风廉政建设。

案例与阅读材料

生态文明建设中的“环保风暴”

我国从20世纪80年代后期开始，各地陆续试点实施排污许可制，向约24万家企事业单位发放了排污许可证，取得初步成效。但总体看，排污许可制定位不明确、企事业单位治污责任不落实、环境保护部门依证监管不到位等环境治理难题依然存在。为了统筹推进“五位一体”总体布局和协调推进“四个全面”战略布局，牢固树立创新、协调、绿色、开放、共享的发展理念，加大生态文明建设和环境保护力度，国务院于2016年4月28日发布《关于健全生态保护补偿机制的意见》，标志着生态补偿机制顶层设计取得重大进展。根据《中华人民共和国环境保护法》和《生态文明体制改革总体方案》等，国务院制定并于2016年11月10日印发了《控制污染物排放许可制实施方案》，将排污许可制建设成为固定污染源环境管理的核心制度。根据该方案，实行企事业单位污染物排放总量控制制度，企事业单位须持证排污，一企一证，多排放多担责、少排放可获益，明确排污行为依法应当遵守的环境管理要求和承担的法律责任义务。

排污许可证是企事业单位在生产运营期接受环境监管和环境保护部门实施监管的主要法律文书。环境保护部门有机衔接环境影响评价制度，制定排污许可管理名录，合理确定许可内容，基于企事业单位守法承诺，依法发放排污许可证，依证强化事中事后监管，对违法排污行为实施严厉打击。按照该方案要求，2017年完成《大气污染防治行动计划》和《水污染防治行动计划》重点行业及产能过剩行业企业排污许可证核发，到2020年，完成覆盖所有固定污染源的排污许可证核发工作。

环境保护“党政同责”“一岗双责”，政府和党委都要负责任。2015 年 7 月，中共中央、国务院办公厅印发了《环境保护督察方案（试行）》，2015 年 12 月 31 日至 2016 年 2 月 4 日，中央环保督察试点在河北展开，期间共办结 31 批 2 856 件环境问题举报，关停取缔非法企业 200 家，拘留 123 人，行政约谈 65 人，通报批评 60 人，责任追究 366 人。2016 年 7 月，首批 8 个中央环保督察组相继进驻内蒙古、黑龙江、江苏、江西、河南、广西、云南、宁夏，开展为期一月的环保督察工作，八省份已有 3 422 人被问责。

思考与讨论

上述材料提供的数据揭示了什么样的问题？国家环保法和有关行政法规的制定和实施，有什么样的意义及价值？对于公共伦理的建设有什么样的启示？

复习思考题

1. 如何看待公共伦理建设的时代要求？
2. 公共伦理建设的环境是什么？
3. 公共伦理建设的制度分析有什么理论意义和实践意义？
4. 如何认识公共伦理建设的目标和途径？
5. 作风的含义和实质是什么？加强党风政风建设有何意义？

参考书目

1. 陈振明. 公共管理学. 北京：中国人民大学出版社，1999.
2. 崔运武. 公共事业管理概论. 2版. 北京：高等教育出版社，2006.
3. [澳] 欧文·E. 休斯. 公共管理导论. 北京：中国人民大学出版社，2001.
4. 王乐夫，许文惠. 行政管理学. 北京：高等教育出版社，2000.
5. 竺乾威. 公共行政学. 上海：复旦大学出版社，2000.
6. [美] 斯蒂芬·P. 罗宾斯. 管理学. 北京：中国人民大学出版社，1997.
7. [美] 丹尼尔·A. 雷恩. 管理思想的演变. 北京：中国社会科学出版社，2000.
8. 黄强. 领导科学. 北京：高等教育出版社，2000.
9. 杨光斌. 政治学原理. 北京：中国人民大学出版社，1998.
10. 周志忍. 当代国外行政改革比较研究. 北京：国家行政学院出版社，1999.
11. 胡宁生. 现代公共政策研究. 北京：中国社会科学出版社，2000.
12. 陈昌柏. 非营利机构管理. 北京：团结出版社，2000.
13. 吴锦良. 政府改革与第三部门发展. 北京：中国社会科学出版社，2001.
14. 宋锦绣. 中国传统管理智慧. 北京：国家行政学院出版社，1998.
15. 邓正来，J. C. 亚历山大. 国家与市民社会. 北京：中央编译出版社，2002.
16. [英] 罗德里克·马丁. 权力社会学. 上海：上海三联书店，1992.
17. [美] 托马斯·西尔克. 亚洲公益事业及其法规. 北京：科学出版社，2000.
18. 俞可平. 权利政治和公益政治. 北京：社会科学文献出版社，2000.
19. 沙莲香. 中国人素质研究. 郑州：河南人民出版社，2001.
20. 严艳华，杨咏. 成功领导者的素质研究. 北京：中国经济出版社，2000.
21. 王海明. 新伦理学. 北京：商务印书馆，2001.
22. 吴灿新. 政治伦理学新论. 北京：中国社会出版社，2000.
23. 任剑涛. 伦理政治研究. 广州：中山大学出版社，1999.
24. 王伟. 行政伦理概述. 北京：人民出版社，2001.

25. ［美］特里·L. 库珀. 行政伦理学：实现行政责任的途径. 4 版. 北京：中国人民大学出版社，2001.
26. 戴木才. 管理的伦理法则. 南昌：江西人民出版社，2001.
27. 严缘华. 管理伦理学. 上海：上海交通大学出版社，1990.
28. 苏勇. 管理伦理学. 上海：东方出版中心，1998.
29. 周祖城. 管理与伦理. 北京：清华大学出版社，2000.
30. 周奋进. 转型期的行政伦理. 北京：中国审计出版社，2000.
31. ［美］戴维·J. 弗里切. 商业伦理学. 北京：机械工业出版社，1999.
32. 彼得·科斯洛夫斯基. 伦理经济学原理. 北京：中国社会科学出版社，1997.
33. ［英］伯特兰·罗素. 伦理学和政治学中的人类社会. 北京：中国社会科学出版社，1992.
34. 江涛. 公共哲学. 北京：中共中央党校出版社，2003.
35. 冯益谦. 公共伦理学. 广州：华南理工大学出版社，2004.
36. 张康之. 公共管理伦理学，修订版. 北京：中国人民大学出版社，2009.
37. 汪荣有. 公共伦理学. 武汉：武汉大学出版社，2009.
38. 万俊人. 现代公共管理伦理导论. 北京：人民出版社，2005.
39. 王文科. 公共行政的伦理精神. 哈尔滨：黑龙江人民出版社，2005.
40. 唐代兴. 公正伦理与制度道德. 北京：人民出版社，2003.
41. 施惠玲. 制度伦理研究论纲. 北京：北京师范大学出版社，2003.
42. 许淑萍. 决策伦理学. 哈尔滨：黑龙江人民出版社，2005.
43. 王振华. 公共伦理学. 北京：社会科学文献出版社，2011.

参考论文

1. 张庆东. 公共利益：现代公共管理的本质问题. 云南行政学院学报，2001（4）.
2. 吉永生. 市民社会、善治与政府机构改革. 云南行政学院学报，2001（4）.
3. 何增科. “公民社会与第三部门” 研究引论. 新华文摘，2000（5）.
4. 陈振明，张成福，陈庆云. 公共管理的视野. 新华文摘，2001（4）.
5. 王南湜. 哲学的分化：公域哲学与私域哲学. 新华文摘，2000（4）.
6. 臧乃康. 论政府能力. 云南行政学院学报，2001（1）.
7. 张成福. 责任政府论. 新华文摘，2000（6）.
8. ［挪威］安妮·博格. 通过规制实践建立责任与信任. 国家行政学院学报，2000（5）.
9. 张梦中. 美国公共行政（管理）历史渊源与重要价值取向：麦克斯韦尔学院副院长梅戈特博士访谈录. 中国行政管理，2000（11）.
10. ［葡］I. 科特里尔. 公共行政现代化与高级行政管理者. 新华文摘，2000（8）.
11. ［美］康特妮. 新公共行政：寻求社会公平与民主价值. 中国行政管理，2001（2）.
12. 张康之. 论 “新公共管理”. 新华文摘，2000（10）.
13. 龚天平. 论制度伦理的内涵及其意义. 宁夏大学学报，1999（3）.
14. 张康之. 论公共权力的道德制约. 云南行政学院学报，1999（5）.
15. 陈瑛. 新中国伦理学事业的发展及其方向. 高校理论战线（京），1999（10）.
16. 戴木才. 论 21 世纪我国伦理学发展的几大趋势. 江西师范大学学报（哲社版），1999（3）.
17. 陆晓禾. 世纪之交的我国经济伦理学：回顾与展望. 毛泽东邓小平理论研究，1999（5）.
18. 杨雪冬. 责任政府：一个分析框架. 公共管理学报，2005（1）.
19. 高力. 执政主体伦理分析. 云南大学学报，2010（2）.
20. 郭小聪，文明超. 合作中的竞争：非营利组织与政府的新型关系. 公共管理学报，2004（1）.
21. 张新文. 非营利组织性质探讨. 公共管理学报，2004（1）.
22. 郭国庆，陈凯，焦家良. 社会中介组织发展中的问题与对策研究. 新华文摘，2006（6）.
23. 周耀虹. 从社会现代化转型认识民间组织发展. 新华文摘，2006（6）.

24. 李元书，李丹. 我国社会阶层结构变化对政治制度发展的要求. 新华文摘，2004（2）.
25. 王春光. 当前中国社会阶层关系变迁中的非均衡问题. 社会，2005（5）.
26. 吴忠民. 形成社会阶层之间的良性互动：社会分层中的公正规则研究. 新华文摘，2005（10）.
27. 曾庆红. 努力提高领导干部的素质和本领. 学习时报，2005-9-26.
28. 胡锦涛. 把科学发展观贯穿于发展的整个过程. 新华文摘，2005（6）.
29. 夏赞忠. 加强对权力运行的制约和监督. 新华文摘，2005（2）.
30. 高力. 公共伦理学的构建何以可能. 云南行政学院学报，2003（4）.
31. 王家峰. 公共利益：公共伦理的价值基础. 伦理学研究，2006（5）.
32. 曹望华. 我国公共伦理研究述评. 广东行政学院学报，2008（2）.
33. 何历宇. 论我国公共伦理研究的三个向度及其基本范式. 道德与文明，2009（1）.

教学支持说明

建设立体化精品教材，向高校师生提供系列教学解决方案和教学资源，是高等教育出版社“服务教育”的重要方式。为支持相应课程的教学，我们向采用本书作为教材的教师免费提供教学课件。

为保证该课件仅为教师获得，烦请授课教师填写如下开课情况证明并发送邮件至下列邮箱或致电索取。

我们的联系方式：

电话：010-58581968，58581020

邮箱：niujie@hep.com.cn；jingguan@pub.hep.cn

证　　明

兹证明____________________大学____________________系/院第______学年开设的____________________________________课程，采用高等教育出版社出版的____________________________________（书名、作者）作为本课程教材，学生共计______个班共______人。

授课教师信息：

姓名：________________

电话：________________

E-mail：________________

地址：________________

邮编：________________

系/院主任：__________（签字）

（系/院办公室盖章）

20___年___月___日